DICIONÁRIO ESCOLAR AFRO-BRASILEIRO

CIP-BRASIL. CATALOGAÇÃO NA PUBLICAÇÃO
SINDICATO NACIONAL DOS EDITORES DE LIVROS, RJ

L854d

Lopes, Nei, 1942-
Dicionário escolar afro-brasileiro / Nei Lopes. – 2. ed.– São Paulo: Selo Negro, 2015.

ISBN 978-85-87478-95-5

1. Língua portuguesa - Regionalismos - Brasil - Dicionários. 2. Negros - Brasil - Usos e costumes - Dicionários. I. Título.

13-06922 CDD-469.798
CDU: 811.134.3

www.selonegro.com.br

DICIONÁRIO ESCOLAR AFRO-BRASILEIRO

NEI LOPES

SELO NEGRO
EDIÇÕES

DICIONÁRIO ESCOLAR AFRO-BRASILEIRO

Editora executiva: **Soraia Bini Cury**
Editora assistente: **Salete Del Guerra**
Capa: **Sylvia Mielnik e Nelson Mielnik**
Projeto gráfico e diagramação: **Acqua Estúdio Gráfico**

1ª reimpressão, 2025

Selo Negro Edições
Departamento editorial
Rua Itapicuru, 613 – 7º andar
05006-000 – São Paulo – SP
Fone: (11) 3872-3322
http://www.selonegro.com.br
e-mail: selonegro@selonegro.com.br

Atendimento ao consumidor
SummusEdi torial
Fone: (11) 3865-9890

Vendaspor atacado
Fone: (11) 3873-8638
e-mail:ven das@summus.com.br
Impresso no Brasil

APRESENTAÇÃO

Em dezembro de 2004, também pela Selo Negro, publicamos a *Enciclopédia brasileira da diáspora africana*, reunindo, em mais de nove mil verbetes, um amplo universo de informações sobre os afrodescendentes e o mundo que criaram após a tragédia do tráfico de escravos.

Este *Dicionário*, em vez de ser, como pode parecer, uma compilação da *Enciclopédia*, e embora tenha sua bibliografia como base, representa um esforço em direção a outro alvo, diferente em forma e em conteúdo. Ele procura colocar ao alcance do público escolar, em linguagem mais acessível, informações mais pertinentes ao seu universo e à sua área de interesses, dando ênfase maior à luta contra o racismo no Brasil, por intermédio de suas organizações de militância e das iniciativas daí decorrentes.

Esperamos que ele se torne, com as necessárias atualizações em edições sucessivas que hão de vir, mais um instrumento na construção e consolidação da autoestima dos jovens afrodescendentes em nosso país.

NEI LOPES

INTRODUÇÃO

Maior país da América do Sul em extensão territorial, o Brasil, pela expressividade de sua população afrodescendente, faz parte do conjunto de regiões que se conhece como Afro-América.

No século 16, iniciado o processo de colonização, as atividades econômicas passaram a exigir cada vez mais trabalhadores, mão de obra essa que os colonizadores foram buscar na África. O comércio negreiro criava e estreitava laços não só econômicos, como também políticos. Vem daí a influência do Brasil em determinadas partes do território africano, notadamente em Angola. Em 1648, por exemplo, forças brasileiras desempenharam importante papel na libertação daquele território de colonização portuguesa com respeito à invasão e ao domínio holandês. E em 1822, quando da Independência brasileira, cogitou-se de manter Angola e Brasil unidos.

Além de Angola, o Brasil manteve fortes ligações com Moçambique, Congo e países do golfo da Guiné. Dessas relações resultou a vinda, ainda na época colonial, de diversas embaixadas africanas ao Brasil. No sentido inverso, comunidades de africanos retornaram à África a partir da primeira metade do século 19, levando hábitos e costumes aqui adquiridos.

O tráfico de escravos africanos trouxe para o Brasil, entre a primeira metade do século 16 e meados do século 19, provavelmente, mais de cinco milhões de indivíduos, provenientes de diversos mercados africanos, uns mais movimentados que outros em determinados períodos. Nos séculos 16 e 17, por exemplo, alguns dos principais portos de embarque de escravos para as Américas eram Gorée, no Senegal; Cacheu, na atual Guiné-Bissau; Ajudá, no atual Benin; Old Calabar, na Nigéria; Luango e Luanda, em Angola. Assim, tentando estabelecer as origens dos africanos do Brasil, mais produtivo será examinar as áreas de influência portuguesa, como as ilhas de Cabo Verde e São Tomé, as fortalezas e os entrepostos de Arguim (de onde certamente vieram mandingas, uolofes, fulânis etc.), São Jorge da Mina e Ajudá (axântis, fântis, iorubás, ewes, fons etc.), além de Cabinda, Luanda, Benguela e Moçambique, de onde proveio a massa de escravos bantos predominante em boa parte do território nacional.

No início do século 17, o Brasil ostentava a posição de maior mercado consumidor de escravos negros nas Américas, absorvendo, durante esse período, mais de 40% de todo o efetivo de escravos vendidos para o continente. Entre 1701 e 1810, período em que se efetiva quase metade do total de entradas de africanos no país, aproximadamente 68% deles teriam vindo de Angola e 32% da Costa da Mina. No início do século 19, a Grã-Bretanha (Inglaterra) começou a forçar Portugal a inibir o tráfico, o qual, entretanto, transcorreu num clima de relativa ilegalidade entre 1810 e 1830, quando, aí sim, tornou-se absolutamente ilícito.

Mas as importações de trabalhadores africanos continuavam, agora sob a forma de contrabando, até que em 1851 a Inglaterra finalmente obrigou o Brasil a respeitar as leis e os tratados internacionais que impunham o fim dessas importações – e de tal modo que, quando da abolição, em 1888, já eram muito poucos os africanos escravizados no Brasil.

A extinção do tráfico atlântico, além de encarecer o preço da mão de obra escrava, fez surgir o tráfico interno. Famílias da classe média urbana, que muitas vezes se sustentavam com o trabalho de um ou mais escravos de ganho, já não tinham dinheiro para substituir os escravos velhos por novos; privilégio de que ainda gozavam os grandes proprietários rurais. E é aí que, em pouco mais de 30 anos, cerca de 300 mil indivíduos foram transferidos das cidades e das regiões mais pobres do país para as plantações de café do Centro-Sul.

Mas o tráfico interno, ironicamente, ajudou a precipitar o fim da escravidão, pois as províncias empobrecidas, à medida que iam perdendo seus escravos, voltavam-se para o trabalho livre, como foi o caso do Ceará e de outras províncias nordestinas, que aboliram a escravidão antes de 1888, muito mais por falta de objeto do que por supostas ações humanitárias.

Olhando, agora, para as expressões culturais desenvolvidas pelos africanos e seus descendentes no Brasil, vamos ver que elas provêm de duas grandes matrizes: a da civilização florescida em parte dos atuais territórios de Congo-Kinshasa, Congo-Brazzaville, Gabão e norte de Angola; e a das civilizações desenvolvidas na região do golfo da Guiné, principalmente na atual Nigéria e no Benin, antigo Daomé. Esses traços constitutivos é que costumam classificar como bantos os primeiros; e como sudaneses, os outros. O tráfico de escravos africanos trouxe para o Brasil trabalhadores bantos, do centro-oeste africano, e sudaneses, da África Ocidental. Os primeiros foram, de modo geral, disseminados, durante a Colônia e o Império, pelos polos irradiadores dos ciclos econômicos; e os segundos se concentraram primordialmente no Nordeste – Bahia, Pernambuco e Maranhão –, além de uma forte presença daomeana também em Minas Gerais, no ciclo do ouro. Foram esses aportes civilizatórios, então, que moldaram a cultura africana no Brasil, a qual se manifesta em variadas formas de conhecimento, religiosidade, arte e lazer.

Quanto aos produtores dessa cultura, vamos ver que, em 2000, o recenseamento levado a efeito pelo Instituto Brasileiro de Geografia e Estatística (IBGE) assim distribuía, porcentualmente, a população negra (com base em autodeclarações de "pretos" e "pardos") pelos dez mais populosos Estados brasileiros: Bahia (73%), Maranhão (71,9%), Pará

(71,9%), Pernambuco (57,8%), Minas Gerais (45,4%), Rio de Janeiro (44,1%), São Paulo (27,2%), Paraná (21,1%), Rio Grande do Sul (12,6%) e Santa Catarina (9,7%).

Tempos atrás, pensou-se que o mestiçamento da população brasileira fosse fatalmente levá-la a um "embranquecimento". Essa estratégia, difundida pela propaganda oficial, teve como pontos principais o favorecimento à imigração europeia e a restrição à entrada no país de africanos e, até certo momento, de asiáticos. Com a imigração europeia, procurava-se "clarear" a população brasileira, consolidando-se, assim, um branqueamento já iniciado com o processo de mestiçagem.

Em 1928, em conferência na Faculdade de Direito de São Paulo, citava-se a arianização da população brasileira como "fenômeno fatal e inevitável". Cinco anos depois, três deputados apresentavam à Constituição que se elaborava emendas para a concretização desse fenômeno idealizado. E em 1946, finalmente, por meio do Decreto-Lei n. 7.967, a teoria ganhava a prática num dispositivo que estatuía: "Os imigrantes serão admitidos de conformidade com a necessidade de preservar e desenvolver o Brasil na composição de sua ascendência europeia".

Mas a "teoria do branqueamento" não se confirmou. Neste início do terceiro milênio, quando publicamos o presente *Dicionário*, tudo leva a crer que a população negra continuará existindo e se multiplicando no Brasil, e que os mestiços de negros estarão, cada vez mais, assumindo, orgulhosamente, sua porção africana. As marcas dos procedimentos de exclusão e invisibilização, que perpetuaram o quadro de dominação política e econômica dos tempos escravistas, no entanto, ainda são bem visíveis no corpo e na alma dos afro-brasileiros.

O modelo de colonização imposto ao Brasil, mais a famigerada "Lei de Terras" de 1850, somada a uma abolição desacompanhada de medidas sociais em favor dos ex-escravos, foram os principais fatos geradores da exclusão que caracteriza a sociedade brasileira até hoje, punindo cruelmente os afrodescendentes.

Na Colônia e no Império, os miseráveis eram os escravos, juridicamente considerados como coisa e, portanto, fora do alcance da justiça social. Por ocasião da Independência, africanos e crioulos, em geral, posicionaram-se contra os portugueses, chegando a pegar em armas, como aconteceu na Bahia. E isso porque certamente enxergassem a libertação do jugo colonial como real possibilidade de extinção do escravismo e do rompimento das barreiras raciais. Entretanto, as elites brasileiras, embora os tenham aceitado como soldados na luta pela autonomia, não os reconheceram como cidadãos do Império que se estabelecia – condição essa plenamente concedida aos portugueses que ficaram ao lado de d. Pedro I.

No Segundo Império, após um período em que, desde a Independência, o acesso à propriedade era garantido aos posseiros de terras efetivamente cultivadas, a chamada "Lei de Terras", de 1850, cassou esse direito. A partir daí, o acesso às terras públicas (tomadas pelos colonizadores aos indígenas desde o século 16) só foi possível àqueles que podiam pagar por elas – o que impediu que a grande maioria de negros e afromestiços alcançasse a condição de proprietários.

Na República, com a desorganização da produção agrícola após a abolição e a falta de uma política fundiária, os negros vieram para as cidades engrossar a massa de miseráveis. E o imigrante, aqui chegado a partir de 1824, depois de substituir o escravo na lavoura, passou também a ocupar, nos centros urbanos, espaços de trabalho antes próprios dos negros. A esses, então, restaram as ocupações mais pesadas e de menor remuneração.

É assim que dados do Instituto de Pesquisa Econômica Aplicada (Ipea), divulgados em 2005, revelam que, em 2003, a renda média dos homens negros era de R$ 428,30, contra a média de R$ 931,10 recebida pelos brancos; e que as mulheres negras recebiam em média R$ 279,70, contra a média de R$ 554,60 recebida por mulheres brancas. Além desses números, vamos ver que, segundo dados do Programa das Nações Unidas para o Desenvolvimento (PNUD), também divulgados em 2005, a diferença de escolaridade entre negros e brancos com mais de 25 anos passou de um ano e sete meses em 1960 para dois anos e um mês em 2000; a proporção de adolescentes negros cursando o ensino médio em 2000 era inferior à de adolescentes brancos no mesmo nível de ensino em 1991.

Parte, então, desse desequilíbrio, no início do século 21, pode ser debitada ao modelo educacional. Em geral sem acesso, desde o curso elementar aos melhores estabelecimentos de ensino, o jovem negro se vê alijado de redes de amizade e de parcerias importantes para a vida adulta, o que o afasta e a seus descendentes do poder decisório, mantendo-se, assim, o círculo vicioso da exclusão.

No Brasil, então, a igualdade entre brancos e negros ainda é incompleta. Embora formalmente estabelecida, ela esbarra em práticas sutis e insidiosas que, criando, por meios indiretos, uma enorme disparidade, em termos de riqueza, tratamento e representação, perpetuam a histórica desigualdade. Desigualdade essa que, por sua vez, se traduz na baixíssima ou nula representatividade do povo negro nos primeiros escalões dos três poderes, nos altos postos da oficialidade nas três Forças Armadas, entre os governadores das 27 unidades da federação e também entre os professores universitários.

Em 1999, entre os mais de 500 membros do Congresso Nacional, contavam-se 15 negros, incluindo-se, aí, quatro senadores – representatividade proporcionalmente não correspondente à presença afrodescendente no todo da população brasileira. E os afrodescendentes continuavam com mínima ou nenhuma representatividade no corpo diplomático e na direção de influentes instituições da sociedade civil, como a Ordem dos Advogados do Brasil, a Associação Brasileira de Imprensa, a Federação das Indústrias (em São Paulo e no Rio de Janeiro) e a Confederação Nacional do Comércio.

Veja-se que em 1998 o IBGE divulgava os resultados de sua Pesquisa de Padrão de Vida, os quais apresentavam, entre outras conclusões, a de que, nos domicílios brasileiros chefiados por não brancos, 48% tinham só até três bens de consumo, enquanto apenas 25% dos lares com chefes brancos estavam na mesma situação. Esses dados se refletiam, na segunda metade dos anos 2000, por exemplo, na baixíssima frequência de afro-brasileiros a teatros e salas de concertos, museus, leilões e exposições de arte, desfiles de moda, restaurantes e aeroportos nas grandes capitais do país, mesmo em Salvador, cidade de grande concentração negra.

Em 2012, segundo o deputado federal Luiz Alberto, do Partido dos Trabalhadores (PT) baiano, mesmo representando, de acordo com o Censo de 2010, mais de 50% da população brasileira, a presença de negros e pardos era minoria no Congresso Nacional. Ainda conforme Luiz Alberto, embora tivesse aumentado o número de deputados federais que se autodeclaravam afrodescendentes, eles ainda eram apenas 43 num total de 513. Dos 81 senadores, apenas dois eram pretos ou pardos (cf. Portal EBC – www.ebc.com.br/2012/11). Além disso, a afrodescendência continuava com mínima ou nenhuma representatividade no corpo diplomático e na direção de influentes instituições da sociedade civil, como a Ordem dos Advogados do Brasil, a Associação Brasileira de Imprensa, a Federação das Indústrias (em São Paulo e no Rio de Janeiro) e a Confederação Nacional do Comércio.

Em 2013, Flávia Piovesan, procuradora do estado de São Paulo e professora da Pontifícia Universidade Católica de São Paulo (PUC-SP), publicava artigo mostrando que, "no Brasil, os afrodescendentes representam 51% da população, sendo 64% dos pobres e 71% dos que vivem na pobreza extrema" (*O Globo*, Rio de Janeiro, 25 jul. 2013, 1.º Caderno, p. 17).

Observe-se que esses dados se refletem, por exemplo, na baixíssima frequência de afro-brasileiros a teatros e salas de concertos, museus, leilões e exposições de arte, desfiles de moda, restaurantes e aeroportos, nas capitais do país, mesmo naquelas de grande concentração negra, e apesar de algumas iniciativas governamentais.

A edição desta obra tem por objetivo contribuir, na medida do possível, para a reversão desse quadro.

O Autor

A

ABADÁ – Espécie de túnica masculina usada no Brasil colonial e imperial por africanos sudaneses, em especial pelos iorubás. Modernamente, "abadá" passou a denominar espécies de camisetas ou vestimentas específicas usadas pelos participantes exclusivos de blocos no carnaval baiano.

ABARÁ – Iguaria tradicional baiana preparada com massa de feijão-fradinho e camarões secos.

ABDIAS NASCIMENTO – Político, artista e escritor brasileiro nascido em Franca, SP, em 1914, e falecido, aos 97 anos, no Rio de Janeiro. Em 1944 fundou, no Rio de Janeiro, o Teatro Experimental do Negro (TEN). A partir daí, e até 1968, organizou, no Rio e em São Paulo, a Conferência Nacional do Negro e o 10.º Congresso do Negro Brasileiro; fundou e dirigiu o jornal *Quilombo* e o Museu de Arte Negra. No exílio, nos anos 1970, foi professor na Universidade do Estado de Nova York, em Buffalo, onde fundou a cadeira de Cultura Africana no Novo Mundo, e diretor do Programa de Estudos Porto-Riquenhos. Também foi professor visitante nas universidades de Yale e Wesleyan, bem como no Departamento de Línguas e Literaturas da Universidade de Ifé, na Nigéria. Dessa década em diante, tornou-se presença obrigatória em congressos e fóruns de debates antirracistas nos Estados Unidos, na África e no Caribe, constituindo-se na primeira voz brasileira a ecoar no cenário do pan-africanismo. Na década de 1980, fundou o Instituto de Pesquisas e Estudos Afro-Brasileiros (Ipeafro), coordenou e presidiu, na Pontifícia Universidade Católica de São Paulo (PUC-SP), o Terceiro Congresso de Cultura Negra das Américas, elegeu-se deputado federal pelo Partido Democrático Trabalhista (PDT) e assumiu temporariamente o Senado na condição de suplente de Darcy Ribeiro. Com a criação, no Rio de Janeiro, em 1991, da Secretaria Extraordinária de Defesa e Promoção das Populações Negras (depois designada de "Defesa e Promoção das Populações Afro-Brasileiras"), foi chamado a chefiá-la como seu primeiro titular. Em 1997, com o falecimento de Darcy Ribeiro, assumiu efetivamente sua cadeira no Senado, lá permanecendo até 1998, além de editar a importante revista *Toth*. No ano seguinte, foi nomeado secretário de Direitos Humanos e Cidadania do Governo do Estado do Rio de Janeiro. Abdias Nascimento destacou-se também como ator, autor teatral, poeta e artista plástico, além de publicar vários livros, como *O negro revoltado*, *O genocídio do negro brasileiro*, *O quilombismo* e *Sitiado em Lagos*. Em 2005, teve sua trajetória mostrada em monumental exposição do Arquivo Nacional, no Rio de Janeiro. Em 2009, teve publicado seu perfil biográfico pela Selo Negro Edições, na série *Retratos do Brasil Negro*, em livro de autoria da jornalista Sandra Almada.

ABERÉM – Iguaria da culinária afro-baiana feita com milho cozido.

ABERRÊ – Apelido de Antônio Raimundo ou Antônio Rufino dos Santos, capoeirista baiano nascido em Santo Amaro da Purificação, no século 19, e falecido no século seguinte. Segundo alguns autores, teria sido o instrutor de Mestre Pastinha, o maior nome da capoeira angola.

ABISSÍNIA – Antigo nome da Etiópia.

ABOBORAL – Comunidade remanescente de antigo quilombo localizada no município paulista de Juquiá.

ABOLICIONISMO – Movimento político internacional surgido no fim do século 18 com o propósito de abolir a escravatura nas Américas. Embora liderado principalmente por intelectuais humanistas e muitas vezes obedecendo a interesses políticos e econômicos, foi resultado das reações, ativas ou passivas, das próprias vítimas, desde o início do tráfico negreiro. Em todo o processo abolicionista, é importante ressaltar a atuação de militantes negros, muitos deles escravos, libertos ou filhos de escravos. No Brasil, destacaram-se como abolicionistas, entre outros, os afrodescendentes Luiz Gama, André Rebouças, José do Patrocínio e Ferreira de Menezes.

ABOMÉ – Cidade principal do antigo Reino do Daomé, no território da atual República do Benin. Fundada pelo povo fon (conhecido no Brasil como jeje), atingiu seu apogeu entre o fim do século 17 e o início do 18.

ACAÇÁ – Bolinho da culinária baiana feito tradicionalmente com milho branco, de canjica. O nome tem origem jeje ou hauçá.

ACACAB – Sigla da Associação Casa de Arte e Cultura Afro-Brasileira, entidade do movimento negro fundada em São Paulo em 1977.

ACADEMIA DE HOMENS PARDOS – Associação literária criada em Recife, em 1745, em louvor a São Gonçalo Garcia, considerado o primeiro santo católico "de cor parda". A academia reuniu-se na igreja de Nossa Senhora do Livramento, constituindo-se, de acordo com alguns autores, no marco inicial do Arcadismo (escola literária de poetas como os mineiros Tomás Antônio Gonzaga e Cláudio Manuel da Costa) no Brasil.

ACAIENE – Um dos líderes dos quilombos de Palmares no século 17, tido como filho do líder Ganga Zumba. Seu nome é também mencionado como Acainene.

ACAIUBA – Líder de Palmares aprisionado no quilombo de Amaro em 1677.

AÇÃO AFIRMATIVA – Política pública voltada à promoção da mobilidade ascendente de membros de um grupo social historicamente discriminado. Em relação aos afrodescendentes, expressa-se, por exemplo, na destinação de cotas de vagas em universidades ou em empresas, bem como de bolsas de estudo, como compensação pelas dificuldades encontradas em um contexto social notoriamente adverso. Também chamada de *AÇÃO COMPENSATÓRIA*. Na Índia, essa prática assegura, por meio da Constituição, vagas no Parlamento e nas casas legislativas estaduais, assim como no serviço público, para as castas e tribos em desvantagem histórica. Nos Estados Unidos, seus princípios passaram a ser implantados em 1964. No Brasil, em 2010, depois de inúmeras protelações e sob forte oposição, era aprovado pelo Congresso Nacional, em uma versão muito aquém dos dispositivos inicialmente propostos, o Estatuto da Igualdade Racial.

AÇÃO COMPENSATÓRIA – O mesmo que *AÇÃO AFIRMATIVA*.

ACARAJÉ – Iguaria da culinária baiana preparada tradicionalmente com massa de feijão-fradinho. É frito no azeite de dendê e servido, em geral, com recheio de vatapá e molho à base de camarões secos.

ACARAPE – Município cearense onde ocorreu, em 1.º de janeiro de 1883, a primeira libertação coletiva de escravos no Brasil.

ACÃS – Grande grupo de povos localizados nas atuais Repúblicas de Gana, Togo, Costa do Marfim e Guiné-Conacri. Unidos pela cultura e pela língua, os acãs, dos quais fazem parte os axântis, os fântis e os twis, entre outros, ocupam, principalmente, as florestas do centro e as regiões mais temperadas do litoral ganense. Entre os séculos 17 e 18, os fântis constituíram um pujante império, mais tarde absorvido pelos axântis. Para o Brasil, indivíduos desses povos foram trazidos, ao que se sabe, em especial para o Maranhão.

ACOTIRENE – Um dos líderes de Palmares no século 17. Seu quilombo distava cerca de 30 quilômetros do reduto de Zumbi.

ACULTURAÇÃO – Assimilação e incorporação de elementos de padrões culturais diferentes pelo contato direto e contínuo entre culturas. A massa dos escravos africanos não foi totalmente aculturada em sua experiência no Brasil e contribuiu em grande proporção para a formação de novos costumes e tradições, a partir de sua herança africana e nela enraizados.

ADAIL – Nome artístico de Adail José de Paula, cartunista brasileiro nascido em Registro, SP, em 1930. Radicado no Rio de Janeiro desde 1955, iniciou carreira na revista mensal *Maquis*, ao lado de Millôr Fernandes, Borjalo, Hilde Weber e outros artistas do traço. De 1957 em diante, colaborou em diversos veículos da imprensa, como *Diário de Notícias*, *Manchete*, *Pasquim*, *Última Hora*, *O Dia* e outras publicações.

ADANDOZAN – Rei do Daomé entre 1797 e 1818. É também mencionado como Adarunzá.

ADELELMO NASCIMENTO – Músico nascido em Feira de Santana, BA, em 1852, e falecido em Paris, França, em 1898. Violinista, sucedeu o pai como mestre de capela da Sé de Salvador e foi, depois, regente da orquestra do Teatro São João. Em 1883, radicado em Manaus, foi regente da cadeira de Música e Canto Coral do Instituto Normal e Superior e, em 1897, fixou residência em Paris. Entre as poucas composições que deixou publicadas está uma missa dedicada a Nossa Senhora da Boa Esperança. Na área da teoria musical, publicou dois livros, editados no Brasil após sua morte.

ADELINA CHARUTEIRA – Abolicionista brasileira nascida no Maranhão no século 19. Filha e escrava de um rico proprietário que, falido, se dedicou à fabricação caseira de charutos. Tornou-se ganhadeira, vendendo o produto fabricado pelo pai e senhor a estudantes e intelectuais da capital maranhense, entre os quais circulava com desenvoltura. Conhecedora dos meandros da cidade de São Luís, foi peça importante nos esquemas de fugas de escravos arquitetados pelas lideranças abolicionistas.

ADHEMAR FERREIRA DA SILVA – Atleta nascido e falecido na cidade de São Paulo (1927-2001). Especializado na modalidade de salto tríplice, estreou internacionalmente nos Jogos Olímpicos de 1948, em Londres, estabelecendo, no ano seguinte, o recorde sul-americano. Depois, sagrou-se campeão pan-americano em 1951 e sul-americano em 1952, conquistando a medalha de ouro nas Olimpíadas de Helsinque (1952) e de Melbourne (1956). Filho de um ferroviário e de uma lavadeira, concluiu cursos de Jornalismo, Artes Plásticas, Direito, Educação Física e Relações Públicas. Falando fluentemente inglês, alemão, italiano e espanhol, foi adido cultural na Nigéria, durante o governo de Jânio Quadros. O primeiro atleta a dar ao Brasil duas medalhas de ouro em Olimpíadas, foi o maior campeão olímpico brasileiro no século 20.

ADOÇÃO – Estabelecimento legal ou informal de vínculo de paternidade e de filiação entre indivíduos, independentemente de laços consanguíneos. A adoção de crianças negras por famílias brancas, de direito ou como "filhos de criação", numa prática que remonta à época escravista, representa no Brasil uma questão bastante complexa: se, por um lado, pode proporcionar ao adotado ou protegido oportunidades sociais que ele não teria junto dos pais biológicos, por outro, pode criar graves problemas psicológicos e de comportamento, como a anulação da identidade como reflexo de autoestima rebaixada. Muitas vezes, crianças negras adotadas ou criadas por brancos tornam-se adultos que não se veem como negros e, ao se descobrirem, rejeitam sua circunstância étnica. No Rio de Janeiro, estatísticas dão conta de que a preferência, nos casos de adoção, recai sobre crianças brancas, vindo depois as "pardas" e, finalmente, as "negras".

ADRIANO – Mestre muçulmano residente no Rio de Janeiro na década de 1880. Escravo alforriado, procedente da África Ocidental, estabeleceu-se com uma quitanda no campo do Rosário, atrás da igreja do mesmo nome, no centro da cidade. Conhecido por sua sabedoria e humildade, foi professor de Árabe, Direito e Filosofia islâmicos do político Gaspar da Silveira Martins. Segundo Adolfo Morales de Los Rios, Adriano foi, no seu tempo, o maior arabista do Brasil.

AFILHADO – Aquele que recebe a proteção e/ou a preferência de seus padrinhos ou protetores. Na vigência da ordem escravista no Brasil, alguns escravos usufruíram da condição de afilhados de seus senhores, prerrogativa que lhes conferia alguma proteção no meio social, embora o estatuto da escravidão previsse ao escravo apenas o suficiente para sua manutenção como máquina e instrumento de trabalho.

AFONSO I – Nome português de Nzinga Mbemba, rei do Congo, entronizado em 1506 e falecido em 1543. Foi o primeiro soberano africano a converter-se ao catolicismo e a estabelecer relações comerciais com a Europa. Seus esforços com vistas à boa convivência e à modernização de seu reino foram em vão, diante do colonialismo e principalmente dos interesses portugueses em São Tomé.

AFOXÉ – Cortejo carnavalesco de adeptos da tradição dos orixás, outrora também chamado "candomblé de rua". Surgidos em Salvador, BA, por volta de 1895, os afoxés experimentaram um período de vitalidade até o final da década e entraram em declínio no término dos anos 1920. O mais famoso foi o Pândegos d'África, que só perdeu em popularidade para o Filhos de Gandhi, o qual surgiu na década de 1940 e, aos poucos, foi perdendo o caráter de "pândega", farra de rapazes, para adotar uma postura quase solene.

ÁFRICA – Segundo maior entre os seis continentes, com mais de 30 milhões de quilômetros quadrados, é o berço da humanidade e das civilizações negro-africanas. Cortado quase ao centro pela linha do Equador, ligado à Ásia pelo istmo de Suez e separado da Europa apenas pelo estreito de Gibraltar, o aspecto físico do continente alterna regiões desérticas com florestas densas, rios de águas abundantes e regiões de grande altitude, especialmente em sua porção oriental. Por essas vastidões de territórios distribui-se uma população não homogênea, com características biológicas diversificadas, mas agrupada em torno de traços culturais específicos. É sobretudo em face desses traços que, de modo geral, se subdivide o continente em cinco partes principais, a saber: África Setentrional, Ocidental, Central, Oriental e Austral. A África Setentrional, abrigando particularmente povos de cultura arabizada, compreende os territórios de Egito, Líbia, Tunísia, Argélia, Marrocos, Saara Ocidental e partes de Mauritânia, Mali, Níger, Chade e Sudão. A parte ocidental do continente, berço de povos ditos "sudaneses", abrange Senegal, Cabo Verde, Guiné-Bissau, Guiné, Serra Leoa, Libéria, Costa do Marfim, Burkina, Gana, Benin, Nigéria e partes de Mauritânia, Mali, Níger e Chade. A África Central e Centro-Ocidental é o hábitat, em especial, de povos do grupo banto e compreende as atuais áreas políticas de Angola, Congo-Brazzaville, Congo-Kinshasa (ex-Zaire), Gabão, Camarões, República Centro-Africana e Zâmbia. A África Oriental, abrigando notadamente o entrecruzamento de povos bantos e de cultura arabizada, engloba os atuais territórios de Quênia, Uganda, Eritreia, Djibuti, Etiópia, Somália, Ruanda, Burundi, Tanzânia, Comores, Moçambique e Madagascar. Por fim, a África Austral compreende Namíbia, Botsuana, Zimbábue, Malauí, Suazilândia, Lesoto e África do Sul. Dessas regiões, sobretudo da porção do continente localizada abaixo do Saara, saíram os agricultores, caçadores, camponeses, pastores, artesãos etc., portadores de diferentes graus de civilização, que vieram constituir o contingente de trabalhadores escravizados no Brasil e nas Américas. As causas e consequências da escravidão que vitimou o continente africano, entre os séculos 15 e 19, são informadas em outros verbetes deste *Dicionário*, tais como em *ESCRAVIDÃO, SUBDESENVOLVIMENTO AFRICANO, TRÁFICO NEGREIRO*, entre outros.

ÁFRICA DO SUL – República localizada no extremo sul do continente africano, limitada por Botsuana e Zimbábue (N), Moçambique e Suazilândia (NE), oceano Índico (L e S), oceano Atlântico (O) e Namíbia (NO). Suas cidades principais são Pretória, a capital administrativa; Cidade do Cabo, a sede do Poder Legislativo; e Bloemfontein, a sede do Poder Judiciário. Os negros compõem cerca de 70% de sua população e pertencem, especialmente, aos grupos étnicos xoza e zulu.

AFRICANISMO – Recriação de um vocábulo de idioma africano em outra língua. Os africanismos no português do Brasil são, em sua grande maioria, oriundos das línguas do grupo banto, embora o iorubá e o fon, línguas rituais da tradição dos orixás, sejam responsáveis por interferências bastante significativas.

AFRICANOS LIVRES – Expressão que, no Brasil, identificou os negros que comprovadamente entraram no país após a proibição do tráfico, em 1831. Considerados emancipados porém mantidos em servidão, trabalhavam "debaixo da tutela do governo" em projetos públicos urbanos, em especial nos mais árduos, enquanto aguardavam o seu reenvio para a África, a expensas dos traficantes, o que nunca acontecia, já que eram misturados à população escrava e, assim, ardilosamente escravizados. Em 1864, um decreto imperial concedeu a efetiva emancipação a todos os africanos livres existentes no Império.

AFRO – Elemento vocabular que, na composição de palavras, confere a elas o sentido de origem africana (ver *AFRO-BRASILEIRO*). Como vocábulo autônomo, passou a adjetivar, desde os anos 1970, e com origem nos Estados Unidos, variadas expressões da cultura africana na Diáspora, desde um estilo de penteado com cabeleira cheia até, no Brasil, uma nova modalidade de bloco carnavalesco.

AFRO-BRASILEIRO – Qualificativo do indivíduo brasileiro de origem africana e de tudo que lhe diga respeito. Relativo, ao mesmo tempo, à África e ao Brasil, como o indivíduo brasileiro de ascendência africana.

AFROCENTRISMO – Movimento intelectual que usa a pesquisa científica para construir uma visão de mundo contrária à sedimentada pelo eurocentrismo, e cujo foco se situa também na contribuição das civilizações clássicas africanas – do Egito, da Núbia e da Etiópia –, anteriores às da Grécia e de Roma.

AFRODESCENDENTE – Termo modernamente usado no Brasil para designar o indivíduo descendente de africanos, em qualquer grau de mestiçagem.

AFRODIÁSPORA – Publicação editada a partir de janeiro de 1983 pelo Instituto de Pesquisas Afro-Brasileiras (Ipeafro) da Pontifícia Universidade Católica de São Paulo, sob a liderança de Elisa Larkin e Abdias Nascimento. Definiu-se como "revista quadrimestral do mundo negro".

AFROREGGAE – Grupo cultural criado na cidade do Rio de Janeiro em 1992. Gozando de grande visibilidade desde 2001, por conta de seu grupo musical, de feição pop, à época deste *Dicionário* desenvolvia 60 projetos sociais, buscando efetivar a cidadania de populações faveladas, quebrar barreiras sociais, tirar jovens do poder do narcotráfico e negociar a paz entre comunidades feitas rivais por facções criminosas.

AGADJÁ – Rei do Daomé (1679-1740) que expandiu seu reino, tornando-o um dos mais prósperos da África Ocidental. Lutou com o Reino de Oyó, do qual se tornou tributário em 1730. Também referido como Agajá Trudô, é tido por alguns historiadores como contrário ao tráfico transatlântico de escravos.

AGBARA DUDU – Bloco afro de orientação feminista criado na cidade do Rio de Janeiro em 1982. Entidade do movimento negro, estendeu sua atuação às áreas de saúde, educação e direitos humanos, contra o racismo e a violência policial.

AGENTES DE PASTORAL NEGROS – Entidade do movimento negro fundada no Rio de Janeiro em 1987. Destacou-se por confrontar o racismo na atuação de alguns setores da Igreja Católica.

AGNALDO MANOEL DOS SANTOS – Escultor nascido em Itaparica, BA, em 1926, e falecido em Salvador, BA, em 1962. Destacou-se na IV Bienal de São Paulo (1957) e no Salão Nacional de Arte Moderna (Rio de Janeiro, 1956, 1961). Em 1966, já falecido, suas obras integraram o acervo brasileiro exibido no Festival Mundial das Artes Negras, em Dacar, no Senegal, ocasião em que a escultura *Rei* obteve o grande prêmio internacional nessa categoria.

AGOGÔ – Instrumento musical da tradição afro-brasileira constante de duas campânulas metálicas unidas por um cabo comum e tocadas com uma vareta. Historicamente um instrumento ritual do candomblé jeje-nagô, popularizou-se com as baterias das escolas de samba cariocas, na passagem dos anos 1940 para os 1950. A origem do vocábulo está na língua iorubá.

AGONGLO – Rei do Daomé entronizado em 1789 e detentor do poder até a morte, em 1797.

AGOSTINHO BEZERRA – Nome abreviado de Agostinho Bezerra Cavalcante e Souza, militar brasileiro nascido e falecido em Recife, PE, onde viveu entre 1788 e 1825. Major do Regimento dos Henriques, participou da Revolução de 1817 e da Confederação do Equador, tendo sido, nesse movimento, responsável pelo policiamento da capital pernambucana. Foi executado quando da derrota do movimento. É descrito como homem de nobre caráter.

AGOTIMÉ – Rainha do Daomé (*c.* séculos 18-19), mulher de Agonglo e mãe de Ghezo. Teria vindo para o Brasil como escrava e para cá trazido o culto dos voduns (divindades) daomeanos, implantado primeiro na Bahia, e dando origem, depois, à comunidade religiosa da Casa das Minas, no Maranhão.

AGREGADOS – Nome dado no Brasil aos ex-escravos que, depois da abolição, permaneceram ligados a seus antigos senhores, adotando seu sobrenome, morando sob o mesmo teto, integrados à rotina da família e submetidos à autoridade do patriarca.

AGUDÁ – No atual Benin, designação que se dá ao portador de sobrenome de origem portuguesa, em geral descendente de retornados do Brasil. Os agudás formam uma comunidade distinta do restante da população beninense, assim como os amarôs da Nigéria e os tabons de Gana.

AGUÊ – Espécie de chocalho de cabaça envolto em contas coloridas; o mesmo que xequeré ou agbé.

AGUINALDO CAMARGO – Ator nascido em Campinas, SP, por volta de 1918, e falecido em 1952. Em 1938, participou, com Abdias Nascimento e Geraldo Campos de Oliveira, da organização do Primeiro Congresso Afro-Campineiro. No Rio de Janeiro, embora exercesse a atividade profissional de comissário de polícia, tornou-se o mais destacado integrante do elenco do Teatro Experimental do Negro (TEN). Sua atuação como Brutus Jones, protagonista do drama *O imperador Jones*, de Eugene O'Neill, representado no Teatro Municipal carioca em maio de 1945, arrancou entusiásticos aplausos da crítica. Dele se disse que, apesar da baixa estatura, se agigantava no palco. Haroldo Costa relata ter sido ele um dos maiores atores que viu atuar. Segundo o crítico Paulo Francis, era o único ator negro no Brasil com qualidades para o papel shakespeariano de Otelo. No cinema, fez *Terra violenta* e *Também somos irmãos*, produções cariocas de 1948 e 1949, respectivamente. Teve sua fulgurante trajetória prematuramente interrompida, vindo a falecer vítima de atropelamento.

AHUNÁ – Líder revoltoso malê na Bahia. Escravo doméstico, de suposta origem nagô, que, pelo respeito e admiração com que o cercavam, era provavelmente o limano (chefe religioso) dos malês baianos quando do grande levante de 1835. Por não ter sido preso, sua identidade e o grau de sua participação na insurreição permanecem obscuros. Seu nome é confundido com o de Aluná, outro participante do movimento.

AÍDA BATISTA – Cantora lírica brasileira nascida em Nilópolis, RJ, em 1961. Dona de uma raríssima voz de soprano, em 1988 foi a segunda colocada no Segundo Concurso Nacional de Canto Lírico, em São Paulo, e a vencedora do Concurso Jovens Concertistas na Sala Cecília Meireles, no Rio de Janeiro. Radicada na Áustria, veio ao Brasil, em 1999, para interpretar um dos principais papéis na montagem de *O escravo*, de Carlos Gomes, no Teatro Municipal do Rio de Janeiro.

AÍDA DOS SANTOS – Atleta nascida em Niterói, RJ, em 1937. Em 1964, integrante da delegação brasileira às Olimpíadas de Tóquio, conquistou o quarto lugar na modalidade salto em altura, mesmo sofrendo uma série de privações, entre elas a falta de calçados adequados, que lhe foram emprestados por um colega cubano. Em 1967, conquistou medalha de bronze nos Jogos Pan-Americanos do Panamá e, em 1971, disputou, em Cáli, a versão colombiana dos mesmos Jogos, abandonando as pistas em 1973. Já formada em Geografia, diplomou-se em 1970 em Educação Física, concluindo depois o curso de Pedagogia.

AIRTON BARBOSA – Fagotista e compositor nascido em Bom Jardim, PE, em 1942, e falecido na cidade do Rio de Janeiro em 1980. Um dos maiores músicos eruditos brasileiros, fundou, em 1962, o Quinteto Villa-Lobos, especializado na interpretação de autores brasileiros contemporâneos. Paralelamente, participou de inúmeras gravações em discos, mesmo de música popular, como, na década de 1970, os dos sambistas Cartola e Candeia.

AJUDÁ – Região na baía de Benin onde se ergueu, em 1698, o forte de São João Baptista de Ajudá, estabelecimento português construído com o fim específico de incrementar o tráfico de escravos para as Américas. Integrante do Reino de Allada (ou Ardra), o apogeu de suas atividades deu-se entre 1728 e 1748.

ALAGOAS – Estado do Nordeste brasileiro. Limita-se, ao norte, com Pernambuco, ao sul com Sergipe e, a oeste, com a Bahia. Estado litorâneo, tem sua história marcada pelo ciclo do açúcar, pelas lutas contra franceses e holandeses, e por abrigar, em seu território, a confederação quilombola de Palmares. Rico em tradições de origem africana (bumba meu boi, reisado, guerreiro, taieiras, coco etc.), em 2000 o governo federal havia identificado, em Alagoas, 11 comunidades remanescentes de quilombos, como as de Cajá dos Negros, no município de Batalha; Palmeira dos Negros, entre Igreja Nova e Frexeiras; Tabuleiro dos Negros, em Penedo; e Serra das Morenas, em Limoeiro da Anadia.

ALAÔR SCISÍNIO – Jurista brasileiro nascido em Cordeiro, RJ, em 1927, e falecido em Niterói, RJ, em 1999. Docente universitário, membro do Instituto dos Advogados Brasileiros e ex-procurador-geral do município de Niterói, Alaôr Eduardo Scisínio foi conselheiro da Ordem dos Advogados do Brasil – Seccional do Rio de Janeiro (OAB-RJ) em nove mandatos consecutivos, assumindo em 1997 a direção da Escola Superior de Advocacia do Rio de Janeiro. É autor também de obras históricas como *A escravidão & a saga de Manuel Congo*, livro de 1988, sobre o legendário quilombola do vale do Paraíba, do *Dicionário da escravidão* (1997), além de volumes de discursos, conferências, poemas e outros escritos.

ALBUÍNO AZEREDO – Político brasileiro nascido em Vila Velha, ES, em 1945. De família humilde, exerceu várias atividades subalternas antes de tornar-se engenheiro ferroviário e empresário. Em 1990, depois de ter sido secretário de Planejamento, elegeu-se governador de seu estado natal.

ALCEU COLLARES – Político nascido em Bagé, RS, em 1927. Bacharel em Direito pela Universidade Federal do Rio Grande do Sul (UFRGS), foi, sucessivamente, a partir de 1963, vereador em Porto Alegre, deputado federal por três legislaturas, prefeito da capital gaúcha e governador do estado do Rio Grande do Sul.

ALEIJADINHO – Alcunha de Antônio Francisco Lisboa (1730-1814), escultor, entalhador e arquiteto brasileiro nascido em Vila Rica, atual Ouro Preto, MG, cidade onde também faleceu. Filho de um português com uma escrava, aos 20 anos já desenhava e entalhava em madeira. Por volta dos 40 anos, foi vitimado por uma doença degenerativa que acabou por privá-lo dos dedos dos pés e das mãos. Apesar da deficiência, contudo, conseguiu criar uma obra que, em sua época, o credencia como o maior artista brasileiro de sua especialidade. Seus mais importantes trabalhos, como os 12 profetas esculpidos em pedra-sabão e as 66 figuras em cedro que reproduzem os passos da Paixão de Cristo, estão na igreja de Bom Jesus de Matosinhos, em Congonhas do Campo, MG. Ver *BARROCO MINEIRO*.

ALEXANDRE DIAS DE RESENDE – Militar brasileiro nascido no Rio de Janeiro, onde faleceu em 1812. Capitão do Regimento dos Pardos, foi reformado como sargento-mor. Recusado, por motivos raciais, na Irmandade de São Pedro, embora fosse homem estimado e de largas posses, ao morrer deixou para ela rico legado, que deu origem à Instituição dos Socorros aos Padres da entidade que o recusou. Seu retrato foi, então, entronizado na galeria dos beneméritos da irmandade.

ALFORRIA – Ato pelo qual cessava o estado de escravidão. No Brasil, a alforria, conseguida por compra, doação ou imposição legal, podia ser feita: por carta, no caso do escravo adulto que comprava ou recebia gratuitamente a liberdade; por testamento, na circunstância de o escravo ser declarado manumisso no testamento do proprietário falecido; de pia, quando a libertação ocorria no ato do batismo católico, mediante o pagamento, ao dono do escravo, de uma quantia previamente estipulada. Outra forma de concessão da alforria era a carta de liberdade condicional, na qual o outorgante estipulava a libertação do escravo em data determinada, por exemplo, para depois do falecimento do proprietário.

ALFREDO CASIMIRO DA ROCHA – Médico e político nascido em Salvador, BA, em 1854, e falecido em Cunha, SP, em 1933. Formado pela Faculdade de Medicina da Bahia, em 1878 transferiu-se para a cidade paulista de Cunha, onde se tornou uma das pessoas mais influentes. Além de médico conceituado, foi vereador, deputado estadual e deputado federal. Antes de falecer, ocupava o cargo de prefeito nomeado do município.

ALTO VOLTA – Antigo nome da República de Burkina, na África Ocidental.

ALUGUEL DE ESCRAVOS – Durante a escravidão, no Brasil da década de 1860, o aluguel de escravos para todo tipo de serviço era negócio rendoso. No Rio de Janeiro, enquanto o aluguel de um sobrado numa chácara chegava a 18 mil-réis mensais e o de uma casa para homem solteiro, na rua do Livramento, a 8 mil, o aluguel de uma escrava cozinheira, lavadeira e engomadeira custava 30 mil-réis, sendo também bastante valorizados os serviços das amas de leite e mucamas.

AMAPÁ – Estado da federação brasileira localizado na região Norte, entre o Pará ao sul e a oeste, a Guiana Francesa ao norte, e o oceano Atlântico a leste. A história de seu povoamento registra a formação de núcleos quilombolas e de imigrantes afro-guianenses. Em agosto de 1998, o governo federal reconheceu como remanescente de quilombo a comunidade de Curiaú, no município de Macapá.

AMARÔ – Em Lagos, Nigéria, nome correspondente ao beninense *agudá*, designando cada um dos libertos e seus descendentes retornados do Brasil e de Cuba.

AMARO DO AMARAL – Caricaturista brasileiro nascido em Olinda, PE, em 1875, e falecido no Rio de Janeiro, RJ, em 1922. Foi chargista da *Revista da Semana* e do *Jornal do Brasil* na primeira década do século 20, tendo seus melhores trabalhos reunidos em *Figuras & Figurões*, álbum publicado em 1913.

AMBRIZ – Porto localizado ao norte de Luanda, capital da atual República de Angola. Nos anos 1830, como principal saída do interior do país para o litoral, foi um dos mais importantes centros exportadores de escravos para o Brasil.

AMBRÓSIO – Chefe quilombola em Minas Gerais no século 18. Seu quilombo localizava-se entre os atuais municípios mineiros de São Gotardo e Ibiá. Também chamado "Quilombo Grande", chegou a reunir de dez a 20 mil quilombolas, constituindo um modelo de organização e trabalho comunitário. Ambrósio, seu líder e chefe supremo, tinha, segundo a crônica da época, "todas as qualidades de um general". O reduto, no entanto, foi violentamente destruído em 1746, erguendo-se, mais tarde, no mesmo local, o quilombo do Campo Grande.

AMBUNDOS – Povo banto, falante do quimbundo, também conhecido como bundos ou quimbundos. Localizado em Angola, ao norte do rio Cuanza, é o segundo maior grupo étnico angolano e compreende 21 subgrupos principais. A presença dos ambundos na história angolana é marcante, e sua língua, com suas várias formas dialetais, contribuiu imensamente na formação do léxico do português falado no Brasil.

AMENO RESEDÁ – Rancho carnavalesco brasileiro fundado em 1907 e extinto em 1943. Destacou-se como uma das mais importantes agremiações do carnaval carioca. Intitulando-se "rancho-escola", forneceu o modelo no qual se inspiraram as primitivas escolas de samba. Seus fundadores e impulsionadores eram majoritariamente negros, muitos ligados à comunidade baiana no Rio de Janeiro.

ANA MARIA DE JESUS – Personagem da história do Brasil. Escrava, incorporou-se às tropas brasileiras na Guerra do Paraguai (1864-1870) e destacou-se como enfermeira, sobretudo pelo atendimento prestado aos soldados feridos no episódio conhecido como Retirada da Laguna.

ANA PAULA MAIA – Escritora nascida em Nova Iguaçu, RJ, em 1977. Após escrever o roteiro do curta-metragem *O entregador de pizza* (2001), em 2003 teve montado o monólogo teatral *O rei dos escombros*, escrito em parceria com Mauro Santa Cecília e Ricardo Petraglia. Nesse mesmo ano, estreou em livro com o romance *O habitante das falhas subterrâneas*. A partir daí, tornou-se romancista prestigiada, dando sequência à sua trajetória com *A guerra dos bastardos* (2007), *Entre rinhas de cachorros e porcos abatidos* (2009) e *Carvão animal* (2011).

ANACLETO DE MEDEIROS – Compositor, instrumentista e regente brasileiro nascido e falecido na ilha de Paquetá, no Rio de Janeiro, onde viveu de 1866 a 1907. Filho de uma liberta, com 9 anos de idade foi alistado na Companhia de Menores do Arsenal de Guerra para instruir-se em ofícios e aprender música, tornando-se executante de flautim. Antes de 1884, foi transferido para a Imprensa Nacional e, ainda aprendiz, lá fundou o Clube Musical Guttemberg e passou a integrar, em Paquetá, a banda da Sociedade Musical Paquetaense. Ao completar 18 anos, ingressou no Conservatório de Música, onde se destacou e obteve, em 1886, o certificado de professor de clarineta. No início da última década do século 19 já era reconhecido como compositor e regente de raro talento. Autor de extensa obra, de grande brasilidade, foi o organizador, em 1896, da Banda do Corpo de Bombeiros do Rio de

Janeiro, um dos melhores conjuntos orquestrais brasileiros no gênero.

ANALFABETISMO – Condição de quem não sabe ler nem escrever. O analfabetismo é qualificado como "funcional" quando a pessoa, embora saiba grafar o nome, é incapaz de entender textos ou problemas fora do âmbito do trabalho que executa. Segundo dados do *Relatório Anual das Desigualdades Raciais no Brasil*, em 2008, entre os afrodescendentes com mais de 15 anos de idade, havia na região Norte um percentual de 11,6 % de analfabetos, em contraste com a percentagem de 7,6% registrada entre os brancos. No Nordeste do país, registravam-se 20,9% de afrodescentes para 15,7% de brancos; no Sudeste, 8,0% para 4,2%; no Sul, 10,1% para 4,2%; e no Centro-Oeste, 9,9% para 5,6%. Nessa estatística, uma significativa parcela dos afrodescendentes tem escolarização abaixo do 4º ano do ensino fundamental, sendo que muitos deles, semiescolarizados, incluem-se entre os analfabetos funcionais.

ANCESTRAL – Antepassado; ascendente, do bisavô para trás. O ancestral é importante porque deixou uma herança espiritual a ser preservada e cultuada. O culto aos antepassados consiste na veneração ritual dos espíritos dos ancestrais, em busca da energia deles emanada. Na tradição africana, a crença na sobrevivência da alma após a morte foi sempre garantia de estabilidade social interna e da unidade familiar.

ANDALAQUITUXE – Líder de Palmares, no século 17, morto por Fernão Carrilho na investida contra o quilombo de Garanhuns.

ANDRÉ LOPES – Comunidade remanescente de quilombo localizada no município de Juquiá, SP.

ANDRÉ REBOUÇAS – Engenheiro e abolicionista nascido em Cachoeira, BA, em 1838, e falecido misteriosamente em Funchal, Ilha da Madeira, em 1898, onde desenvolvia projetos em prol do bem-estar das populações africanas, no autoexílio que se impusera com a queda de seu amigo d. Pedro II. Uma das maiores autoridades brasileiras em engenharia hidráulica, André Pinto Rebouças construiu as primeiras docas no Rio de Janeiro, Bahia, Pernambuco e Maranhão, implantou núcleos coloniais às margens dos rios Paraná e Uruguai e realizou as obras do sistema de abastecimento de água do Rio de Janeiro. Professor da Escola Politécnica, lá fundou um centro abolicionista; jornalista, escreveu inúmeros artigos contra a escravidão. Estudioso da questão fundiária, produziu vários trabalhos sobre os fundamentos da estrutura agrária do país no pós-abolição, tendo elaborado projeto de legislação que previa o assentamento de ex-escravos em terras do Império, bem como iniciativas educacionais para sua inserção na sociedade. Publicou inúmeros trabalhos técnicos, todos registrados no *Catálogo da Exposição de História do Brasil*. No Rio de Janeiro, a denominação de um dos túneis que ligam a Zona Norte à Zona Sul é uma homenagem ao seu trabalho e ao de seu irmão, Antônio, em prol da engenharia nacional. Ver *REBOUÇAS* [família].

ANEMIA FALCIFORME – Doença hereditária em que um gene recessivo dá lugar a uma hemoglobina anormal com hemácias muito fracas, em forma de "foice" (daí o nome "falciforme"), que por isso são destruídas muito rapidamente. Anomalia genética mais comum no povo negro, com sintomatologia que pode levar à morte, originou-se em quatro regiões africanas distintas, como reação hematológica à malária. Em 2002, órgãos de governo e pesquisadores brasileiros implantaram programas de identificação, conscientização e melhora da qualidade de vida dos enfermos, buscando caracterizar a anemia falciforme como um problema de saúde pública.

ANGÉLICA FARIA – Compositora de música clássica contemporânea e regente nascida na cidade do Rio de Janeiro, em 1957. Premiada na VI Bienal de Música Brasileira Contemporânea, em 1985; no mesmo ano, representou o Brasil na Tribuna de Música da América Latina/Caribe, promovida pela Organização das Nações Unidas para a Educação, a Ciência e a Cultura (Unesco). Em 1989, regeu a Orquestra de Câmara do Brasil, na VIII Bienal de Música Brasileira Contemporânea, no Rio de Janeiro.

ANGOLA – País situado na porção sudoeste da África Central. Limita-se com Congo-Kinshasa, ex--Zaire (N), Zâmbia (L), Namíbia (S) e oceano Atlântico (O). Sua capital é Luanda. Os mais numerosos grupos étnicos que o compõem são os ovimbundos, ambundos e bacongos. Antes da descoberta portuguesa, o território abrigava parte do antigo Reino do Congo, cuja capital se localizava na atual província do Zaire, onde ainda hoje se ergue a cidade histórica de Mbanza Kongo. A origem da atual Angola está no antigo reino ambundo do Ndongo, entre os rios Cuanza e Dande, governado por soberanos que ostentavam o título de *ngola*.

ANGOLA-JANGA – Nome pelo qual o conjunto dos quilombos de Palmares era supostamente referido entre seus habitantes. A expressão teria o sentido de "Minha Angola" ou "Angola pequena".

ANJINHOS – Instrumento para tortura de escravos. Prendia os polegares em dois anéis gradualmente comprimidos por meio de chave ou parafuso.

ANNA DAVIES – Pseudônimo de Maria das Graças Jovita Correia da Silva, jornalista nascida em Caratinga, MG, em 1951. Em 1972 destacava-se como a primeira repórter e apresentadora negra da televisão brasileira. Apresentou os principais telejornais da TV Globo, onde permaneceu até 1977.

ANNE MARIE – Nome pelo qual se fez conhecida Ana Maria de Loyola Cunha, enfermeira e musicista brasileira nascida em 1911 em Serro, MG, e radicada no Rio de Janeiro. Criada em sua cidade natal pelas freiras do Colégio Imaculada Conceição, com elas aprendeu música e francês, daí seu cognome. Radicando-se no Rio de Janeiro, formada em Enfermagem pela Associação de Voluntárias Ana Néri, trabalhou em vários hospitais cariocas e, paralelamente, foi organista e regente do coro da igreja de Nossa Senhora da Cabeça, no subúrbio da Penha, com importante atuação na Irmandade de Nossa Senhora do Rosário e São Benedito dos Homens Pretos, da qual ainda participava em 1998.

ANTENOR NASCENTES – Filólogo e lexicógrafo nascido e falecido na cidade do Rio de Janeiro, onde viveu de 1886 a 1972. Autor de vasta obra publicada, trabalhou pela afirmação da língua brasileira como elemento constitutivo da personalidade nacional, escrevendo, entre outros livros, *O linguajar carioca*, *Dicionário etimológico da língua portuguesa*, *Dicionário de dúvidas e dificuldades do idioma nacional* e *Dicionário da língua portuguesa*.

ANTIGO TESTAMENTO – O Antigo Testamento é a parte da Bíblia que compreende um conjunto de livros da antiga tradição hebraica e judaica, em oposição ao Novo Testamento, que enfeixa o advento e os ensinamentos de Jesus Cristo. Nesses livros, principalmente em *Reis* e *Crônicas*, são muitas vezes mencionados povos e localidades africanos, como a Somália, sobre a qual se diz ser a terra de origem da mirra, do incenso e também da nuvem de gafanhotos que assolou o Egito no tempo de José; ou como o faraó núbio Taharka. Considerando a absoluta inserção do antigo Egito no continente africano e admitindo a descrição de Heródoto, o proto-historiador grego, segundo a qual os egípcios de seu tempo eram negros de cabelos crespos, também é possível supor, a partir do longo período de escravidão do povo de Israel no Egito, a negro-africanidade de muitas personagens do Velho Testamento.

ANTILHAS – Grupo de ilhas da América Central, entre o mar do Caribe ou das Antilhas e o oceano Atlântico. O tráfico de escravos levou para as Antilhas grandes contingentes de africanos, o que hoje faz da região um dos mais importantes núcleos concentradores e irradiadores da cultura africana na Diáspora.

ANTONIETA DE BARROS – Educadora e parlamentar brasileira nascida e falecida em Florianópolis, SC (1901-1952). Foi professora de Português e Literatura e depois diretora do Instituto de Educação na capital catarinense. Eleita deputada estadual em 1934 e 1947. Constituinte em 1935, foi um dos nomes mais expressivos e queridos de seu estado e a primeira mulher negra na Assembleia Legislativa catarinense. Militando na imprensa, assinava às vezes sob o pseudônimo "Maria da Ilha".

ANTÔNIO DA COSTA – Militar nascido e falecido em Pernambuco no século 17. Soldado, cabo de esquadra, alferes e capitão do terço dos homens pretos sob o comando de Henrique Dias, figurou em todas as jornadas da Guerra da Restauração de Pernambuco, destacando-se, entre outras, nas duas batalhas de Guararapes. Morreu já idoso, por volta de 1685, no posto de coronel, depois de participar de expedição a Palmares.

ANTÔNIO FIRMINO MONTEIRO – Pintor nascido na cidade do Rio de Janeiro, RJ, em 1855, e falecido em Niterói, RJ, em 1888. É autor da famosa tela *Fundação da cidade do Rio de Janeiro*, de 1882, e de outras, integrantes do acervo do Museu Nacional de Belas-Artes. Grande paisagista, por sua participação na 26.ª Exposição Geral de Belas-Artes, a última do Império, foi agraciado com a Ordem da Rosa.

ANTÔNIO FRANCISCO DE MELO – Militar nascido em Pernambuco no século 19. Lutou na Guerra do Paraguai como cadete do Nono Batalhão de Infantaria, tendo sido promovido a sargento por atos de bravura – naquela época, a hierarquia dos postos era diferente da atual –, chegando, por sua coragem e intrepidez, ao posto de capitão.

ANTÔNIO RAFAEL PINTO BANDEIRA – Pintor nascido em Niterói, RJ, em 1863, e falecido em 1896. Neto de escravos, teve acesso a boa educação formal, conseguindo, aos 16 anos, ingressar na Academia Imperial de Belas-Artes, cursada com brilhantismo. Depois de obter várias premiações e de ter lecionado no Liceu de Artes e Ofícios de Salvador, BA, vencido por pressões de ordem psicológica, atirou-se de uma barca na baía de Guanabara, vindo a falecer aos 33 anos.

ANTÔNIO REBOUÇAS – Nome abreviado de Antônio Pereira Rebouças Filho, engenheiro nascido em Salvador, BA, em 1839, e falecido em 1874 na cidade do Rio de Janeiro, onde foi criado. Ex-aluno do curso de Engenharia da Escola Militar e bacharel em Ciências Físicas e Matemática, completou na Europa seus estudos de Engenharia Civil. De volta ao Brasil em 1862, encetou brilhante carreira profissional, contando-se, entre suas realizações, o projeto da estrada de ferro Antonina–Curitiba, no qual se basearam os construtores do difícil trecho serrano da estrada de ferro Paranaguá–Curitiba e de sua famosa ponte. São também de sua autoria os projetos da linha ferroviária de Campinas a Limeira e Rio Claro, da ponte de ferro sobre o rio Piracicaba e da avenida Beira-Mar carioca. Morreu aos 34 anos, deixando inúmeros trabalhos científicos, principalmente memórias de seus projetos de engenharia ferroviária.

ANTÔNIO TORRES – Escritor e jornalista nascido em Diamantina, MG, em 1885, e falecido na Alemanha em 1934. Depois de abandonar a carreira eclesiástica, iniciada na cidade natal, fixou-se no Rio de Janeiro, onde se distinguiu, na imprensa, como temido polemista. Em 1920, ingressou na diplomacia, falecendo como cônsul adjunto do Brasil em Hamburgo. Sua obra literária inclui coletâneas de artigos, publicados nos anos 1920, assim como *As razões da Inconfidência*, de 1925.

APARECIDA CONCEIÇÃO FERREIRA – Médium espírita brasileira nascida em Igarapava, SP, em 1915 e falecida em Uberaba, MG, em 2009. Na década de 1950, trabalhando como auxiliar de enfermagem na Santa Casa de Misericórdia de Uberaba, MG, iniciou obra de assistência a portadores de pênfigo foliáceo, dermatose grave popularmente conhecida como "fogo selvagem". Em 1960, depois de árdua campanha de donativos, liderou a criação, nessa cidade, do Hospital do Pênfigo Foliáceo, o qual, mais tarde, ampliou sua área de atuação, desenvolvendo também atividade assistencial e educacional. Ligada ao médium Chico Xavier, nos anos 1970 a instituição passou a agregar, ainda, um centro espírita.

APARTHEID – Política de segregação racial mantida pelo governo da África do Sul de 1948 a 1994, com vantagem para a minoria branca dominante. Foi extinta com a eleição de Nelson Mandela para a presidência da República. Conforme o professor Hélio Santos (em *Raça Brasil*, n.º 93, dezembro, 2005), o fato de o *apartheid* na África do Sul ter sido tão explícito tornou-o um grande incômodo para o país, que acabou por aboli-lo; já no Brasil, por não ser oficial nem evidente, a separação entre brancos e negros representa uma grande força, difícil de ser eliminada. Ver *NELSON MANDELA*.

APTIDÃO ESPORTIVA DOS NEGROS – A aptidão dos negros para certos esportes parece não depender de características étnicas e biológicas. Segundo a opinião dominante, se os negros sempre foram bons corredores, é porque o fundismo é um esporte barato, que não requer equipamentos e a que todos têm acesso; e, se antes do nadador surinamês Anthony Nesty as comunidades negras ainda não tinham feito nenhum campeão nessa modalidade desportiva, isso ocorreu apenas porque os possíveis nadadores negros raramente, ou nunca, tinham acesso a piscinas. Entretanto, modernas teorias, embora concluam que a superioridade dos negros é flagrante nos esportes em que as barreiras econômicas e sociais são menores, lembram que, a exemplo de doenças que atingem majoritariamente certos grupos étnicos, fatores biológicos não devem ser desprezados nessas conclusões.

AQUALTUNE – Personagem da história colonial de Pernambuco. Seu nome, envolto em aura de lenda, batizou um dos núcleos quilombolas de Palmares. Em algumas versões, ela seria uma princesa africana, mãe de Ganga Zumba; em outras, seria avó de Zumbi.

ARCADISMO – Corrente literária de feição neoclássica em voga no Brasil no século 18. Entre seus seguidores, contaram-se alguns afrodescendentes, como Caldas Barbosa e Silva Alvarenga. Seu marco inicial, em nosso país, foi a chamada Academia de Homens Pardos.

ARDRA – Antigo reino africano localizado na região litorânea Daomé-Togo. Sua capital, Porto Novo, sediou, principalmente no século 18, um dos mais ativos e movimentados pontos de embarque de escravos para as Américas. Também conhecido como Allada.

ARGUIM – Ilha ao sul do cabo Branco, na costa da Guiné, próxima ao litoral da Mauritânia. Foi sede de uma fortaleza fundada entre 1448 e 1452 pelos portugueses, com o objetivo de facilitar as relações mercantis entre Portugal e as nações da África Ocidental. Um dos primeiros estabelecimentos europeus no continente negro, a fortaleza tornou-se um dos principais entrepostos de escravos da costa ocidental africana no século 15.

ARIGOFE – Nos antigos ranchos de Reis da Bahia, dançarino que carregava o santo; boneco preto que simbolizava cada um dos ternos de Reis baianos. Por extensão, designação pejorativa de indivíduo negro.

ARLINDO FRAGOSO – Político e jornalista nascido em Santo Amaro, BA, em 1865, e falecido na cidade do Rio de Janeiro em 1926. Formado pela Escola Politécnica do Rio de Janeiro, foi fundador da Escola Politécnica da Bahia e membro da Academia de Letras e do Instituto Histórico de seu estado. Na política, foi intendente de seu município natal (1889-1891) e secretário particular do conselheiro Luiz Viana no governo da Bahia. Deixou uma dezena de obras publicadas, a maior parte sobre assuntos técnicos.

ARLINDO VEIGA DOS SANTOS – Nome abreviado de Arlindo José da Veiga Cabral dos Santos, professor, escritor, jornalista e militante negro nascido em Itu, SP, em 1902, e falecido em 1978. Educador, foi, em seu estado, professor da Pontifícia Universidade Católica (PUC-SP), catedrático da Faculdade de Filosofia de Lorena, professor da Faculdade de Ciências Econômicas do Sagrado Coração de Jesus e da Faculdade de Filosofia da Universidade Católica de Campinas. Um dos líderes da Frente Negra Brasileira, foi também fundador do jornal *A Voz da Raça* e criador do patrianovismo. Deixou vasta obra, publicada a partir de 1923.

ARROZ DE HAUÇÁ – Na culinária baiana, prato preparado sem sal mas com um molho acentuadamente apimentado, e carne-seca frita, em pedacinhos e quase torrada, despejada sobre o arroz quase em papa. Para alguns autores, a origem do nome estaria em "auçá" (do iorubá *awúsà*, "fruto semelhante à noz"), termo com que os nagôs baianos designavam a pimenta-malagueta, em oposição à pimenta da costa africana, chamada "atarê".

ARTE NEGRA – Designação genérica do conjunto das manifestações artísticas negro-africanas no continente de origem e na Diáspora. A arte tradicional negro-africana é eminentemente utilitária, sempre associada aos variados eventos e atividades da vida cotidiana, do nascimento à morte, em ritos de celebração, purificação, propiciação etc. Nela, o escultor, por exemplo, não procura imitar a natureza, mas sim dizer o que pensa dela; não deseja copiar o que vê, mas captar o que vai por dentro daquilo que está vendo. Aí está a diferença entre a arte tradicional africana e a clássica ocidental, o que artistas como Picasso e Modigliani admiraram e absorveram. Na Diáspora, diante de outras influências, muito desse espírito se perdeu, mas também muito se criou, em especial na música e na dança.

ARTHUR ARÉZIO – Jornalista e artista gráfico brasileiro, bisneto de escravos, nascido em Salvador, BA, em 1873, e falecido em 1940. Criador da revista *Artes & Artistas*, dedicada ao cinema, publicou, entre outros livros, *Serões tipográficos* (1905), *Máquinas de compor* (1916) e *Dicionário de* *termos gráficos*. Sua vida foi intimamente ligada ao Largo do Pelourinho, centro de difusão da cultura afro-baiana.

ARTUROS – Comunidade de descendentes de africanos em Contagem, MG, cujo patriarca era Artur Camilo Silvério, nascido na vigência da Lei do Ventre Livre. Pela integridade de seus costumes e tradições, foi objeto de pesquisas que resultaram em uma tese acadêmica, publicada em livro em 1988.

ARVELOS FILHO – Nome artístico de Januário da Silva Arvelos Filho, músico brasileiro nascido e falecido no Rio de Janeiro (1836-c.1895). Pianista e professor do Conservatório de Música, publicou *Novo método repentino dos primeiros elementos musicais*. Compositor de músicas de salão, é um dos principais autores dos lundus e modinhas que fundamentaram a música popular brasileira. Foi também editor de músicas, atividade que exerceu por quase toda a década de 1860.

ÁRVORE DO ESQUECIMENTO – Local histórico na República do Benin, África Ocidental. Seu centro situa-se em uma árvore em torno da qual os escravos que embarcavam para a travessia do Atlântico eram obrigados a dar voltas (nove, os homens; sete, as mulheres), num ritual tendente a provocar-lhes uma espécie de amnésia sobre o momento que vivenciavam.

ASSIS REPUBLICANO – Maestro e compositor erudito brasileiro nascido em Porto Alegre, RS, em 1897, e falecido no Rio de Janeiro em 1960. Autor de óperas, sinfonias e peças de música vocal e instrumental, tornou-se célebre pela orquestração feita para o *Hino nacional brasileiro*, oficializada em 1942.

ASSOCIAÇÃO DE EMPREGADAS DOMÉSTICAS – Entidade criada no contexto militante do Teatro Experimental do Negro (TEN), em 1950, no Rio de Janeiro.

ASSOCIAÇÃO DOS BRASILEIROS DE COR – Entidade organizada em São Paulo, por volta de 1889, com o objetivo de proporcionar aos negros acesso à educação e à cidadania.

ASTÉRIO DE CAMPOS – Poeta, crítico teatral e professor brasileiro nascido em Amargosa, BA, em 1891, e falecido na cidade do Rio de Janeiro, em 1968. Introduzido na imprensa por Rui Barbosa, deixou publicados diversos volumes de poemas, tendo sido incluído na antologia *Os mais belos sonetos brasileiros*, de Edgard Rezende.

ATABAQUE – Designação geral dos vários tipos de tambor usados nos cultos afro-brasileiros. No sentido estrito, é um instrumento de percussão que consiste em um corpo de madeira cilíndrico e afunilado revestido, na extremidade mais larga, por uma pele de animal.

ATAULFO ALVES – Compositor e cantor brasileiro nascido em Miraí, MG, em 1909, e falecido no Rio de Janeiro, aos 60 anos de idade, em 1969. Filho de lavradores e auxiliar de farmácia, mudou-se para o Rio de Janeiro e lá se tornou profissional da música em 1934. A partir da década seguinte, teve sua obra gravada por grandes intérpretes. Letrista de elaboração filosófica e melodista inspirado, seu vasto repertório é um dos pilares sobre os quais se sustenta a música popular brasileira. Apresentava-se elegantemente acompanhado de um gracioso quarteto feminino, as suas "pastoras". Em 1966, participou do Primeiro Festival Internacional de Arte Negra, em Dacar, no Senegal.

ATORES NEGROS – Desde os tempos coloniais, no Brasil, atores e atrizes afrodescendentes têm mostrado sua arte em palcos e arenas os mais diversos. Há registros de *performances* de rua já no século 18, desempenhadas por artistas solitários, como o liberto Vitoriano, ou por elencos de autos populares como os cucumbis, as congadas etc. Mais tarde, brilham atores como os célebres mulatos Xisto Bahia, também cantor e compositor, e Francisco Vasques, considerado o maior cômico de seu tempo. No início do século 20, verifica-se o apogeu de Eduardo das Neves, ator circense que, em 1909, tornava-se um dos pioneiros do cinema brasileiro; e de Benjamin de Oliveira, filho de escravos que se tornaria o "rei dos palhaços brasileiros" e ator pioneiro na introdução de dramas teatrais nos espetáculos circenses. Da década de 1920, são conhecidos os atores da Companhia Bataclan Negra, da Companhia Negra de Revistas (Rio de Janeiro) e, da década de 1930, os da Companhia Mulata Brasileira (São Paulo). Entretanto, apesar dessas antigas contribuições dos intérpretes negros à arte de representar, a dramaturgia nacional pouco se interessou pela criação de personagens negras mais densas, fixando-se apenas em tipos como os do criado fiel, da criada espevitada, do moleque de recados etc., sempre representados por atores brancos pintados de preto. Para reverter esse quadro, surge o Teatro Experimental do Negro (TEN), fundado em 1944 e ativo até 1968, com sucursais em outras capitais brasileiras. O quadro, contudo, somente vem a sofrer mudanças efetivas a partir de 1976, com Milton Gonçalves atuando na telenovela *Pecado capital*, da Rede Globo, num momento em que esse veículo já capitalizara todo o antigo potencial do teatro e do cinema. Só aí se ofereceu ao consumo do grande público brasileiro o espetáculo de um ator negro de grande densidade dramática representando um personagem à altura do seu talento. Dessa década para cá, uma nova geração de atores negros vem se formando não no cinema e no teatro, como antes, e sim na televisão. Nela, cabe destacar o ator Lázaro Ramos (Salvador, BA, 1978), já com invejável currículo à época desta obra.

AUTA DE SOUZA – Poeta nascida em Macaíba, RN, em 1876, e falecida em Natal, RN, em 1901. Escreveu elogiados poemas de conteúdo místico, aproximando-se da estética simbolista. Com *Horto*, de 1900, tornou-se a primeira poeta negra da literatura brasileira, ombreando em pioneirismo com a romancista maranhense Maria Firmina.

AUTOESTIMA – Sentimento de amor-próprio, dignidade; moral elevado; ânimo forte; disposição para enfrentar as adversidades da vida. A atuação dos militantes negros tem se dirigido para o fortalecimento da autoestima dos afrodescendentes, seriamente abalada pela escravidão e pelo racismo.

AXÂNTIS – Povo africano localizado na República de Gana, África Ocidental. Do século 17 ao início do século 19, e sempre em contraponto com os vizinhos fântis, os axântis foram dos povos africanos mais importantes, constituindo uma brilhante civilização, cujo ponto mais alto foi alcançado por volta de 1750. De 1811 a 1874, atacados por forças inglesas, resistiram a partir de Kumasi, no momento em que Estados da costa, entre eles o dos fântis, tornavam-se parte do Império Britânico. Finalmente, em 1901, o reino axânti, derrotado e saqueado, tornava-se parte da colônia inglesa da Costa do Ouro.

AXÉ – Termo de origem iorubá que significa a força que permite a realização da vida, que assegura a existência, que possibilita os acontecimentos e as transformações.

AXÉ-MUSIC – Denominação aplicada, a partir da década de 1980, à música carnavalesca comercial surgida com os blocos afro-baianos.

AXÉ OPÔ AFONJÁ – Comunidade de culto aos orixás fundada em Salvador, BA, em 1910. Um dos quatro terreiros mais tradicionais da Bahia, tombado, em fins de 1999, como patrimônio histórico nacional.

AXUM – Cidade da Etiópia situada na província de Tigre. Foi capital do antigo Reino de Axum, florescido nos primeiros tempos do cristianismo.

AZEVEDO CRUZ – Nome pelo qual foi conhecido João Antônio Azevedo Cruz, político e escritor brasileiro nascido em Campos, RJ, em 1870, e falecido em Nova Friburgo, RJ, em 1905. Bacharel pela Faculdade de Direito de São Paulo, foi deputado estadual e chefe de polícia no antigo estado do Rio de Janeiro. Destacou-se também como poeta simbolista.

AZULÃO – Pseudônimo de Sebastião Cândido dos Santos, violeiro e cantador repentista nascido por volta de 1880 em Pernambuco. Em seus versos, fazia alarde de bravuras fantásticas, mais ainda que o comum na cantoria nordestina.

B

B. LOPES – Nome literário de Bernardino da Costa Lopes, poeta nascido em Rio Bonito, RJ, em 1859, e falecido na cidade do Rio de Janeiro, em 1916. Parnasiano, pré-simbolista, destacou-se pelo requinte formal e pela imaginação delirante. Em sua obra *Cromos* (1881), uma das mais importantes da transição do Romantismo para o Parnasianismo no Brasil, retrata ambientes de negros e proletários, utilizando-se de africanismos coloquiais.

BABÁ – Elemento que compõe várias palavras da linguagem ritual da tradição dos orixás, quase sempre com o sentido de "pai", "dono", "patrão", "autoridade" (p. ex., babalorixá).

BABALAÔ – Sacerdote de Ifá, aquele que tem conhecimento e autoridade para interpretar as orientações transmitidas pelo oráculo Ifá.

BABALORIXÁ – Designação dada, no Brasil, ao sacerdote-chefe de uma comunidade de culto aos orixás, popularmente conhecida como candomblé.

BADEN POWELL – Violonista e compositor nascido em Varre-Sai, Itaperuna, RJ, em 1937, e falecido em 2000 na cidade do Rio de Janeiro, onde fora criado. Dono de fulgurante trajetória, a partir de 1956 projetou-se como um dos maiores solistas de violão em todo o mundo, fazendo escola no Brasil. Compôs, em 1962, com o poeta Vinicius de Moraes, os "afrossambas", conjunto de canções inspiradas em cantigas da tradição dos orixás, sambas de roda e outros gêneros tradicionais.

BAHAMAS – País situado no mar das Antilhas. Os africanos chegaram com os ingleses por volta de 1629 e seus descendentes somam cerca de 70% da população. A capital é Nassau.

BAHIA – Estado brasileiro localizado na parte sul da região Nordeste que concentra, segundo o Censo de 2000, o maior contingente de afrodescendentes no país, cerca de 73% da população total. Ponto de chegada dos portugueses no Brasil, a capitania abrigou a primeira sede do governo colonial, de 1549, ano de sua fundação, até o fim do século 18, época em que manteve intenso comércio com o continente africano. Sua cultura, bastante prestigiada, é toda calcada em heranças africanas, notadamente a da região do golfo de Benin (mais presente na capital, Salvador, outrora conhecida como "cidade da Bahia") e a de Angola (nas cidades do chamado Recôncavo Baiano). Observe-se que, até o século 17, o fluxo maciço de africanos importados era de negros bantos; e só depois, no século 18, o tráfico se desloca para a Costa dos Escravos, marcando a influência oeste-africana, dita sudanesa.

BAIANA – Denominação da indumentária usada tradicionalmente pelas mulheres negras da Bahia, em especial as vendedoras de iguarias em tabuleiros. Compõe-se sobretudo de bata rendada, saia comprida e armada, turbante, pano da costa e chinelinhas. As mulheres de posses adicionavam a essa indumentária ricos adornos, como colares, pulseiras, braceletes e balangandãs de ouro ou prata. O traje, que vestia as negras de ganho na época colonial, estilizado e difundido pela cantora Carmen Miranda, a partir dos anos 1940, tornou-se a representação simbólica da imagem da mulher brasileira.

BAILIQUE – Comunidade remanescente de quilombo localizada no município paraense de Baião, na região do rio Tocantins. Ver *QUILOMBOS NA AMAZÔNIA*.

BAILUNDO – Antigo reino no planalto do Huambo, na atual Angola, surgido por volta de 1700. Como os outros reinos da região, foi profundamente marcado pelo tráfico de escravos.

BAIXADA FLUMINENSE – Região do estado do Rio de Janeiro dominada ao norte pela serra do Mar e integrada principalmente pelos municípios de Nova Iguaçu, Nilópolis, Duque de Caxias e São João de Meriti. Ao longo do século 19, a região abrigou diversas comunidades de escravos fugidos, em especial nas vilas de Guia, Guapimirim, Inhomirim, Magé e Suruí. Sua história registra os quilombos de Iguaçu, do Pilar, da Barra do Rio Sarapuí, do Bomba, do Gabriel e da Estrela, bem como o nome de líderes quilombolas, como Joaquim Congo, João Mofumbe e José Benguela. Na primeira década do século 20, com as obras de reurbanização do centro da cidade do Rio de Janeiro, os terreiros de candomblé ali fundados por baianos emigrados começam a se deslocar para a periferia. É assim que, em 1938, Mãe Agripina transfere o axé recebido de Mãe Aninha para Coelho da Rocha. Por questões não só econômicas, como também ambientais, dezenas de importantes comunidades-terreiro, de candomblé e de umbanda, plantam seu axé em roças na Baixada e adjacências, onde permanecem até a época deste *Dicionário*.

BALAIADA – Movimento rebelde ocorrido no Maranhão em 1838 e só dominado em 1841. Seu estopim foi o episódio protagonizado pelo vaqueiro Raimundo Gomes, que, liderando uma coluna que marchava em direção à capital maranhense num ato de protesto contra as arbitrariedades dos senhores de engenho, conseguiu a adesão de outros líderes descontentes, como o quilombola Preto Cosme, e seus três mil seguidores, e Manuel Francisco dos Anjos Ferreira, o Balaio, cujo apelido acabou associado ao nome popular do movimento, no qual se envolveram basicamente negros e mestiços.

BALANGANDÃS – Conjunto de objetos finamente lavrados, em geral em prata, presos a uma corrente e usados como ornamentos e adereços do traje de baiana em ocasiões especiais.

BALÉ FOLCLÓRICO DA BAHIA – Companhia de dança criada em Salvador, BA, em 1988, com a proposta de trabalhar com temas voltados para a tradição afro-brasileira. Em 1994, depois de merecer quatro páginas de reportagem na edição dominical do *New York Times*, o grupo foi convidado para participar da Bienal de Dança de Lyon. Em 1996, consagrou-se, no mesmo evento, na edição dedicada ao Brasil.

BAMBOXÊ OBITIKÔ – Nome africano de Rodolfo Martins de Andrade, líder religioso nascido no século 19, provavelmente na atual Nigéria, talvez em Oyó. Foi um dos fundadores do terreiro baiano da Casa Branca, tido como a mais antiga comunidade de culto aos orixás no Brasil.

BANANAL PEQUENO – Comunidade remanescente de quilombo localizada no município de Eldorado, SP.

BANCÁRIOS E DISCRIMINAÇÃO – De acordo com estudos iniciados em 1996, no Brasil, em relação ao mercado de trabalho, um dos setores mais problemáticos para os afrodescendentes é o dos estabelecimentos bancários. Números de uma pesquisa encomendada pelo Sindicato dos Bancários de São Paulo à empresa Datafolha, divulgados pela revista *Raça Brasil* em agosto de 1999, informam que, em dezembro de 1996, a categoria era formada por 2% de pretos, 7% de pardos ou mulatos e 87% de trabalhadores brancos. Nos cargos de gerência, o porcentual de negros caía para 1%, enquanto o de brancos subia para 91%. Na Bahia, o sindicato local incluiu uma cláusula de combate ao racismo no acordo da categoria. Em 2013, ao ensejo do 13 de maio, a Contraf (Confederação Nacional dos Trabalhadores do Ramo Financeiro) ainda clamava pela "abolição da discriminação" e "por mais contratações de negras e negros nos bancos" (Disponível em: www.contrafcut.org.br. Acesso em: 10. 5.2013).

BANDAS MILITARES – Formação orquestral criada para marchar à frente dos regimentos militares ou dos cortejos festivos, a banda militar tem sua origem na Antiguidade. Ao longo da história, em todo mundo ocidental, esse tipo de formação tem servido tanto à guerra como a festividades. À época da escravidão, muitas bandas militares de negros foram constituídas nas Américas e no Brasil. No século 19, foram famosas no país as bandas do Corpo de Marinheiros, do Corpo Policial da Província do Rio de Janeiro, da Guarda Nacional, do Batalhão Municipal, da Escola Militar etc. Tradicional veículo de aceitação social para as massas negras, a música sempre serviu de ocupação para amplo número de afro-brasileiros. E as bandas militares, até hoje, em todo o Brasil, revelam e aprimoram músicos executantes, compositores e regentes valorosos. A mais famosa delas é a Banda do Corpo de Bombeiros do Rio de Janeiro, fundada em 1896, cujo primeiro regente foi Anacleto de Medeiros, extraordinário artista de origem africana. Primeira banda brasileira a registrar fonograficamente suas interpretações, ela figura no catálogo de 1902 da Casa Edison, ainda na época dos cilindros, tendo gravado nos anos 1910 uma série de LPs de grande aceitação comercial. Entre os inúmeros músicos afro-brasileiros oriundos de bandas militares ou de filosofia semelhante, como as bandas escolares muito prestigiadas no Brasil da era getuliana (1930-1954), está a maior parte daqueles que mais influenciaram a linguagem que dominou a vida musical brasileira dos anos 1930 a 1960, no disco, no rádio, no cinema, nos bailes, nos *shows* e na nascente televisão.

BANDEIRAS – Expedições exploradoras promovidas por particulares que percorreram o interior do Brasil nos séculos 17 e 18. Contrapunham-se às entradas, que eram organizadas pelas autoridades coloniais. Cercada por densa aura de discutível heroísmo, a saga dos bandeirantes marca o nascimento de conceituados troncos familiares da nobiliarquia paulista e do Centro-Oeste brasileiro. Talvez por isso, a antiga historiografia dominante tentasse negar a participação do negro nesse episódio. Entretanto, a presença dos "tapanhunos", como se tornaram conhecidos os negros nas bandeiras, é confirmada. Dos inventários de bens dos bandeirantes Raposo Tavares, Bartolomeu Bueno Cacunda e outros, constam extensas relações de escravos negros, os quais, segundo vários historiadores, participavam intensamente nas expedições. Era a bandeira que descobria o ouro e levava o negro, em grandes grupos, para trabalhar nas minas. Em algumas ocasiões, o ouro foi descoberto pelo próprio negro. Muitas vezes, também, o negro lutou contra os índios que atacavam as bandeiras ou resistiam a elas. Inúmeras linhagens se originaram de bandeirantes negros, muitos dos quais se uniram a índias e radicaram-se por toda a vida nos sertões, principalmente naqueles de Goiás e Mato Grosso.

BANGUÊ – Termo que no Nordeste designava, à época da escravidão, uma espécie de padiola empregada para conduzir cadáveres ou cargas diversas; uma canaleta por onde escorria, nos engenhos de açúcar, a espuma que transbordava da fervura; e, finalmente, o engenho de açúcar dotado desse tipo de equipamento.

BANGUELA – No Brasil, qualificativo de pessoa que não possui os dentes incisivos. O termo é corruptela do topônimo e etnônimo Benguela, com interferência de "ganguelas" (*Ngangela*), povo da África Austral que cultiva o hábito de limar os dentes incisivos superiores em triângulo.

BANTOS – Conjunto de povos localizados em vasta porção do território africano, de Camarões à África do Sul e do oceano Atlântico ao Índico, na África Central, Centro-Ocidental, Austral e em parte da África Oriental. Distinguem-se pelo uso de línguas aparentadas, cuja origem é comum (da mesma forma que o português, o espanhol e o francês se originam do latim e são, por isso, chamadas línguas neolatinas), sendo também portadores de usos, costumes e tradições semelhantes. Os povos de Angola, Congo e Moçambique que deram escravos ao Brasil são bantos.

BANZO – Espécie de melancolia ou nostalgia com depressão profunda, quase sempre fatal, em que caíam alguns africanos escravizados nas Américas. O termo tem origem ou no quicongo *mbanzu*, "pensamento", "lembrança", ou no quimbundo *mbonzo*, "saudade", "paixão", "mágoa".

BAOBÁ – Grande árvore da família das bombacáceas, nativa da África tropical. De fruto comestível e caule com múltiplas aplicações industriais, é um dos símbolos africanos.

BARÃO DE COTEGIPE – Título de nobreza de José Maurício Wanderley, político e magistrado nascido em Vila da Barra do Rio Grande, BA, em 1815, e falecido na cidade do Rio de Janeiro em 1889. Presidente de sua província e várias vezes ministro do Império, foi um dos brasileiros mais influentes de seu tempo. Entretanto, senhor de engenho que era, e apesar de sabidamente mulato e de ter seu nome ligado à Lei dos Sexagenários, foi inimigo da causa abolicionista até o fim da vida.

BARÃO DE LORETO – Título de nobreza de Franklin Américo de Menezes Dória, político, magistrado e poeta nascido em Itaparica, BA, em 1836, e falecido em 1906 no Rio de Janeiro. Foi, sucessivamente, promotor, deputado provincial pela Bahia, deputado geral pelo Piauí, presidente de Pernambuco e do Maranhão, ministro da Guerra, fundador da Biblioteca do Exército e membro fundador da Academia Brasileira de Letras.

BARBADIANOS – Nome pelo qual são conhecidos, no estado de Rondônia, os membros da comunidade de imigrantes envolvidos na construção da estrada de ferro Madeira-Mamoré. Entre 1907 e 1912, a construção dessa ferrovia motivou a vinda para o Brasil de cerca de cinco mil trabalhadores antilhanos. Na região, em virtude da falsa ideia de que eram todos provenientes de Barbados, passou-se a chamar de "barbadiano" a qualquer negro oriundo das Índias Ocidentais. Responsáveis pela introdução da indústria da construção civil em Porto Velho, eles imprimiram à arquitetura local seu estilo, principalmente no Alto do Bode ou "Bajan Hill", morro que deu origem à capital do antigo território de Rondônia e foi o núcleo da comunidade antilhana no antigo território até os anos 1970, quando de seu desmonte.

BARBADOS – País situado no Caribe, no extremo sul do arco das Pequenas Antilhas, com capital em Bridgetown. Os africanos chegaram com os ingleses em 1627 e, hoje, negros e mulatos somam 96% da população.

BARROCO MINEIRO – Durante o ciclo do ouro, estilo predominante na arquitetura, na escultura, na música e na literatura do atual estado de Minas Gerais. Os principais representantes desse estilo são artistas e literatos afrodescendentes, como Aleijadinho, Lobo de Mesquita, Silva Alvarenga etc.

BATACOTÔ – Tambor de origem iorubana usado na Bahia do século 19 pelos africanos revoltados. Tido, pelo seu timbre, como elemento fortemente incitador das massas rebeladas, sua importação foi proibida depois da insurreição de 1835.

BATALHÃO DOS LIBERTOS DO IMPERADOR – Unidade militar brasileira criada pelo general Labatut em Salvador, BA, em 1823. Integrado por 327 praças, todos ex-escravos, teve atuação destacada na Guerra da Independência, nome que se deu ao conjunto de operações militares que sucederam à proclamação e à coroação de d. Pedro I e acarretaram a retirada das tropas e guarnições portuguesas do território brasileiro.

BATISMO DE ESCRAVOS – Uma das justificativas para a escravização do africano foi a "salvação" da sua alma "pagã" por meio do cristianismo. Assim, e principalmente sob o domínio dos portugueses, os batizados católicos eram realizados em grupo, no porto de embarque, ao mesmo tempo que, com um ferro em brasa, uma pequena cruz era gravada em cada lado do peito do escravo. No cais de Luanda, o bispo mitrado, de sua cadeira de mármore, fixa no local, lançava sua "bênção" aos cativos.

BATUCAJÉ – Antigo termo usado para designar celebração ritual com cânticos e soar de tambores; festa de negros, com música e comida farta.

BATUQUE – Termo genericamente aplicado pelos portugueses aos ritmos e às danças dos africanos; por extensão, designação comum a certas danças afro-brasileiras e denominação genérica dos cultos afro-gaúchos. Do batuque dos povos bantos de Angola e Congo originaram-se os principais ritmos e danças do Brasil e das Américas, como o samba e o jongo.

BEATRIZ NASCIMENTO – Docente universitária e ativista do movimento negro nascida em Aracaju, SE, em 1941, e falecida na cidade do Rio de Janeiro em 1995. Participou do processo de fundação do Centro de Estudos Afro-Asiáticos da Faculdade Cândido Mendes, no Rio, e de várias entidades do movimento negro. Foi professora do Instituto Superior de Estudos Brasileiros e Internacionais da Universidade do Estado do Rio de Janeiro (Uerj), além de roteirista e narradora do documentário de longa-metragem *Ôri*, dirigido por Raquel Gerber.

BELEZA NEGRA – Durante muito tempo, os concursos de beleza feminina foram um veículo para a afirmação das mulheres afrodescendentes. Colocando em julgamento seus dotes físicos dentro de uma escala de valores estéticos que os negava, elas mostravam que havia outros tipos de beleza física além daquela representada pelo padrão europeu. Os movimentos feministas, entretanto, condenaram duramente tais concursos, os quais, com relação às afrodescendentes, foram historicamente incentivados por entidades respeitáveis, como o Teatro Experimental do Negro, e divulgaram o nome de associações como o carioca Renascença Clube. Nos anos 1970, entidades do movimento negro brasileiro realizaram festividades como "A noite da beleza negra" e escolheram representantes em eventos politizados como o da "Deusa de ébano", entre outros.

BELMONTE – Pseudônimo de Benedito Carneiro Bastos Barreto, caricaturista brasileiro nascido e falecido em São Paulo (1896-1947). Colaborador de importantes publicações nacionais, como as revistas *Kosmos*, *Cigarra* e *O Cruzeiro*, além das estrangeiras *Judge*, de Nova York; *Caras y Caretas*, de Buenos Aires; *ABC*, de Lisboa; e *Le Rire*, de Paris, é o criador do famoso personagem Juca Pato, uma espécie de símbolo do brasileiro humilde das décadas de 1920 a 1940 que, por sua força de comunicação, tornou-se marca de café, cigarros, graxa para sapatos, sabonete, nome de cavalo de corridas e título de música (*Coitado do Juca Pato*). Durante a Segunda Guerra Mundial, publicou, no jornal *Folha da Noite*, uma série de charges ridicularizando o Terceiro Reich, o que provocou a irritação de Hitler e acusações do ministro da Propaganda nazista, Joseph Goebbels. Também historiador, são de sua autoria *No tempo dos bandeirantes* (1939) e *História do bandeirismo paulista*.

BENEDITA DA SILVA – Nome abreviado de Benedita Souza da Silva Sampaio, parlamentar brasileira nascida no Rio de Janeiro em 1942. Egressa de uma comunidade favelada carioca, ex-carregadora de feira livre e empregada doméstica, conseguiu formar-se em Serviço Social, sendo depois, sucessivamente, vereadora e deputada federal. Em 1986, tornou-se a primeira mulher negra a assumir uma cadeira no Congresso Nacional. Em 1994, depois de ter concorrido, com grandes possibilidades, à prefeitura de sua cidade, elegeu-se senadora com dois milhões de votos, tornando-se também a primeira afro-brasileira nessa alta condição; quatro anos depois, elegeu-se vice-governadora do estado do Rio de Janeiro. Em 2002, assumindo o governo fluminense, tornou-se a primeira liderança afrodescendente a alcançar tal posição e a primeira mulher a comandar o estado do Rio de Janeiro. Em 2003, tomou posse na Secretaria de Assistência e Promoção Social, órgão que recebeu *status* de ministério no governo do presidente Lula, e no qual permaneceu por cerca de dois anos.

BENEDITO DE ANDRADE – Educador e político brasileiro nascido em São José do Rio Pardo, SP, em 1913, e falecido em 1976. Fundador, em sua cidade natal, da Escola de Comércio Pedro II, lecionou em vários estabelecimentos e no Instituto de Educação Sud Menucci, de Piracicaba, SP onde foi o primeiro professor negro. Militante da Frente Negra Brasileira, foi suplente de deputado federal em 1958 e vereador na cidade de Piracicaba de 1969 a 1972.

BENEDITO JOSÉ TOBIAS – Pintor nascido e falecido na cidade de São Paulo, onde viveu de 1894 a 1970. Dedicado à pintura de retratos, paisagens e naturezas-mortas, participou diversas vezes, entre 1934 e 1962, do Salão Paulista de Belas-Artes, sendo premiado em várias ocasiões.

BENEDITO MEIA-LÉGUA – Nome pelo qual foi conhecido Benedito Caravelas, líder antiescravista da região brasileira de São Mateus, ES, nascido em 1805 e falecido com cerca de 80 anos de idade. Sua história, envolta em aura de lenda e misticismo, associada ao culto de São Benedito, conta várias "mortes" e "ressurreições", mas é também a crônica real de mais de 60 anos de contestação violenta à ordem escravista, até sua execução, sufocado e calcinado no oco de uma árvore gigantesca, onde, em fuga, se abrigara.

BENGUELA – Cidade litorânea da República de Angola, capital da província de mesmo nome. Fundada em 1617 sob a denominação de São Filipe de Benguela, foi um dos maiores portos exportadores de escravos para o Brasil, onde o nome "benguela" passou a designar também cada um dos escravos embarcados nos portos dessa cidade.

BENIN [1] – Reino africano situado na atual Nigéria, a sudoeste de Ifé, fundado, conforme a tradição, pelo rei iorubá Oraniã. Seu apogeu ocorreu no século 14, com o *oba* Eware, que replanejou e reconstruiu a capital, dando-lhe o nome de Edo. Ainda de acordo com a tradição, o sexto *oba* teria pedido ao *oni* (rei) de Ifé, por volta de 1280, que lhe mandasse um mestre fundidor. Esse mestre teria ensinado os artistas do reino a fundir o bronze, lançando os fundamentos de uma arte na qual Ifé e Benin foram imbatíveis. Em 1896, um grupo de mercadores europeus, aventurando-se sem permissão pelo interior do país, foi chacinado por guerreiros nativos. Em represália, no ano seguinte, o governo britânico enviou uma expedição militar que, no episódio conhecido como "Massacre de Benin", pôs em prática uma das maiores obras de destruição e pilhagem de que se tem notícia. Como resultado desse motim, obras de arte originárias do Benin integram, até hoje, os acervos de vários museus da Europa, notadamente o do Museu Britânico.

BENIN [2] – País da África Ocidental, com capital em Porto Novo. Os principais grupos étnicos que habitam seu território são fons, iorubás, adjás, baribas, aizos e peúles. No passado, o país compreendia vários reinos, como os de Daomé, Borgu, Allada e Porto Novo. A hegemonia do antigo Daomé sobre seus vizinhos durou do século 17 ao 19, quando o Benin foi ocupado pela França. Uma das razões do declínio e da queda de todos esses reinos foi o comércio escravista, de que a região, então chamada "Costa dos Escravos", foi um dos principais centros.

BENJAMIN DE OLIVEIRA – Artista circense, ator, cantor e autor teatral brasileiro nascido em Pará de Minas, MG, em 1870, e falecido em 1954 no Rio de Janeiro, RJ. Filho de uma escrava e de um ex-peão de fazenda, envolveu-se no ambiente circense e fugiu com o Circo Sotero, do qual se tornou trapezista. Contudo, como era frequentemente espancado pelo dono, abandonou a trupe. Ainda como acrobata, engajou-se em outras companhias até, um dia, no interior de São Paulo, ser chamado para substituir um palhaço que adoecera. Nascia aí o primeiro grande palhaço negro do país, embora com o rosto pintado de branco para tentar iludir o racismo. Dono de talento criativo e inovador em sua especialidade, destacou-se compondo paródias de operetas e dramas famosos, compondo e interpretando lundus, chulas e modinhas. Mais do que um palhaço completo, Benjamin de Oliveira foi também um impecável galã, nas peças encenadas como complemento do espetáculo circense. Assim, acabou por tornar-se um grande ator shakespeariano, admirado por homens de teatro como Artur Azevedo e Procópio Ferreira. Aclamado como o "rei dos palhaços brasileiros", encerrou sua carreira no Rio de Janeiro aos 77 anos de idade.

BENTO SABINO DOS REIS – Escultor nascido e falecido em Salvador, BA, onde viveu de cerca de 1760 a 1843. Foi o introdutor, na capital baiana, da devoção do Senhor dos Passos dos Humildes e autor de esculturas para as igrejas da Ordem Terceira do Carmo e Matriz de Santana, bem como para os conventos de São Francisco e da Soledade.

BERBERES – Comunidade de povos pastores e agricultores do norte da África, entre os quais se incluem os tuaregues e os cabilas. De culturas diversificadas mas dotados de unidade linguística, falam o berbere e suas variantes dialetais. Alguns de seus indivíduos apresentam fortes traços negroides.

BERIMBAU – Nome brasileiro do instrumento musical da tradição africana constante de um arco de madeira retesado por um fio de arame e de uma cabaça de ressonância presa à extremidade inferior do arco. Conhecido também como berimbau de barriga (para enfatizar sua diferença em relação ao homônimo de origem europeia), tem como variantes o berimbau de bacia, em que a caixa de ressonância é improvisada com uma bacia, e o berimbau de boca, de formato menor, em que, outrora, os tocadores obtinham, com a boca e uma faca, variados efeitos de som.

BERMUDAS – Dependência britânica com sede em Hamilton, situada no Atlântico ocidental, cerca de 950 quilômetros a leste da Carolina do Norte, nos Estados Unidos. Descoberto por espanhóis e ocupado por súditos britânicos desde 1609, o país, situado em um arquipélago, tem população predominantemente negra, na ordem de 60%.

BERNARDINO DE CAMPOS – Político brasileiro nascido em Minas Gerais, em 1841, e falecido em

São Paulo em 1915. A partir de 1890, foi deputado à Constituinte, governador de São Paulo em dois mandatos e senador em duas legislaturas, além de ministro da Fazenda e um dos chefes da campanha civilista que opunha Rui Barbosa a Hermes da Fonseca, na disputa pela presidência da República.

BERNARDO JACINTO DA VEIGA – Parlamentar nascido e falecido na cidade do Rio de Janeiro, onde viveu de 1802 a 1845. Foi deputado provincial, diretor-geral dos Correios e presidente da província de Minas Gerais.

BESOURO CORDÃO DE OURO – Nome pelo qual foi conhecido o legendário capoeirista Manuel Henrique nascido em Santo Amaro da Purificação, BA, no século 19, e assassinado em Maracangalha, BA, na década de 1920, aos 27 anos de idade. É também referido como Besouro Mangangá ou, simplesmente, Mangangá.

BILL ABERDEEN – Lei promulgada pelo Parlamento britânico em 8 de agosto de 1845, que autorizava a Marinha inglesa a perseguir, apreender e até afundar navios de bandeira brasileira que transportassem escravos, mesmo em águas do Brasil. O nome da lei se deve a George H. Gordon, conde de Aberdeen, então ministro britânico das Relações Exteriores. A restrição, baseada não em motivos humanitários mas de ordem econômica, fez nascer um rendoso comércio clandestino. Além disso, baseada na lei abusiva, a Marinha inglesa voltou sua sanha repressiva inclusive contra navios simplesmente transportadores de cargas e passageiros, destruindo assim as conexões legítimas que se tinham estabelecido e garantiam o contato não só entre parceiros comerciais como entre grupos familiares residentes de um e do outro lado do Atlântico.

BISPO DO ROSÁRIO, [Arthur] – Artista plástico brasileiro nascido em Japaratuba, SE, em 1909, e falecido no Rio de Janeiro em 1989. Chegou ao Rio de Janeiro em 1926, na condição de marinheiro, desempenhando, depois, várias atividades subalternas. Em 1938, num surto psicótico, foi internado no Hospital Nacional dos Alienados, de onde foi transferido, no ano seguinte, para a Colônia Juliano Moreira, onde residiu até a morte, construindo lá uma reputação de artista refinado, confeccionando, entre o delírio e a realidade, estandartes bordados e outros tipos de peças de fino lavor. Sua obra foi tombada pelo Instituto do Patrimônio Histórico e Artístico Nacional (Iphan) em 1992. No ano seguinte, o Museu de Arte Moderna (MAM) carioca realizou uma grande exposição de seus trabalhos. Em 1996 foi lançado o livro *Arthur Bispo do Rosário, o senhor do labirinto*.

BITUCA – Pseudônimo do músico brasileiro Edgard Nunes Rocca nascido em 1930 na cidade do Rio de Janeiro, onde faleceu em 1996. Percussionista da Orquestra Sinfônica do Teatro Municipal do Rio de Janeiro por 35 anos e um dos mais completos músicos em sua especialidade, foi o único brasileiro a integrar a Filarmônica Mundial, na qual permaneceu por 11 anos. Professor, formou grande parte dos músicos atuantes em orquestras e conjuntos do Rio de Janeiro, implantou revolucionários métodos de ensino e deixou publicados quatro livros sobre percussão.

BLACK SOUL – Movimento sociocultural que eclodiu nos subúrbios do Rio de Janeiro na década de 1970. Surgiu no rastro dos movimentos de afirmação dos negros norte-americanos e a partir da moda da *soul music*, sendo contestado como imitação colonizada; depois, estruturou-se como aglutinador da juventude negra e serviu de base para a politização e a conscientização que se seguiram. Ver *MOVIMENTO NEGRO*.

BLOCO AFRO – Tipo de agremiação carnavalesca surgida em Salvador, BA, no início dos anos 1980, com o objetivo de reafricanizar o carnaval de rua da capital baiana. Evocando temas que buscam uma conexão direta com a África, bem como a afirmação da negritude, foi responsável pela criação de uma nova estética. A atuação de vários deles, transcendendo o âmbito do carnaval, estendeu-se ao trabalho de recuperação, preservação e valorização da cultura de origem africana e de desenvolvimento comunitário. Nesse sentido, o trabalho do Olodum, por exemplo, ganhou dimensão e reconhecimento internacionais.

BOBÓ – Iguaria da culinária afro-brasileira, espécie de purê de aipim ou inhame. A origem do vocábulo está em *mbombo*, "mandioca amolecida", com ou sem casca, termo encontrado igualmente no quicongo e no quimbundo. Em Angola, o pirão de farinha de mandioca é justamente chamado de "funje de bombó".

BOÇAL – Qualificativo aplicado no Brasil ao negro escravo recém-chegado da África que se expressava somente por meio da língua materna, por não entender nem falar a língua portuguesa. Nas Antilhas e no sul dos Estados Unidos, o termo correspondente é *bossal* e, nas colônias espanholas, *bozal*.

BOLÍVIA – País localizado no centro-oeste da América do Sul. O nome atual, Bolívia, foi dado apenas em 1825; antes, o território havia sido chamado sucessivamente de Nueva Toledo, Los Charcas (ou Audiencia de La Plata) e Alto Peru. Sob essas denominações, recebeu consideráveis influxos de africanos, destinados a trabalhos nas minas de Potosí e nas *plantations* de Yungas, Mururata etc. A história boliviana igualmente registra rebeliões de negros; e a abolição da escravatura só veio com a Constituição de 1851. A partir daí, o elemento negro, já pouco numeroso, concentrou-se em regiões como a de Yungas.

BOMBAS – Comunidade remanescente de quilombo localizada no município de Juquiá, SP.

BORNUS – Nome dado no Brasil aos escravos, provavelmente das etnias kanembu, kanuri ou sao, oriundos da região do antigo Império do Bornu, próximo ao lago Chade, nos atuais territórios da Nigéria, Níger e Camarões.

BOSQUÍMANOS – Forma popular, em língua portuguesa, do termo "boxímanes", originário do holandês *bosjesman*, homem da floresta. Os bosquímanos são vistos pela moderna ciência como os mais antigos habitantes do planeta e os parentes mais próximos do primeiro ancestral da humanidade. Localizados hoje na Namíbia, em Botsuana e no norte da África do Sul, onde vivem dentro de padrões culturais semelhantes aos da era neolítica, embora violentamente discriminados, os bosquímanos parecem ter experimentado alguma miscigenação com as populações bantas.

BOTSUANA – País localizado no sul do continente africano; limita-se ao norte com a Zâmbia e com Angola, ao sul e sudeste com a África do Sul, com o Zimbábue a leste e com a Namíbia a oeste. Com capital em Gaborone, seus principais grupos étnicos são os xonas e os ndebeles, além de bosquímanos e hotentotes.

BRASIL HOLANDÊS – Nome pelo qual passou à história o período de 1630 a 1654, no qual parte do território do Nordeste brasileiro esteve sob o domínio comercial e militar da Companhia Holandesa das Índias Ocidentais. Esse domínio teve como consequência a multiplicação do número de fugas de escravos, motivadas principalmente pelo cruel tratamento recebido. Segundo alguns historiadores, os holandeses utilizavam manuais de tortura e importavam cães para perseguir os negros. Em busca de mais escravos, em 1637 a Companhia investe sobre El Mina, atual Gana, e em 1641 toma Angola dos portugueses. O objetivo de Maurício de Nassau, preposto da Companhia no Brasil entre 1637 e 1644, era, ao que consta, fazer de Recife, capital de seu governo, o principal polo distribuidor de escravos para as *plantations* das três Américas e para as minas do Peru. A Companhia enviou várias expedições a Palmares, e a última teria sido a de João Blaer, no ano do retorno de Nassau à Holanda. Depois deste administrador, o acirramento da exploração pela Companhia Holandesa sobre a burguesia e o comércio locais levou à chamada Insurreição Pernambucana, que culminou com a capitulação e expulsão dos holandeses em 1654.

BRASILIANA – Companhia afro-brasileira de dança fundada no Rio de Janeiro em 1949, originária do Grupo dos Novos, dissidência do Teatro Experimental do Negro, liderada por Haroldo Costa. Em 1950, embora em curta temporada, tornou-se o primeiro grupo negro a se apresentar no Teatro Municipal do Rio de Janeiro. A partir daí, excursionou pela América do Sul e, a seguir, pela Europa, pelos Estados Unidos, pelo Canadá e pela Austrália, tornando-se muito mais conhecida no exterior que no Brasil. Já decadente no final dos anos 1960, o grupo parece ter-se dissolvido na década seguinte.

BRAZILIAN DRAMATIC COMPANY – Companhia de teatro formada em 1880 em Lagos, Nigéria, por um grupo de retornados do Brasil. No ano de sua fundação, a companhia promoveu, no Phoenix Hall, apresentações em celebração ao aniversário do imperador do Brasil e, dois anos depois, em homenagem à rainha Vitória. O repertório do grupo incluía dramas, comédias ligeiras, números de canto e solos de violão e violino (conforme Manuela C. da Cunha, *Negros, estrangeiros – Os escravos libertos e sua volta à África*. São Paulo: Brasiliense, 1985).

BRAZILIAN QUARTER (Bairro brasileiro) – Denominação do conjunto de edifícios e logradouros construído pela comunidade de retornados do Brasil em Lagos, Nigéria. Nele, a exemplo de outros existentes na região do golfo de Benin, as fachadas dos prédios e a divisão dos cômodos reproduzem padrões arquitetônicos marcadamente luso-brasileiros, como a da catedral católica, contrastando com as edificações tipicamente africanas da cidade.

BRÉSILIEN – Nome dado, nos atuais Togo e Benin, a cada um dos libertos e seus descendentes retornados do Brasil, a partir de 1830. Formando comunidades importantes, introduziram nesses países tradições como o carnaval na cidade de Porto Novo, do bumba meu boi (lá chamado *bourian*, do português "burrinha") e das festas afro-católicas de Cosme e Damião e do Senhor do Bonfim. Tais costumes, bem como a adoção de sobrenomes brasileiros e o uso de expressões linguísticas aqui correntes, estenderam-se inclusive a famílias sem nenhum vínculo com o Brasil. No final do século 19, o número desses imigrados somava mais de três mil, e sua influência cultural já era visível, também, nas atuais Repúblicas de Nigéria e Gana.

BUMBA MEU BOI – Dança dramática típica do Maranhão, mas difundida por todo o Brasil, com nomes e variantes locais. O enredo básico do bumba meu boi maranhense pode ser assim resumido: Mãe Catirina, negra escrava, mulher de Pai Francisco, estando grávida, sente desejo de comer língua de boi. Mas não de um boi qualquer e, sim, do mais gordo e bonito da fazenda, o preferido do patrão. Pai Francisco mata o boi, arranca-lhe a língua e, descoberto, vai para o tronco, para morrer. Entretanto, ante o apelo de Mãe Catirina, um ritualista, usando de seus poderes, faz reviver o boi, cuja ressurreição é comemorada em uma grande festa.

BUNDOS – Nome genérico pelo qual, à época escravista, se denominavam, indistintamente, os ambundos (falantes do quimbundo) e os ovimbundos (falantes do umbundo), grupos étnicos da atual República de Angola.

BURACO DO TATU – Quilombo existente na Bahia no século 18. Durou cerca de 20 anos, até 1764. Sua população adulta somava, então, 65 pessoas.

BURKINA FASO – República localizada no centro da África Ocidental, com capital em Uagadugu. Os principais grupos étnicos que o compõem são mossis e bobos. Sua história baseia-se especialmente na história do Império Mossi, florescido entre os séculos 11 e 13.

BURUNDI – República situada no centro-leste africano, com capital em Bujumbura. Durante algum tempo, constituiu com Ruanda um único país. Daí o entrelaçamento das duas experiências históricas, inclusive a antiga divergência entre as etnias hutu e tútsi.

BÚZIO – Espécie de concha marinha muito utilizada na tradição religiosa afro-brasileira, em oferendas, na composição dos assentamentos dos orixás, na confecção de paramentos rituais e, principalmente, na técnica de adivinhação conhecida como jogo de búzios.

BÚZIOS – Nome abreviado do município fluminense de Armação dos Búzios. Ponto turístico requintado, internacionalmente famoso por suas praias, no fim do século 19 concentrava grande população negra. Segundo a tradição, escravos importados de Angola para trabalhar em uma enorme plantação de banana, então existente no local, foram os primeiros povoadores da região, a partir da Ponta do Pai Vitório, na Praia Rasa, onde hoje se reconhece uma comunidade remanescente de quilombo.

C

CABAÇA – Fruto do cabaceiro, árvore da família das cucurbitáceas. É usado no fabrico de vários utensílios das culturas africanas, como instrumentos musicais (berimbau, marimbas, xequerê etc.) e vasilhames de uso doméstico e ritual.

CABELOS E IDENTIDADE NEGRA – Denominado depreciativamente "carapinha" ou adjetivado como "pixaim" ou "cabelo ruim", diante do "cabelo bom" dos não negros, o cabelo crespo de africanos e descendentes é o principal elemento definidor de sua origem. Por isso, no Brasil e nas Américas, nas tentativas de fugir a essa marca, por imposição do padrão branco de beleza, quase sempre se empregaram expedientes como o de raspar ou alisar os cabelos. A prática do alisamento, surgida na década de 1910 nos Estados Unidos, embora condenada pelas lideranças negras, disseminou-se internacionalmente por intermédio do cinema americano. Até os anos 1960, os cabelos "esticados a frio" foram moda entre os homens sambistas e frequentadores das gafieiras cariocas e paulistanas, e às mulheres eram oferecidas opções e técnicas de alisamento as mais variadas. Com o advento do Black Power, na década de 1970, veio o orgulho dos cabelos encarapinhados e cheios. A difusão do rastafarianismo, por sua vez, trouxe os *dreadlocks*, usados como afirmação de africanidade. E, nos anos 1990, outras técnicas de alisamento passaram a ser empregadas, já não motivadas apenas por sentimentos de inferioridade estética, mas também como afirmação da diferença.

CABINDA – Divisão territorial da República de Angola, formando enclave entre o Congo, ex-Zaire, e a República do Congo. Até o século 19, a região foi um dos principais entrepostos portugueses de escravos. Os escravos embarcados na região, em geral pertencentes ao grande grupo étnico bacongo, foram conhecidos no Brasil como cabindas ou cambindas.

CABO VERDE – República da África Ocidental localizada num arquipélago, no oceano Atlântico, com capital em Praia, na ilha de São Tiago. Sua composição étnica compreende maioria de mestiços de africanos e portugueses.

CABOCLO(A) – Na umbanda, designação de cada uma das entidades ameríndias da linha de Oxóssi. No candomblé de caboclo, cada uma das entidades principais, reverenciadas como ancestrais dos primeiros habitantes da terra brasileira, num eloquente exemplo das inúmeras trocas e alianças entre indígenas e negros nas Américas.

CABROCHA – Termo usado primeiramente no masculino, designou no Brasil o mestiço escuro. Mais tarde, e no feminino, passou a qualificar a mulata jovem. No Rio de Janeiro, por extensão, denominou, até perto do fim dos anos 1950, as figurantes das escolas de samba, também conhecidas como "pastoras".

CABUGÁ – Nome pelo qual foi conhecido Antônio Gonçalves da Cruz, revolucionário e diplomata brasileiro nascido em Recife, PE, na segunda metade do século 18, e falecido na Bolívia em 1833. Rico comerciante, viajou à Europa, onde abraçou os ideais da Revolução Francesa. Participante da Revolução Pernambucana de 1817, foi nomeado representante dos revolucionários nos Estados Unidos. Na sequência desses acontecimentos, participou de um plano de seguidores de Napoleão, com o objetivo de auxiliar na fuga do ex-imperador, preso em Santa Helena, trazendo-o para o Brasil. Em 1831, foi nomeado encarregado de negócios e cônsul-geral do Brasil na Bolívia.

CAÇANJE (KASANJI) – À época colonial, região de Angola situada entre os rios Camba, Lutoa e Cuango. Foi, juntamente com Matamba, um dos maiores mercados mundiais de escravos no século 17. Ver *MATAMBA*.

CAETANO LOPES DE MOURA – Médico e escritor nascido em Salvador, BA, em 1780, e falecido em Paris em 1860. Era professor em sua cidade natal, quando se viu envolvido na Revolução dos Alfaiates, em 1798. Mudou-se então para Portugal, onde se diplomou em Medicina na Universidade de Coimbra e integrou o Corpo de Saúde do Exército, durante a Guerra da Península. Depois, doutorou-se na França, em cujo Exército se alistou. Foi médico de Napoleão Bonaparte, de quem escreveu alentada biografia, publicada em 1846. São também de sua autoria um *Dicionário histórico descritivo e geográfico do Império do Brasil* e mais 34 livros, incluindo traduções de escritores ingleses.

CAFRES – Antigo nome atribuído a todos os nativos da imensa área sudeste do continente africano na atual África do Sul. O nome abrangia grupos étnicos diversos e parece originar-se no árabe *kaffir*, "infiel", "não muçulmano".

CAFUA DAS MERCÊS – Antigo armazém de escravos em São Luís do Maranhão, hoje tombado como bem do patrimônio histórico daquele estado.

CAFUNDÓ – Comunidade remanescente de quilombo situada no município de Salto de Pirapora, próximo a Sorocaba, SP. Seus habitantes expressam-se em português e cucópia, falar cujo vocabulário se apoia em vocábulos de línguas bantas, como o umbundo, o quimbundo e o quicongo.

CAFUZO – No Brasil, mestiço de negro e índio, em geral de cabelos lisos mas grossos e de pele escura.

CAIANA DOS CRIOULOS – Comunidade remanescente de quilombo localizada no município de Alagoa Grande, PB. Seus membros são tidos como descendentes diretos de escravos africanos lá instalados entre os séculos 18 e 19, possivelmente rebelados quando do desembarque de um navio negreiro na baía da Traição.

CAJADO FILHO – Cineasta brasileiro nascido e falecido na cidade do Rio de Janeiro, onde viveu de 1912 a 1966. Cenógrafo formado na Escola de Belas-Artes, foi colaborador dos principais diretores do gênero chanchada. Roteirista, escreveu, entre outros, o elogiado *O homem do Sputinik*, de 1958. Destacou-se também como diretor de cinco longas-metragens produzidos entre 1949 e 1959.

CALABAR – Cidade do sudeste da atual Nigéria. O nome foi aplicado, no Brasil, a cada um dos trabalhadores escravos de lá procedentes, indivíduos das etnias efik, ekoi, ibo etc.

CALABOUÇO DO CASTELO – Estabelecimento prisional outrora localizado no sopé do morro do Castelo, no centro da cidade do Rio de Janeiro. Abrigava, em péssimas condições carcerárias, principalmente escravos fugitivos recapturados. Após 1835, quando foi inaugurada a Casa de Correção, na rua de Matacavalos, atual Riachuelo, foi desativado, talvez como consequência de medidas de segurança adotadas após a Revolta dos Malês, na Bahia.

CALANGO – Cantoria em forma de desafio praticada na região Sudeste do Brasil. Mário de Andrade registra também, para o termo, o significado de "dança de origem africana com rodopios, requebros e desengonços". O nome deriva, certamente, como outras danças rurais cujas denominações se originam no reino animal, dos movimentos coleantes do réptil calango, uma espécie de lagarto.

CALDAS BARBOSA – Poeta e músico brasileiro nascido no Rio de Janeiro em 1740 e falecido em Lisboa em 1800. Filho de uma negra de Angola e de um proprietário abastado, recebeu instrução regular. Aos 23 anos, foi viver em Lisboa, Portugal, onde, na corte de dona Maria I, tornou-se tão famoso a ponto de despertar a inveja de personalidades como Bocage. Seus lundus e modinhas, bem como a temática e o vocabulário português por ele utilizados, prenunciaram o Romantismo literário e o tornaram o grande precursor da música popular brasileira. É autor do volume de versos *Viola de Lereno*.

CALLADO – Nome artístico de Joaquim Antônio da Silva Callado Júnior, músico e compositor nascido no Rio de Janeiro em 1848 e falecido, na mesma cidade, em 1880. Filho de mestre de banda, foi professor do Imperial Conservatório de Música e do Liceu de Artes e Ofícios. Virtuose da flauta, em 1879 foi agraciado pelo imperador d. Pedro II com o título de Cavaleiro da Ordem da Rosa. Deixou para a posteridade inúmeras composições, tendo influenciado toda uma geração de alunos e seguidores. É tido como o criador do formato tradicional dos grupos de choro: flauta, cavaquinho e dois violões.

CALUNGA – Termo usado no Brasil em várias acepções: qualquer boneco pequeno; camundongo; pessoa de pouca estatura, principalmente por ser aleijada da coluna vertebral; indivíduo de cor preta; cada um dos habitantes da comunidade dos Calungas, em Goiás; falar banto da região do Triângulo Mineiro e do alto Paranaíba; cada uma das duas bonecas que fazem parte do cortejo de maracatu; o mar; o céu; a morte.

CAMARÕES – República localizada na costa oeste africana, com capital em Iaundê. País onde se cruzam e confundem as vertentes culturais sudanesas e bantas, sua população compreende indivíduos de ambos os troncos. Cenário de ondas migratórias de várias procedências, o território começou a ser explorado já em 1472, quando o português Fernando Pó ocupou a ilha que leva seu nome.

CAMBINDA – Indivíduo dos cambindas ou cabindas. O termo designa também a tradição de cultos afro-maranhenses difundida sobretudo na região de Codó chamada "Caxias" ou "Cachéu", na qual os cânticos são entoados em português. Cambinda é, ainda, a antiga denominação dos maracatus pernambucanos.

CAMPOS DOS GOITACAZES – Município do norte do estado do Rio de Janeiro. Um dos maiores centros escravistas brasileiros no século 19, contando, na década de 1880, com uma população com cerca de 35 mil escravos. Foi palco de alguns dos mais violentos confrontos entre escravistas e partidários da abolição. Hoje é mais conhecido como "Campos".

CAMUANGA – Um dos últimos líderes de Palmares, sucessor de Zumbi, no final do século 17. Esse era, também, o nome de um sobado (e naturalmente de um soba) em Icolo e Bengo, na Angola colonial.

CANDACES – Título pelo qual foram conhecidas as rainhas de Méroe, poderosa cidade-Estado da Núbia, entre o Egito e a Etiópia, nos primeiros anos da era cristã.

CANDEIA – Nome artístico do sambista, ativista da causa negra e animador cultural Antônio Candeia Filho, nascido em 1935 no Rio de Janeiro, onde também faleceu em 1978. Compositor principal dos sambas-enredo da escola de samba Portela nos anos 1953, 1955, 1956, 1957, 1959 e 1965. Em 1975, afastado da escola, funda o Grêmio Recreativo de Arte Negra e Escola de Samba Quilombo, polo de resistência contra a colonização cultural e de irradiação de conteúdos afro-brasileiros, criado com o objetivo expresso de se opor às novas concepções vigentes nas escolas de samba nos anos 1970. Pouco depois, em 1977, publicou o livro *Escola de samba, árvore que esqueceu a raiz*, em coautoria com Isnard Araújo. Sempre articulado com outras entidades do movimento negro, produziu e gravou discos de samba, jongo e cânticos rituais, organizou *shows* e, sobretudo, compôs e interpretou sambas hoje antológicos, afirmando, em todas essas iniciativas, a força e a clareza de suas posições.

CÂNDIDO DAS NEVES – Compositor e cantor brasileiro, também conhecido como "Índio", nascido na cidade do Rio de Janeiro, em 1899, e ali falecido em 1934. Filho de Eduardo das Neves, é autor de dezenas de canções de inspiração nitidamente brasileira, algumas delas como *Noite cheia de estrelas*, *Cinzas*, *Última estrofe* e *Lágrimas*, peças clássicas do repertório seresteiro.

CANDOMBLÉ – Nome genérico com que, no Brasil, se designam o culto aos orixás iorubanos e jejes e algumas formas dele derivadas, manifestas em diversas "nações". Por extensão, celebração, festa dessa tradição, xirê; comunidade-terreiro onde se realizam essas festas. A modalidade original consiste em um sistema religioso autônomo e específico que ganhou forma e se desenvolveu no Brasil, a partir da Bahia, com base em diversas tradições religiosas de origem africana, notadamente da região do golfo da Guiné.

CANJIQUINHA – Apelido de Washington Bruno da Silva, mestre de capoeira nascido e falecido em Salvador, BA, respectivamente em 1925 e 1994. Discípulo do legendário Aberrê, destacou-se como tocador de berimbau e tirador de chulãs, ou seja, compositor de cantigas para animar o jogo.

CANTO – No tempo da escravidão, nas maiores cidades brasileiras, denominação dada a cada um dos pontos onde os escravos de ganho, reunidos em geral por "nações", podiam ser contratados para a prestação de serviços remunerados.

CANTORIA NORDESTINA – A arte da cantoria nordestina, com seus desafios e pelejas, sempre refletiu o meio onde se desenvolve e nele se viu refletida. Desse modo, as alegrias e tristezas, as preferências e malquerenças do indivíduo nordestino se fazem presentes nessa admirável forma de arte desenvolvida, por homens e mulheres, no Nordeste brasileiro. Assim, as expressões do preconceito antinegro emanadas do patriarcado escravista são constantes em toda essa produção, principalmente na do século 19 e dos primeiros anos do século 20. Foi nesse contexto que surgiram os cantadores negros, hoje legendários, que a todo momento eram desafiados a defender, em versos improvisados, sua sempre ofendida condição de afrodescendentes. Pertencem a esse tempo, entre outros, os seguintes cantores-instrumentistas do repente nordestino: Inácio da Catingueira, Azulão, Fabião das Queimadas, Romano da Mãe, Rita Medeiros etc.

CANTOS DE TRABALHO – Cânticos que acompanham o trabalho, entoados em coordenação com o movimento do corpo. Ao enfrentar a dureza de suas tarefas braçais, o escravo cantava para revigorar-se ao som da própria voz. Da época da escravidão até os primeiros anos do século 20, foram famosos, por exemplo, os cânticos dos carregadores de piano no Recife antigo e os vissungos dos trabalhadores da região de Diamantina, MG. Na Bahia, são famosos os cânticos entoados coletivamente por pescadores ao puxarem, na praia, as grandes redes utilizadas na pesca do xaréu.

CAPITÃO-DO-MATO – Indivíduo empregado pelos senhores rurais com o propósito de capturar, a laço ou a tiro, escravos fugidos.

CAPOEIRA – Técnica corporal de ataque e defesa desenvolvida no Brasil a partir de fundamentos introduzidos por escravos bantos. Expressa-se por meio de uma simulação de dança executada ao som de cânticos tradicionais, os quais são conduzidos por berimbau de barriga e outros instrumentos de percussão. Seus inúmeros golpes e movimentos são executados com os pés, as pernas, as mãos e a cabeça. As modalidades principais de capoeira são a "angola", a mais tradicional, e a "regional", variante criada na Bahia, na década de 1930, por Mestre Bimba, que mescla elementos das artes marciais japonesas. Antes discriminada e reprimida pelas autoridades, a prática da capoeira hoje é regulamentada e protegida pelo Conselho Nacional de Desportos e pela Confederação Brasileira de Desportos Universitários, mas a grande maioria dos que a exploram comercialmente, ao que consta, não é de afrodescendentes nem de egressos das camadas populares.

CARA PRETA – Apelido de Raimundo Gomes Vieira Jutaí, revolucionário nascido no Piauí em 1841. Vaqueiro, em 1838, comandando um assalto à cadeia pública de Manga de Iguará, MA, para libertar um irmão, provocou a fuga de todos os presos. Apoiado pela população humilde, o grupo se dirigiu à capital da província para protestar contra os desmandos e privilégios da aristocracia rural da região, o que serviu de estopim para o movimento conhecido como Balaiada. Em 1840, Cara Preta enviou proposta de cessação das hostilidades ao futuro duque de Caxias, impondo algumas condições. Essas não foram aceitas e, derrotadas as suas tropas, Cara Preta foi juntar-se ao quilombola Preto Cosme. Capitulando, finalmente, depois de cerca de três anos de guerra, morreu a caminho da prisão. Ver *PRETO COSME*.

CARAS QUEIMADAS – Expressão pela qual foram conhecidos, no Brasil, os africanos de etnia efan.

CARIMBÓ – Espécie de samba de roda típico da ilha de Marajó, PA, acompanhado pelo tambor de mesmo nome. Nos anos 1970, chegou ao rádio e ao disco, em dimensão nacional, como nova moda dançante.

CARLOS ALBERTO – Engenheiro e educador brasileiro nascido em Niterói, RJ, em 1849, e falecido na mesma cidade em 1905. Filho do professor Filipe Alberto, aos 20 anos fundou o Instituto Filológico Niteroiense, que mantinha uma escola noturna gratuita no centro da antiga capital do estado do Rio de Janeiro. Com a República, foi nomeado engenheiro da Câmara Municipal, cargo equivalente ao de secretário de Obras nos dias atuais.

CARLOS ALBERTO REIS DE PAULA – Magistrado brasileiro nascido em Pedro Leopoldo, MG, em 1945. Formado em 1970 pela Faculdade de Direito da Universidade Federal de Minas Gerais (UFMG), foi, seguidamente, funcionário do Tribunal de Contas da União, procurador da República, juiz do Tribunal Regional do Trabalho e desembargador. Em 1998, assumindo o cargo de ministro togado do Tribunal Superior do Trabalho, tornou-se o primeiro afrodescendente a galgar a mais alta magistratura trabalhista no Brasil.

CARLOS ASSUMPÇÃO – Poeta nascido em Tietê, SP, em 1927. É autor de pelo menos dois clássicos da poesia de militância negra no Brasil: *Protesto*, de 1958, que deu título ao seu primeiro volume de poemas, publicado em 1982; e *Atrás do muro da noite*. Ator e declamador, em 1997 lançou, em parceria com Cuti, o CD *Quilombo de palavras*, com 24 poemas.

CARLOS GOMES – Compositor erudito nascido na Vila de São Carlos, atual Campinas, SP, em 1836, e falecido em Belém, PA, em 1896. Graças, principalmente, à amizade do engenheiro abolicionista André Rebouças, estudou em Milão, Itália, onde, em 1870, encenou a ópera *O guarani*, seu trabalho mais conhecido. É autor, também, entre outras peças, das óperas *Salvador Rosa*, *Maria Tudor* e *O escravo*, a qual, embora de cunho abolicionista, teve sua personagem central mostrada como um índio. Era neto de uma ex-escrava.

CARLOS GOMES DE OLIVEIRA – Músico nascido em Salvador, BA, em 1932. Trompista, iniciou trajetória na Orquestra Sinfônica da Bahia em 1947. Na cidade do Rio de Janeiro, integrou a Banda Sinfônica do Corpo de Bombeiros, a Orquestra Sinfônica Nacional e a Orquestra Sinfônica Brasileira, entre outros conjuntos de prestígio. Pesquisador e professor, é autor de livros didáticos sobre a história e a evolução de seu instrumento, entre os quais *História da trompa* e *A trompa no Brasil*.

CARLOS MARIGHELLA – Revolucionário nascido em Salvador, BA, em 1911. Filho de um italiano e de uma negra baiana, supostamente descendente de africanos de etnia hauçá. Engenheiro e membro do Partido Comunista Brasileiro (PCB), elegeu-se deputado constituinte em 1946, depois de uma série de prisões políticas iniciadas aos 21 anos de idade. Mais tarde, fundou a Ação Libertadora Nacional (ALN), um dos braços da luta armada contra o regime militar instaurado no Brasil em 1964. Em 1969, cinco anos depois de preso, baleado e libertado por um *habeas corpus*, foi morto em confronto com forças governamentais.

CARNAVAL – Festa profana ligada ao calendário católico, o carnaval encontra similares em várias culturas africanas. Entre os axântis, por exemplo, é comum a realização de um grande festival anual, o *odwira*, seguido de um longo período de recolhimento e abstinência, como na Quaresma. Em razão de semelhanças como essa, muitas das celebrações carnavalescas nas Américas com certeza devem sua alegria e seu brilho, fundamentalmente, à música dos afrodescendentes. Assim foi e é, no Brasil, nos ranchos carnavalescos, nas escolas de samba, nos afoxés, blocos afros etc. Em outro aspecto, vemos que, pelo menos desde o início do século 19, a participação do povo negro nos folguedos carnavalescos brasileiros sempre foi marcada por uma atitude de resistência, passiva ou ativa, à opressão das classes dominantes. Proibidos por lei de revidar aos ataques dos brancos, africanos e crioulos procuravam outras maneiras de brincar no entrudo. Tanto assim que Debret, entre 1816 e 1831, período em que viveu no Brasil, flagrou cenas interessantes de carnaval, como um grupo de negros que, fantasiados de velhos europeus e caricaturando-lhes os gestos, zombava dos opressores, criando, sem saber, os cordões de velhos, de imenso sucesso no início do século 20. Entre 1892 e 1900, surgiram no carnaval baiano, pela ordem, a "Embaixada Africana", os "Pândegos d'África", a "Chegada Africana" e os "Guerreiros d'África", apresentando-se em préstitos constituídos única e exclusivamente de negros. Essa modalidade carnavalesca – "a exibição de costumes africanos com batuques" – seria proibida em 1905 na Bahia. Exatos dois anos depois, surge no Rio de Janeiro o rancho carnavalesco "Ameno Resedá" que, pretendendo "sair do africanismo orientador dos cordões" (conforme o memorialista Jota Efegê), conquista, com seus enredos operísticos, importante espaço para os negros no carnaval carioca, preparando o caminho para as escolas de samba, que surgiriam um pouco mais tarde. Estruturadas no final dos anos 1920, de 1932, ano do primeiro desfile realmente organizado, até os dias de hoje, as escolas de samba cariocas viveram várias fases de um instigante processo dialético. E, enquanto elas perdiam em conteúdo negro e iam se transformando, na Bahia eram fundadas agremiações como o afoxé "Filhos de Gandhi", em 1948, "para divulgação do culto nagô, como forma de afirmação étnica", segundo seus estatutos; o bloco afro "Ilê Aiyê", em 1974, "por um grupo de jovens conscientes da necessidade de manter viva a luta dos seus ancestrais pela completa integração social da população negra no Brasil", também conforme seus objetivos estatutários; e o afoxé "Badauê", em 1978, numa forte tendência de reafricanização do carnaval dos afrodescendentes na capital baiana.

CAROLINA MARIA DE JESUS – Escritora nascida em Sacramento, MG, em 1914, e falecida na cidade de São Paulo em 1977. Favelada na capital paulista, surpreendeu o meio literário com a publicação, em 1960, de seu diário íntimo, com o título de *Quarto de despejo*, livro traduzido para 29 idiomas que vendeu mais de 100 mil exemplares. A esse livro, seguiram-se *Casa de alvenaria* (crônicas, 1961), *Pedaços da fome* (romance, 1963) e *Diário de Bitita*, publicado postumamente, primeiro na França em 1982 e no Brasil em 1986. Incluída no *Dicionário mundial de mulheres notáveis*, de Américo Lopes de Oliveira e Mário Gonçalves Viana, publicado no Porto, e em outras publicações internacionais. O sucesso, entretanto, não lhe trouxe tranquilidade nem realização financeira: morreu pobre e esquecida, tendo sido até mesmo alvo de calúnia por parte de críticos que atribuíram a criação de seu primeiro livro ao jornalista que a descobriu.

CARTOLA – Nome pelo qual se tornou conhecido Angenor de Oliveira, compositor nascido e falecido na cidade do Rio de Janeiro, onde viveu de 1908 a 1980. Um dos fundadores da escola de samba Estação Primeira de Mangueira, experimentou duas fases em sua trajetória artística. Na primeira, até o início dos anos 1940, destacou-se como um dos maiores dentre os "sambistas de morro", chegando ao meio radiofônico por intermédio de intérpretes como Francisco Alves. Na segunda, iniciada nos anos 1960, foi redescoberto e elevado à condição de um dos mitos da canção popular brasileira.

CARURU – Prato da culinária africana difundido a partir da Bahia. É preparado basicamente com quiabos cortados ou picados e camarões secos.

CASA BRANCA DO ENGENHO VELHO – Nome popular do Ilê Axé Iyá Nassô, o mais antigo terreiro baiano de culto aos orixás.

CASA DA FLOR – Monumento artístico em São Pedro da Aldeia, RJ. Casa de habitação de Gabriel Joaquim dos Santos (1892-1985), foi inteiramente construída a partir de 1912 por seu morador, um trabalhador negro e semianalfabeto. Toda decorada com cacos coloridos de louça e vidro, conchas, ossos e pedrinhas, nela incrustados, gradativa e pacientemente, por quase 70 anos, a casa transformou-se numa escultura singular, tombada como patrimônio histórico e artístico nacional.

CASA DAS MINAS – Casa de culto afro-brasileiro assentada em São Luís do Maranhão desde meados do século 19, segundo a tradição, por sacerdotisas originárias do antigo Daomé. Funciona na rua Senador Costa Rodrigues, antiga rua de São Pantaleão, 857.

CASACA-DE-COURO – Modalidade de tortura usada principalmente nas zonas de criação de gado no tempo da escravidão. Consistia em uma espécie de colete de couro cru molhado que se costurava ao corpo do escravo e, com o ressecamento, apertava a vítima, provocando-lhe dores lancinantes.

CASA DE SANTO – Denominação genérica de qualquer templo religioso afro-brasileiro; casa de candomblé; terreiro de umbanda.

CASA-GRANDE – Sede dos estabelecimentos rurais do Brasil colonial. Servia de residência à família patriarcal, em contraposição à senzala, moradia dos escravos.

CASAMENTOS INTERÉTNICOS – Uniões matrimoniais ou maritais entre indivíduos de origens etnorraciais diferentes. No Brasil, embora esse tipo de união sempre tenha existido, com as mulheres negras constituindo maioria entre os unidos, a relação entre casais mistos geralmente é objeto de preconceito, vista ora como tentativa de ascensão social do homem negro ao se casar com mulher branca, ora como desvantagem social da mulher negra em relação ao seu parceiro masculino branco, fator que se deduz claramente das estatísticas sobre índices de desenvolvimento da população brasileira. À época da escravidão, o relacionamento sexual entre senhores e escravas era muitas vezes fruto da violência, sempre legitimada pelo poder senhorial.

CASTRO ALVES – Nome abreviado de Antônio Frederico de Castro Alves, poeta nascido em Muritiba, BA, em 1847, e falecido em Salvador, BA, em 1871. Um dos maiores representantes da poesia romântica no Brasil, Castro Alves foi abolicionista exaltado e autor dos célebres versos de *Vozes d'África*, *Navio negreiro* e *Os escravos*, incluídos em seu único volume de poemas publicado em vida, *Espumas flutuantes*, de 1870.

CATARINA MINA – Personagem da vida popular maranhense no século 19. Ex-escrava de ganho, alforriou-se e, estabelecendo-se no comércio, acabou por se tornar abastada capitalista. Segundo a tradição, ela teria comprado para o marido a patente de alferes da Guarda Nacional e educado os filhos na Europa. Proprietária de vários imóveis, costumava sair à rua ricamente vestida e acompanhada de um séquito de mucamas. Seu nome está perpetuado num logradouro do centro histórico da capital maranhense, o Beco de Catarina Mina.

CATIVEIRO – Condição de cativo; escravidão; local onde se mantém um cativo. Na terminologia do tráfico, "cativo" era o indivíduo capturado que só passava à condição de "escravo" quando entregue ao traficante ou ao comprador.

CATOPÉ – Dança mineira em cortejo, espécie de congada ou moçambique. Também "catupé".

CAVEIRA – Comunidade remanescente de quilombo localizada em São Pedro da Aldeia, RJ.

CAXAMBU – Um dos nomes regionais do jongo, tomado, provavelmente, da denominação de um de seus tambores.

CEABRO – Sigla do Centro de Estudos Afro-Brasileiros, entidade do movimento negro fundada por estudantes universitários de Porto Alegre, RS, em 1968. Dissolvida pelo governo militar em 1970, seus líderes foram encarcerados, acusados de subversão da ordem política e social.

CEARÁ – Estado do Nordeste brasileiro. Capitania a partir de 1535, esteve sob o domínio holandês no século 17 e sob a autoridade de Pernambuco na centúria seguinte. Com sua economia baseada na pecuária, foi, entre as províncias, uma das que mais se destacaram na campanha abolicionista e a primeira a optar pela libertação dos escravos. Em 2000, o governo federal havia identificado, em todo o estado do Ceará, cinco comunidades remanescentes de quilombos, entre as quais a de Conceição dos Caetanos, no município de Tururu, titulada em 1997.

CEDRO – Antigo bairro de negros no município goiano de Mineiros. Foi tema dos livros *Sombra dos quilombos*, de Martiniano J. Silva (1974), e *Negros de Cedro*, de M. N. Baiocchi (1983).

CEERT – Sigla do Centro de Estudos das Relações de Trabalho e Desigualdades, organização não governamental fundada em 1970 na cidade de São Paulo, com o propósito de combater o preconceito de raça e gênero no ambiente do trabalho.

CEMITÉRIOS DE ESCRAVOS – No Rio de Janeiro do século 16, o atual Largo da Carioca abrigava um cemitério de escravos dos padres franciscanos. No século seguinte, foi criado, na cidade, o Cemitério dos Mulatos, no Largo do Capim, localizado nas imediações da atual esquina da avenida Presidente Vargas com a rua dos Andradas. Em 1694, a Irmandade da Misericórdia foi incumbida de proceder aos sepultamentos de todos os escravos falecidos no território carioca. Para essa finalidade, utilizou-se o terreno localizado atrás de seu hospital, na base do morro do Castelo, próximo hoje ao Museu da Imagem e do Som (MIS). Em 1722, criou-se o Cemitério dos Pretos Novos, no atual Largo de Santa Rita, transferido depois para o Valongo, na atual rua Pedro Ernesto, na Gamboa, cujo nome primitivo era rua do Cemitério. Ali, nos séculos 18 e 19, eram sepultados, em cova rasa, os escravos que desembarcavam mortos ou morriam nos primeiros dias de estada no Brasil, daí a denominação "pretos novos".

CENARAB – Sigla do Centro Nacional da Articulação e Resistência Afro-Brasileira, entidade do movimento negro criada em São Paulo, SP, por ocasião do primeiro Encontro Nacional de Entidades Negras (Enen), em 1991.

CEPO – Instrumento para tortura de escravos. Constava de grosso tronco de madeira que o supliciado carregava na cabeça, preso por uma corrente atada ao tornozelo.

CÉSAR ZAMA – Escritor e político brasileiro nascido em Caitité, BA, em 1837, e falecido nesse mesmo estado em 1905. Filho de pai italiano com ascendência negra pelo lado materno, ainda estudante de Medicina participou da Guerra do Paraguai. De 1878 em diante, foi deputado provincial, deputado geral, deputado constituinte e deputado federal, notabilizando-se pela oposição a Floriano Peixoto e por ter polemizado com Rui Barbosa. Deixou publicada uma série de biografias de ilustres personagens da Antiguidade.

CESARINO JÚNIOR – Jurista brasileiro nascido em 1906, em Campinas, SP. Formado em Medicina e doutor pela Faculdade de Direito de São Paulo, de onde foi professor catedrático. Possui vasta obra publicada, na qual se incluem os títulos: *Sociedades anônimas estrangeiras* (1934), *O regime das sociedades anônimas no Brasil e sua evolução histórica* (1935), *Direito corporativo e direito do trabalho* (1940-2), *Direito processual do trabalho* (1942) e *A consolidação das leis do trabalho anotada* (1943-5).

CESÁRIO ÁLVARO DA COSTA – Militar baseado na Bahia no século 19. Capoeirista, foi cabo e depois sargento do Sétimo Batalhão de Infantaria. Participou da Guerra do Paraguai, na qual, além de medalhas de campanha, fez jus à medalha do mérito militar e ao hábito de cavaleiro da Imperial Ordem do Cruzeiro.

CHADE – República localizada no centro do continente africano, com capital em N'djamena, antiga Fort-Lamy. Sua história pré-colonial está ligada sobretudo ao Kanem-Bornu, reino que atingiu seu apogeu no século 12. Foi o principal centro do tráfico de escravos africanos conduzido por mercadores árabes.

CHAGAS, O CABRA – Cognome de Francisco Manoel das Chagas, escultor ativo na Bahia no século 18. Suas obras podem ser admiradas principalmente no Museu do Convento do Carmo e na Ordem Terceira do Carmo, na capital baiana.

CHANCHADA – Gênero cinematográfico popular de grande voga na década de 1950 e difundido especialmente a partir do Rio de Janeiro. Tendo como público-alvo as massas das grandes cidades, a produção do gênero contribuiu de forma decisiva para a fixação e a disseminação de estereótipos do negro – o "crioulo doido", a "mulata boa", o "crioulo malandro", o sambista etc.

CHARQUEADAS – Estabelecimentos de fabrico de charque (carne-seca) surgidos no século 19 no Rio Grande do Sul, que, marcando um ciclo na economia gaúcha, empregaram grandes contingentes de mão de obra escrava.

CHAVES PINHEIRO – Escultor brasileiro, ativo no Rio de Janeiro, nascido em 1822 e falecido em 1884. Foi professor de Escultura da Academia Imperial de Belas-Artes. Autor da famosa escultura em tamanho natural do índio simbolizando a nação brasileira, concluída em 1872 e integrante do acervo permanente do Museu Nacional de Belas-Artes.

CHICA BARBOSA – Pseudônimo de Francisca Maria da Conceição, cantadora repentista brasileira nascida por volta de 1910 na Paraíba. Destacou-se por participar, com sucesso, de pelejas em que ressaltava sua condição de mulher e descendente de africanos. É também mencionada, por vezes, como Chica Barrosa, com "o" fechado, ou Chica Barroso.

CHICA DA SILVA – Nome pelo qual foi conhecida Francisca da Silva de Oliveira, personagem do ciclo do ouro no Brasil nascida no arraial do Milho Verde em cerca de 1734 e falecida no Tijuco, hoje Diamantina, MG, em 1796. Ex-escrava, adquiriu fortuna e poder graças à união marital com o contratador de diamantes João Fernandes de Oliveira. Protetora das artes, ajudou a projetar o compositor Lobo de Mesquita fundou uma importante escola de pintura em seu arraial e ajudou a consolidar o Convento de Macaúbas, onde educou nove filhas. Teve, além de uma filha freira e um filho desembargador, o seu primogênito, Simão Pires Sardinha, reconhecido como um dos maiores naturalistas brasileiros do século 18.

CHICO REI – Personagem da história de Minas Gerais. Conforme alguns relatos que mesclam realidade e fantasia, nasceu no Congo, onde teria sido, ainda com o nome de Galanga, um misto de monarca e sacerdote. Vendido cativo para o Brasil na primeira metade do século 18, chegou a Ouro Preto, onde teria recebido o nome de Francisco e, em decorrência, o apelido "Chico", com o qual passou à história. Depois de cinco anos como escravo, teria conseguido sua alforria e comprado a mina de ouro da Encardideira, supostamente esgotada, onde trabalhara. O capital para a compra da alforria fora conseguido mediante uma estratégia que consistia em esconder restos do ouro retirado da mina entre os fios da carapinha e ir entregando as porções a certo padre Figueiredo, depositário da inusitada poupança. Com o trabalho na mina que comprou, Chico teria conseguido alforriar mais 400 cativos, que se tornariam seus súditos num reino em que, de acordo com a tradição, não faltaram palácio, trono, cetro e coroa de ouro, além da construção das igrejas de Nossa Senhora do Rosário e Santa Ifigênia dos Pretos, e da fundação de uma irmandade católica. Chico Rei teria falecido em 1781, aos 72 anos de idade.

CHICO TABIBUIA – Nome com o qual se fez conhecido Francisco Morais da Silva, escultor nascido em Casimiro de Abreu, RJ, em 1936. Lenhador até 1988, quando foi selecionado para a Primeira Bienal de Escultura do Rio de Janeiro, destacou-se por seu trabalho em madeira, construindo uma obra altamente original e de grande valor artístico, impregnada de símbolos eróticos e mitológicos afro-brasileiros. Faleceu em 2007.

CHICO XAVIER – Nome pelo qual se tornou conhecido Francisco de Paula Cândido Xavier, médium espírita brasileiro nascido em Pedro Leopoldo, MG, em 1910, e falecido em Uberaba, MG, em 2002. Em 1927, descobriu-se médium escrevente e, a partir de 1931, psicografou inúmeros textos atribuídos a escritores falecidos e publicados pela Federação Espírita Brasileira. Em 1959, radicou-se em Uberaba, onde ampliou sua obra espírita e de assistência social, com repercussão internacional. Em 1965, nos Estados Unidos, ajudou a fundar o Christian Spirit Center da Carolina do Norte.

CHIQUINHA GONZAGA – Nome artístico de Francisca Edwiges Neves Gonzaga, compositora, pianista e regente nascida e falecida na cidade do Rio de Janeiro, onde viveu de 1874 a 1935. Filha de mãe mulata e solteira, foi ativa colaboradora da causa abolicionista e enfrentou os preconceitos de sua época. Compôs música para 77 peças teatrais, regeu orquestras e assinou cerca de duas mil composições em quase todos os gêneros então em voga. Pioneira da música popular brasileira, é autora do primeiro sucesso carnavalesco, a marcha *Ô, abre alas!*, composta em 1899.

CHULA – Espécie de samba baiano à base de solo e coro, porém de melodia mais complexa e extensa que a do samba rural comum. O termo designa, também, a parte solada desse samba, bem como diversas espécies de cânticos tradicionais, como as cantigas de capoeira.

CICLO DO AÇÚCAR – Ciclo de produção econômica havido no Brasil, entre meados dos séculos 16 e 17, concentrado no plantio e na extração da cana-de-açúcar para a produção açucareira, e cujos reflexos se fazem sentir até hoje na vida social e política brasileira. Essa produção prevaleceu sobretudo na região Nordeste do país, notadamente no Recôncavo Baiano e em Pernambuco, dando lugar a grandes propriedades rurais em torno das quais se desenvolveu uma sociedade bipolarizada, centrada na casa-grande e na senzala, no senhor de engenho e no escravo.

CICLO DO CAFÉ – Conjuntura econômica brasileira cuja produção se concentrou na cafeicultura. Apesar de introduzida no Brasil já no início do século 18, essa cultura só se tornou o sustentáculo da economia brasileira, nas províncias do Rio de Janeiro e de São Paulo, após a Independência. Nesse contexto, e até a hegemonia mundial como país produtor de café, conquistada pelo Brasil em 1890, a mão de obra negra foi fundamental, como comprova todo o repertório cultural ligado ao ciclo.

CICLO DO OURO – Período da história brasileira, entre o final do século 17 e o do século seguinte, em que a extração aurífera, principalmente na região do atual estado de Minas Gerais, foi o centro da economia da colônia. Nesse período, a importação de escravos africanos triplicou em relação aos séculos anteriores, e o fausto que então se verificou fez florescer manifestações culturais, como o Barroco mineiro, nas quais se destacaram muitos afrodescendentes.

CIDADES NEGRAS – Expressão que designa, nas Américas, localidades urbanas onde se concentraram, desde a época da escravidão, africanos e descendentes, criando nelas organizações assistenciais, religiosas, recreativas etc. Exemplos desse tipo de cidades foram: Buenos Aires (Argentina); Caracas (Venezuela); Cartagena (Colômbia); Charleston, Nova Orleans e Nova York (EUA); Cidade do México e Veracruz (México); Guayaquil (Equador); Havana (Cuba); Lima (Peru); Montevidéu (Uruguai); Porto Príncipe (Haiti); San Juan (Porto Rico); Santo Domingo (Republica Dominicana); e as brasileiras Olinda, Porto Alegre, Recife, Rio de Janeiro, Salvador e São Luís do Maranhão.

CIPRIANO ABEDÉ – Nome pelo qual foi conhecido Cipriano Manuel, babalorixá e babalaô, nascido provavelmente na África, em 1832, e radicado no Rio de Janeiro, no princípio do século 20, onde faleceu em 1933. Sua casa, localizada próximo ao terminal da antiga estrada de ferro Central do Brasil, recebia, segundo pessoas de sua época, importantes figuras da República, como senadores e até um presidente.

CIPRIANO PIRES SARDINHA – Sacerdote católico nascido em Minas Gerais e falecido no Reino do Daomé em 1797. Viajou à África como enviado apostólico de dona Maria I, rainha de Portugal. De grande inteligência e muita erudição, de acordo com seus contemporâneos, era filho de Manuel Pires Sardinha com sua escrava Francisca Pires, sendo meio-irmão de Simão Pires Sardinha, filho primogênito da legendária Chica da Silva.

CIVILIZAÇÕES AFRICANAS – O termo "civilização", em uma primeira acepção, define o conjunto de traços identificadores da vida intelectual, artística, moral e material de determinado grupo social, como instituições, símbolos etc. Outra acepção define o ato ou o efeito de civilizar, tirar do estado de selvageria. Assim, até a primeira metade do século 20, falar em "civilização" com referência à África significava, pura e simplesmente, a ação de levar ao continente negro modos europeus de pensar e viver (visão eurocêntrica). Sabe-se hoje, contrariamente à velha formulação em que durante muito tempo se assentaram as pretensões hegemônicas da cultura ocidental, que a África não só foi o local onde se originou a existência humana, como também foi berço de grandes e importantes civilizações. Na Antiguidade: o Egito, a Núbia e a Etiópia; na Idade Média: Gana, Mali e Songai; na Renascença europeia e na Idade Moderna: as cidades-Estado dos iorubás, benins, axântis, xonas, suaíles etc. Todos esses locais e povos foram palco ou agentes de importantes civilizações africanas.

CLARA MARIA DO ROSÁRIO DOS PRETOS – Heroína das lutas populares pela libertação dos escravos em São Mateus, ES, no século 19.

CLARINDO DE ALMEIDA – Militante abolicionista brasileiro. Em 1889, autodenominando-se "Chefe Geral da Guarda Negra", fez publicar, no jornal *Cidade do Rio*, nota negando finalidades de confronto racial nas ações da organização e apresentando como seu objetivo "restituir ao homem de cor o direito, que lhe foi roubado, de intervir nos negócios públicos".

CLAUDIONOR CRUZ – Compositor e instrumentista nascido em Paraibuna, SP, em 1910, e falecido no Rio de Janeiro em 1995. Cavaquinista e primoroso executante de violão-tenor, integrou, na época áurea do rádio, vários conjuntos instrumentais, então chamados "regionais", e liderou um que levava seu nome. Compositor, é autor e coautor de choros antológicos e de canções de sucesso.

CLEMENTE ESTÊVÃO DE LIMA – Revolucionário paraibano participante do movimento de 1817 pela Independência. Ex-escravo, foi anistiado em 1820, depois de cumprir pena na capital da Bahia.

CLEMENTINA DE JESUS – Cantora nascida em Valença, RJ, em 1901, e falecida no Rio de Janeiro, RJ, em 1987. Descoberta para a vida artística já sexagenária, destacou-se por restabelecer o elo entre a ancestralidade musical africana e o samba urbano. Sambista altamente expressiva, seu trabalho de maior profundidade se fez, entretanto, por meio da recriação de jongos, corimas, lundus e sambas da tradição rural. Em 1966, em sua única viagem ao exterior, integrou a delegação brasileira ao Festival Mundial de Arte Negra, em Dacar, Senegal. Mesmo debilitada por um acidente vascular cerebral, de que fora vítima em 1973, e sem o vigor e a alegria que caracterizaram o início de sua trajetória profissional, atuou até quase o fim da vida.

CLÓVIS MOURA – Nome autoral de Clóvis Steiger de Assis Moura, historiador e sociólogo nascido em Amarante, PI, em 1925, e falecido em São Paulo em 2003. Nascido de mãe branca e de pai mulato, sua avó paterna era escrava do senhor de engenho que lhe gerou o filho. Veemente acusador do racismo brasileiro, é autor de vasta obra escrita a partir do pioneiro livro *Rebeliões na senzala*, de 1959.

CLÓVIS PAULO DA ROCHA – Jurista nascido em 1908 no Rio de Janeiro, onde também faleceu em 1980. Advogado e magistrado, graduou-se pela Faculdade de Direito do Rio de Janeiro em 1931. Docente de Direito Civil na Faculdade Nacional de Direito, além de lecionar em outros estabelecimentos de ensino jurídico, deixou vasta obra escrita, na qual se incluem *Síntese histórica da legislação sobre o registro do estado civil das pessoas naturais*, *Imunidade dos agentes diplomáticos* e *Código civil e leis complementares*.

CLUBE 28 DE SETEMBRO – Agremiação fundada na cidade paulista de Jundiaí em 1897. É considerada a mais antiga associação negra do estado de São Paulo.

CODÓ – Cidade do Maranhão, a 216 quilômetros a sudeste de São Luís, famosa pela grande concentração de terreiros de mina e outras modalidades de cultos afro-brasileiros. À época do Império, abrigou um grande núcleo de negros aquilombados.

COLÔMBIA – República da América do Sul, com capital em Bogotá. A introdução de escravos africanos na região, então chamada Nova Granada, data da década de 1520. A população colombiana compreendia, à época desta obra, cerca de 18% de afrodescendentes.

COLÔNIA AFRICANA – Bairro de negros da cidade de Porto Alegre, RS, existente desde o fim da escravatura até os últimos anos da década de 1940. Urbanizado e abrigando uma maioria de proprietários, foi, em sua época, o mais importante núcleo irradiador da cultura de origem africana na capital gaúcha. Localizava-se no atual bairro Rio Branco, no trecho entre as ruas Casimiro de Abreu, Giordano Bruno, Francisco Ferrer, Castro Alves e Vasco da Gama.

COLONIALISMO – Sistema de dominação política, econômica e cultural de um país sobre outro ou sobre uma comunidade ou nação menos desenvolvida. Em 1885, a Conferência de Berlim estabeleceu as bases da colonização da África pelas potências europeias. Assim, mal iniciado o século 20, o continente estava dividido em colônias. Nelas, a imposição de modelos europeus em todas as áreas do conhecimento e da cultura determinou uma ruptura traumática, cujas tristes consequências são sentidas até hoje.

COMISSÃO DE PADRES, SEMINARISTAS E RELIGIOSOS DO ESTADO DO RJ – Entidade fundada em 1987. Ligada ao movimento negro, destacou-se por publicar material educativo sobre a Teologia da Libertação e sobre a história dos negros no Brasil.

COMORES – República da África Oriental com sede no arquipélago de mesmo nome, localizado no canal de Moçambique. Fortemente influenciado pela civilização zandj, o país conta em sua população com grande porcentual de negros bantos.

COMPANHIA HOLANDESA DAS ÍNDIAS OCIDENTAIS – Sociedade mercantil militarizada criada em 1621 com o objetivo de fazer frente ao império colonial espanhol. Depois de ser o núcleo do domínio holandês no Brasil (1630-1654) e em Angola, e de ter fundado a cidade de Nova York, então Nova Amsterdã, o que era uma empresa colonizadora tornou-se uma sociedade inteiramente voltada para o tráfico de escravos.

COMPANHIA NEGRA DE REVISTAS – Elenco teatral reunido no Rio de Janeiro, em 1926, pelo ator e comediógrafo De Chocolat. A criação da Companhia representa o primeiro gesto de artistas negros buscando integrar-se ao mundo das artes cênicas brasileiras. Estreou no Teatro Rialto com a encenação de *Tudo preto*, contando com 32 artistas e utilizando 32 cenários. O espetáculo, sucesso de público e crítica, foi dirigido por De Chocolat, que também participava como ator, e por Alexandre Montenegro. A música ficou a cargo de Sebastião Cirino, tendo sido conduzida por Pixinguinha. Dois meses após essa estreia, a Companhia lançou, com igual sucesso, *Preto e branco*, revista de Wladimiro Roma, com os mesmos cenários, direção e elenco, mas já sem a participação de Sebastião Cirino. O grupo encenou, ainda, *Café torrado*. Seu exemplo fez nascer em São Paulo, em 1930, a Companhia Mulata Brasileira.

CONCEIÇÃO DAS CRIOULAS – Comunidade em Pernambuco situada a cerca de 50 quilômetros da cidade de Salgueiro. Segundo a tradição, teria sido fundada em 1802 por um grupo de forasteiras liderado pelas irmãs Francisca e Mendecha Oliveira, que afirmavam sua condição de negras livres. A comunidade teria recebido esse nome em razão de uma promessa: dedicadas ao trabalho de fiação de algodão, as "crioulas" prometeram, caso prosperassem, erguer uma capela em louvor de Nossa Senhora da Conceição, o que enfim se concretizou.

CONCEIÇÃO DOS CAETANOS – Vilarejo localizado no estado do Ceará, a duas léguas de Uruburetama. Fundado em maio de 1891 pelo ex-escravo Caetano José da Costa, foi, até os anos 1950, reduto de uma comunidade fechada, absolutamente avessa à miscigenação com pessoas de origem não africana, conforme o desejo expresso de seu fundador. Em 1981, o povoado tinha uma população aproximada de cinco mil habitantes, mas já com sinais evidentes de mestiçagem.

CONEGRO – Sigla do Conselho Municipal do Negro, órgão criado em Vitória, ES, em maio de 1997, vinculado à Secretaria Municipal de Cidadania e Segurança Pública, cuja titular, à época, era a afrodescendente Miriam Cardoso.

CONFERÊNCIA DE BERLIM – Encontro diplomático realizado entre as grandes potências mundiais de 1884 a 1885, no qual se deliberou a partilha do continente africano, com o estabelecimento de fronteiras quase sempre artificiais. Separando grupos étnicos coesos ou reunindo sob o mesmo território colonial etnias tradicionalmente rivais, essa divisão arbitrária foi a grande causa dos problemas políticos enfrentados pelo continente desde o início do processo de descolonização, na década de 1960.

CONFERÊNCIA MUNDIAL CONTRA O RACISMO – Evento realizado em Durban, África do Sul, em agosto de 2001, por iniciativa da Organização das Nações Unidas (ONU). A delegação brasileira teve a participação de diversos segmentos.

CONFERÊNCIA NACIONAL DE PROMOÇÃO DA IGUALDADE RACIAL (Conapir) – Evento promovido, em sua edição primeira, pela Secretaria de Políticas de Promoção da Igualdade Racial (Seppir), entre junho e julho de 2005, em Brasília.

CONGADA – Folguedo e ritual da tradição afro-brasileira disseminado por várias regiões e ligado aos festejos coloniais de coroação dos "reis do Congo", mas acolhendo, no seu entrecho, elementos de origem europeia. Também conhecido sob os nomes de congado, congos, bailes de congo etc., seu motivo básico é a evocação de lutas entre grupos hostis mediante a dramatização de embaixadas de guerra e paz. Entretanto, em alguns locais o folguedo apresenta apenas danças e cantorias, ao som de instrumentos de percussão. O toque religioso é dado pelo compromisso da homenagem a santos católicos, como Nossa Senhora do Rosário, São Benedito, Santa Ifigênia, Nossa Senhora Aparecida e o Divino Espírito Santo.

CONGO – Rio do centro-oeste africano. Também chamado Zaire ou Nzaidi, nasce na região dos Grandes Lagos e deságua no Atlântico, num vasto estuário. É o segundo maior rio do continente africano, com 4.600 quilômetros de extensão.

CONGOS – Nome dado no Brasil aos africanos pertencentes aos vários subgrupos do povo bacongo, falantes do quicongo e seus dialetos, localizados nos territórios das atuais Repúblicas do Congo-Kinshasa e de Angola, na porção setentrional do país. A história desse povo se conta a partir do Reino do Congo, cujo apogeu se verifica no final do século 15.

CONGREGAÇÃO DOS PRETOS MINAS MAHI – Sociedade de auxílio mútuo constituída no Rio de Janeiro, no século 18, por africanos oriundos do antigo Daomé. Seus estatutos, datados de 31 de janeiro de 1786, estão depositados no Arquivo Nacional.

CONGRESSO BRASILEIRO DO NEGRO – Entidade do movimento negro criada na cidade do Rio de Janeiro em 1940.

CONGRESSO DO NEGRO BRASILEIRO – Evento realizado em 1950, no Rio de Janeiro, na sede da Associação Brasileira de Imprensa. Organizado por intelectuais ligados ao Teatro Experimental do Negro, denunciou, por meio de exposições e debates, a posição dos cientistas sociais da época em face da questão racial no Brasil. Na ocasião foram igualmente criticados os congressos afro-brasileiros que na década de 1930 tiveram lugar em Recife e em Salvador.

CONGRESSOS AFRO-BRASILEIROS – Encontros realizados em 1934 e em 1937, respectivamente em Recife, PE, e em Salvador, BA, com a presença de intelectuais e artistas, visando, de forma pioneira, promover debates sobre a cultura afro-brasileira, abrindo caminho para os modernos estudos a respeito do tema. Em 1997 realizou-se, em Salvador, o Terceiro Congresso Afro-Brasileiro, mas já sem a repercussão dos anteriores.

CONJURAÇÃO BAIANA – Um dos nomes pelos quais é conhecida a Revolução dos Alfaiates, ocorrida em Salvador, BA, em 1798. Ver também *CONSPIRAÇÃO DOS BÚZIOS.*

CONSCIÊNCIA NEGRA – Ideologia que se expressa, na África e na Diáspora, mediante a aquisição, pelo indivíduo negro, de autoconhecimento e de autoestima em relação à sua originalidade étnica e cultural; e a aplicação desse conhecimento na condução de seu destino, para a resolução de questões específicas do povo negro. Na África do Sul, ela foi fundamental na luta contra o *apartheid*, assim como nos Estados Unidos e no Brasil é decisiva na luta pelos direitos civis da população negra.

CONSELHEIRO REBOUÇAS – Nome pelo qual passou à história o jurisconsulto e orador parlamentar Antônio Pereira Rebouças, nascido em Maragojipe, BA, em 1798, e falecido no Rio de Janeiro, RJ, em 1880. Filho de pai português e mãe afromestiça, afeiçoou-se às leis como auxiliar de cartório e mais tarde passou a praticar a advocacia sem diploma, provisionado, como era permitido em sua época. Sua trajetória de jurista e homem público inclui a participação em lutas nacionalistas em seu estado natal, o exercício de cargo público em Sergipe e a atuação como parlamentar na capital do Império, nas décadas de 1830 e 1840. Advogado do Conselho do Estado e conselheiro do imperador, foi um dos maiores especialistas em direito civil no país, além de pai dos engenheiros José, Antônio e André Rebouças.

CONSELHO NACIONAL DE MULHERES NEGRAS – Entidade criada no contexto militante do Teatro Experimental do Negro (TEN), em 18 de maio de 1950, no Rio de Janeiro.

CONSPIRAÇÃO DOS BÚZIOS – Nome pelo qual foi também conhecida a Revolução dos Alfaiates, movimento ocorrido na Bahia no século 18. Foi assim chamada pelo fato de os envolvidos se reconhecerem pelo uso de um búzio pendurado em um colar ou pulseira.

CONSTÂNCIA DE ANGOLA – Mártir da resistência à escravidão, na região de Cricaré, ES, no século 19.

CONTRABANDO DE ESCRAVOS – Refere-se à entrada clandestina de escravos no Brasil após tratado firmado entre Portugal e Inglaterra, em 19 de fevereiro de 1810, proibindo o tráfico negreiro. No Brasil do século 19, esse comércio era uma das atividades mais lucrativas e acabou por se constituir em um dos fatores que fizeram do país o último a abolir a escravidão nas Américas. Apesar da repressão e de uma lei brasileira que definia o comércio de escravos como pirataria, a prática do contrabando perdurou até a abolição.

CONTRACOSTA – Antiga denominação dada pelos portugueses à costa oriental africana, banhada pelo oceano Índico.

CONVENÇÃO INTERNACIONAL SOBRE A ELIMINAÇÃO DE TODAS AS FORMAS DE DISCRIMINAÇÃO RACIAL – Tratado de Direito Internacional assinado pelo Brasil e ratificado pelo Decreto n.º 65.810, de 8 de dezembro de 1969.

CONVENÇÃO RELATIVA À LUTA CONTRA A DISCRIMINAÇÃO NO CAMPO DO ENSINO – Acordo internacional assinado pelo Brasil e ratificado pelo Decreto n.º 63.223, de 6 de setembro de 1968.

CORAÇÕES DE CHOCOLAT – Livro de autoria do professor Orlando de Barros, lançado pela editora carioca Livre Expressão em 2005. Conta a trajetória da Companhia Negra de Revistas na década de 1920. Ver *COMPANHIA NEGRA DE REVISTAS.*

CORDÕES – Folguedo em cortejo do antigo carnaval carioca, surgido por volta de 1885 como forma derivada dos cucumbis. Os primeiros cordões, que ostentavam nomes como "Flor de São Lourenço", "Estrela da Aurora" ou "Teimosos Carnavalescos", apresentavam-se como um conjunto de fantasiados, entre os quais se contavam "diabos", "caveiras", "morcegos", "velhos" etc., dançando pelas ruas, ao som de instrumentos de percussão.

CORPO DE BOMBEIROS DO RIO DE JANEIRO – Corporação fundada na capital do Império brasileiro, em 2 de julho de 1856, com o nome de Corpo Provisório de Bombeiros da Corte. Constituído, nos primeiros tempos, de trabalhadores dos arsenais de Guerra e da Marinha, da repartição de Obras Públicas e da Casa de Correção, seus integrantes eram majoritariamente negros. Além disso, durante a época escravista, nos incêndios em que intervinha, os moradores do quarteirão onde o sinistro ocorria eram obrigados, sob pena de multa, a enviar escravos com barris de água para auxiliar nos trabalhos. Sua tradicional banda de música foi organizada pelo regente, compositor e instrumentista negro Anacleto de Medeiros.

COSME DE FARIAS – Político baiano nascido e falecido em Salvador, BA (1872-1972). Major da Guarda Nacional e provisionado como advogado, mesmo antes de ser vereador e deputado em vários mandatos já era um grande defensor das causas populares. No início do século 20, criou a Liga Contra o Analfabetismo. A partir dela, publicando cartilhas, fundando e mantendo escolas, trabalhando sempre pela educação e bem-estar dos pobres, destacou-se como uma das maiores figuras da vida pública baiana.

COSTA DA MINA – Antiga denominação da extensa faixa litorânea que vai do cabo de Palmas, na atual fronteira da Costa do Marfim com a Libéria, até o cabo Lopes, no Gabão. O nome provém do forte de São Jorge da Mina, também chamado de castelo da Mina ou El Mina, na atual República de Gana. Por volta de 1750, intensificou-se o comércio do Brasil com a região, principalmente por força do tabaco produzido no Recôncavo Baiano, em Pernambuco e em Alagoas. Essa é uma das razões que justificam a maior concentração de escravos sudaneses na Bahia a partir do século 18.

COSTA DA PIMENTA – Antigo nome da região litorânea da atual República da Libéria. Também é conhecida como Costa da Malagueta.

COSTA DO MARFIM – República localizada no oeste africano, com capital em Yamoussoukro, cidade que sucedeu a Abidjan. Sua população engloba majoritariamente indivíduos dos grupos étnicos axânti, agni e baúle, aos quais se associa a história pré-colonial do país, ativo centro de comércio de escravos.

COSTA DO OURO – Antigo nome da região litorânea da atual República de Gana.

COSTA DOS ESCRAVOS – Antigo nome da região litorânea da atual República de Benin.

CONSTANTINO LUIZ XAVIER BIGODE – Militar brasileiro baseado na Bahia no século 19. Participou da Guerra do Paraguai como integrante da unidade dos Zuavos Baianos. Depois de tomar parte em várias batalhas e permanecer preso no território paraguaio por quase três anos, foi promovido a tenente e condecorado com o hábito da Ordem da Rosa. Era filho de Francisco Xavier Bigode.

COTAS – Uma das definições da palavra "cota" é a de "parcela determinada de um todo". Assim, uma forma de ação afirmativa (veja o verbete) é a de reserva de cotas para afrodescendentes em alguns ambientes nos quais seu acesso é dificultado, como nas universidades. Esse é um dos objetivos do Estatuto da Igualdade Racial, focalizado em outro verbete deste Dicionário.

CRIA DA CASA – Denominação do escravo doméstico, nascido e criado na casa de seus senhores, tendo, por isso, gozado de alguns privilégios em relação aos outros cativos.

CRIADOUROS – Criadouro ou criatório é o viveiro onde se criam animais. Durante a escravidão, no Brasil e em outros países, criaram-se escravos para vender. Isso motivou, muitas vezes, situações escabrosas em que, em nome do lucro, senhores vendiam os próprios filhos, tidos de escravas, ou, de forma ainda menos escrupulosa, mantinham relações sexuais com cativas já objetivando o aumento do "plantel".

CRIANÇAS ESCRAVAS – Durante a escravidão, muitas crianças negras eram brutalmente "adestradas", à base de castigos e humilhações, para a obediência servil e o desempenho de alguns trabalhos domésticos, como pastoreio de rebanhos, ofícios gerais etc.; aos 12 anos, já eram consideradas aptas para o desempenho do serviço adulto. Durante a Guerra do Paraguai, muitos meninos filhos de escravos, classificados como "aprendizes marinheiros", foram enviados às frentes de batalha. Das crianças africanas aqui desembarcadas, poucas chegavam à idade adulta. E, entre as que conseguiam tal feito, poucas conviviam com os pais, dos quais, quase sempre, eram separadas por força de transações comerciais de que uns e outros eram objeto. As condições gerais da vida em cativeiro faziam delas as maiores vítimas de doenças infectocontagiosas causadas pela miséria e pela promiscuidade, ensejando altos índices tanto de mortalidade infantil como de orfandade. Todas essas circunstâncias moldavam o caráter do futuro adulto e projetavam sentimentos de inferioridade ou de revolta ao longo de gerações.

CRIMINALIDADE – Fenômeno pelo qual se observa a incidência de crimes, no tempo e no espaço, em razão de causas diversas. Os primeiros estudos sobre o negro no Brasil concentraram-se em aspectos criminológicos. A propósito, o sociólogo Guerreiro Ramos, nos anos 1950, afirmava que a maior frequência de negros na estatística de determinados delitos resultava de sua predominância em certas camadas sociais, e não de tendências ou inclinações naturais, como então se insinuava. Atualizando o raciocínio de Ramos, veremos, por exemplo, que, se nas favelas cariocas, à época da finalização desta obra, os negros eram maioria entre os envolvidos com o narcotráfico, isso não ocorria por uma tendência natural dos negros em se ligar com o crime, mas por serem eles maioria entre as populações faveladas.

CRIOULO – Vocábulo empregado em várias acepções. Quando se refere a pessoas, seu significado remete ao indivíduo de ascendência europeia nascido nas Américas. No Brasil, em geral, usado tanto pejorativa como carinhosamente, o termo designa de maneira genérica o negro, de qualquer pigmentação. No Amapá, estado do Norte brasileiro, o termo qualifica o integrante da comunidade de origem antilhana e guianesa, falante do lanc-patuá. Mas a conceituação, nesse caso, é estritamente cultural, pois a nacionalidade desses indivíduos se define pelo gentílico *buezilien* ("brasileiro"). Quando empregado com referência a línguas, o termo nomeia um falar de vocabulário basicamente europeu, mas com sistema gramatical de base africana. O desenvolvimento dessas línguas obedeceu a uma lógica curiosa: como a linguagem europeia infantilizada que os patrões lhes ensinavam se mostrava insuficiente para se comunicarem, os escravos das *plantations* e fazendas americanas a incrementaram com novos vocábulos e com a sintaxe de suas línguas de origem, criando, assim, novos idiomas.

CRISPIM DO AMARAL – Caricaturista, pintor e cenógrafo brasileiro nascido em Olinda, PE, em 1858, e falecido no Rio de Janeiro, RJ, em 1911. Em 1876, muda-se para Belém do Pará, integrando, como cenógrafo, uma companhia teatral e atuando também como músico e ator, além de caricaturista na imprensa local. Tempos depois, vai para Manaus, de onde se transfere em 1888 para Paris, cidade na qual viveu cinco anos, trabalhando como cenógrafo da Comédie Française, mas vindo com frequência a Belém e Manaus, onde pinta o pano de boca do Teatro Amazonas. Retornando definitivamente ao Brasil, fixa-se no Rio, sendo um dos fundadores e o primeiro diretor da revista *O Malho*, na sequência da qual lança *A Avenida*, *O Pau* e *O Século*.

CRISTÓVÃO DE ALENCAR – Nome artístico de Armando de Lima Reis, compositor e radialista nascido em São Paulo, em 1910, e radicado desde menino na cidade do Rio de Janeiro, onde faleceu em 1983. Importante dirigente autoral, presidente que foi da União Brasileira de Compositores, é coautor de composições famosas da música popular. Locutor e apresentador de programas, destacou-se entre os melhores do rádio carioca, sendo, em seu tempo, provavelmente o único negro a exercer essa função no Rio.

CRUZ E SOUZA – Poeta nascido em Nossa Senhora do Desterro, atual Florianópolis, SC, em 1862, e falecido em Sítio, MG, em 1898. Filho de escravos, o menino João foi educado pela família dos patrões de seu pai, da qual recebeu o sobrenome e sólida formação humanista. Em 1881, percorreu o Brasil em campanha abolicionista e, após a abolição, publicou os livros que o consagrariam como a maior voz do Simbolismo brasileiro: *Missal* (1893), *Broquéis* (1893), *Faróis* (1900) e *Últimos sonetos* (1905), além de dois volumes em prosa.

CRUZADA SOCIAL E CULTURAL DO PRETO BRASILEIRO – Entidade do movimento negro criada em São Paulo, SP, em 1948.

CUBA – País das Antilhas situado na extremidade norte do mar do Caribe. Sua população compreende, segundo dados de 2003, cerca de 51% de "eurafricanos" (mulatos) e 11% de "afro-americanos" (cf. *Almanaque Abril*, 2003). Colonizado pela Espanha e vivendo sob forte influência norte-americana de meados do século 19 até 1959, sua história, levadas em conta as diferenças territoriais, apresenta inúmeros pontos de contato com a do Brasil, sobretudo quanto à procedência dos africanos lá escravizados. Trabalhando nas plantações e nos engenhos de açúcar ou em outras ocupações, esses africanos e seus descendentes construíram uma cultura e vivenciaram problemas em tudo semelhantes aos de seus iguais no Brasil. Sintomaticamente, Cuba foi o penúltimo país da América a abolir a escravatura, dois anos antes do Brasil.

CUCUMBI – Antigo folguedo popular afro-brasileiro. Remonta aos ritos de passagem para a idade adulta entre os povos bantos. No estado do Espírito Santo, uma variante desse folguedo é o ticumbi, auto cujo enredo consiste na luta do rei do Congo contra o rei de Bamba para decidir quem terá o privilégio de louvar São Benedito. A disputa remontaria a um litígio ocorrido no século 16 entre o poder central do Reino do Congo e um de seus reinos vassalos. Nas últimas décadas do século 19, no Rio de Janeiro, os cucumbis representavam uma das expressões do carnaval de rua, desaparecendo no século seguinte para dar lugar aos cordões.

CUÍCA – Tambor de fricção da percussão afro-brasileira que, em suas formas mais primitivas, recebe também os nomes de fungador-onça, puíta e tambor-onça.

CULINÁRIA AFRO-BRASILEIRA – Responsável pela introdução, na culinária brasileira, de ingredientes como o azeite de dendê, o camarão seco, a pimenta-malagueta, o inhame, bem como de folhas diversas, utilizados no preparo de iguarias, molhos e condimentos, o africano negro não só trouxe para o Brasil pratos de sua tradição, como introduziu novos e saborosos elementos nas cozinhas nativa e portuguesa. Nos pratos, por exemplo, em que o português usava o azeite de oliveira, o negro empregou o dendê e, a outros, acrescentou o leite de coco, o amendoim e a castanha de caju. A tradição culinária africana mais influente no Brasil tem suas origens na região do golfo de Benin (Nigéria, Benin etc.) e aqui entrou especialmente por intermédio dos alimentos votivos da tradição dos orixás e voduns. Ao lado dessa cozinha, entretanto, no Sudeste brasileiro, alguns preparados, como a feijoada, o angu à baiana, a couve à mineira, o mungunzá, o aluá, a jacuba etc., parecem revelar traços de costumes de povos bantos da África Austral.

CULTURA – Conjunto de padrões de comportamento, tanto mentais como físicos, aprendidos e ensinados por membros de um grupo social, ao longo de gerações. Com relação à Diáspora africana, esse acervo, ao recriar formas ancestrais e se colocar a serviço da visibilidade de seus agentes, constitui o que genericamente se conhece como "cultura negra".

CUNHEMAS – Forma pela qual foram chamados no Brasil os cuanhamas, indivíduos do grupo étnico cuanhama, subdivisão do povo ovambo, do sul da atual República de Angola.

CURUNCANGO – Líder de quilombo localizado na serra do Deitado, na divisa entre os atuais municípios de Macaé, Conceição de Macabu e Trajano de Morais, RJ, nascido no século 18. Escravo de um senhor por ele chacinado com quase toda a família, após fugir do cativeiro organizou seu reduto, que chegou a ter cerca de 200 habitantes. No início do século 19, já envolto em aura de lenda e misticismo, foi trucidado depois de, em uma perseguição, simular render-se e assassinar outro filho de seu antigo proprietário. Morto e decapitado, teve vilipendiado seu cadáver, à moda colonial. Seu nome é também referido como Carukango e Carunkango.

CUSCUZ – Iguaria de origem africana, doce ou salgada, presente, com variações de ingredientes e preparo, em várias regiões brasileiras. No Nordeste e no Rio de Janeiro, é um doce branco à base de tapioca e leite de coco; em Minas Gerais também é doce, mas feito com farinha de milho; em São Paulo, igualmente preparado à base de farinha de milho, é salgado, como o *couscous* argeliano, enriquecido com peixe, camarões, galinha, azeitonas, palmitos etc.

CUXÁ – Tempero ou molho da culinária afro-maranhense feito com folhas de vinagreira. É o ingrediente básico do arroz de cuxá, um dos acompanhamentos mais típicos da cozinha do Maranhão.

CUXE – Antigo reino da região do médio rio Nilo, na atual República do Sudão. Alguns de seus soberanos, depois de conquistarem o Egito, no oitavo século antes de Cristo, constituíram a 25.ª dinastia de faraós, mencionada como dinastia "etíope".

D

DA COSTA – Qualificação aplicada a alguns africanos vindos para o Brasil como escravos. A expressão é referência à Costa dos Escravos, litoral dos atuais Benin e Nigéria.

DAIANE DOS SANTOS – Ginasta brasileira nascida em Porto Alegre, RS, em 1983. Descoberta ao acaso, aos 11 anos de idade, quando brincava na rua, iniciou sua trajetória no Grêmio Náutico União, logo se destacando, primeiro em nível local e mais tarde em âmbito nacional. Em agosto de 2003, nos Estados Unidos, tornou-se a primeira brasileira campeã mundial de ginástica artística, conquistando, meses depois, a medalha de ouro na Copa do Mundo de Ginástica, realizada em Stuttgart, Alemanha. Nesses dois certames, executou o "duplo *twist* carpado" e o "duplo *twist* esticado", exercícios com grau máximo de dificuldade, de acordo com a Federação Internacional de Ginástica (FIG). A partir daí, o primeiro deles passou a fazer parte do código de pontuação da FIG com o nome de "Dos Santos", em sua homenagem; e o segundo fez que a entidade mudasse o sistema de pontuação das competições de ginástica artística.

DAMIÃO BARBOSA DE ARAÚJO – Músico brasileiro nascido em Itaparica, BA, em 1778, e falecido em Salvador em 1856. Filho de pai sapateiro, foi autodidata até iniciar carreira, na capital baiana, como violinista no Teatro do Guadalupe, onde se destacou como autor de músicas para os espetáculos ali encenados. Em 1813, após a mudança da corte portuguesa para o Rio de Janeiro, transferiu-se também para a cidade, onde, por intermédio de sua amizade com o padre José Maurício e com o renomado músico Marcos Portugal, obteve o lugar de "adido à música da Brigada do Príncipe", tendo sido, mais tarde, admitido na Capela Imperial como violinista e mestre de uma banda de menores. Em 1828, retornou a Salvador. Além de missas, credos, novenas e outros gêneros de música litúrgica, para coro e orquestra, escreveu uma ópera bufa, valsas, modinhas e quadrilhas. É dele, também, a melodia do *Hino ao Dois de Julho*, ícone da cultura baiana, apresentado em 1829. Sua obra o coloca entre os grandes mestres de seu tempo.

DAN DARÁ – Líder malê na Bahia nos séculos 18 e 19. De origem hauçá e tendo recebido o nome cristão de Elesbão do Carmo, era alufá, liberto e comerciante de fumo. Foi um dos mais proeminentes muçulmanos na Bahia do seu tempo. Desconhece-se a pena que recebeu após o julgamento dos insurretos de 1835, mas, por ser liberto, presume-se que tenha sido deportado para a África. Em hauçá, o elemento *Dan*, anteposto a um nome, corresponde ao árabe *Ibn* e ao escocês *Mac*, significando "filho de".

DANÇA AFRO – No Brasil, modalidade de balé contemporâneo com movimentos coreográficos inspirados em danças afro-brasileiras, notadamente as dos orixás do candomblé. As origens da dança afro remontam ao final da década de 1940, quando, no contexto do Teatro Experimental do Negro (TEN), formou-se o Grupo dos Novos, mais tarde denominado Teatro Folclórico Brasileiro. Com Mercedes Baptista, a dança afro ganhou sistematização e *status* de arte contemporânea.

DANDARA – Nome artístico de Ana Cristina Rodrigues, cineasta nascida na cidade do Rio de Janeiro em 1969. Roteirista, diretora e produtora, lançou em 2000 o curta-metragem *Gurufim na Mangueira*. O pseudônimo Dandara remete a uma figura feminina mitológica na história de Palmares.

DAOMÉ – Antigo nome da República de Benin. Seu passado conta-se, basicamente, pela história de dois reinos: Allada ou Arda, com sede em Porto Novo; e Daomé, com capital em Abomé, nome pelo qual o reino é, por vezes, também referido.

DE CHOCOLAT – Nome artístico do autor teatral, compositor e cantor João Cândido Ferreira, nascido em Salvador, BA, em 1887, e falecido no Rio de Janeiro em 1956. Vivendo na capital da República a partir de 1910, tornou-se cançonetista de sucesso, tendo excursionado à Europa em 1920. Em 1926, fundou a Companhia Negra de Revistas, que estreou no Teatro Rialto com a encenação de *Tudo preto* e a seguir *Café torrado*, ambas de sua autoria, afirmando-se como o pioneiro do teatro de autor e intérprete negros no Brasil. Ativo compositor e autor teatral (também assinando trabalhos com o pseudônimo Jocanfer), teve várias revistas e burletas encenadas, bem como composições gravadas por grandes intérpretes de seu tempo. No cinema, participou de *Fogo na canjica*, produção carioca de 1947. Ver *COMPANHIA NEGRA DE REVISTAS*.

DECLARAÇÃO DOS DIREITOS HUMANOS – Documento votado na Assembleia-Geral da Organização das Nações Unidas (ONU) em 1948. Nele se afirmam os direitos fundamentais da pessoa humana e a igualdade de todos os indivíduos, independentemente de raça, sexo, nacionalidade, origens sociais, religião ou convicções político-ideológicas.

DEGREDO DAS BEXIGAS – Denominação antiga da ilha de Villegaignon, na baía de Guanabara, RJ, por abrigar um lazareto construído para quarentena dos escravos que chegavam da África infectados pela varíola.

DEMOCRACIA RACIAL – Expressão sob a qual se oculta a falsa ideia da inexistência de racismo na sociedade brasileira. Procura fazer crer que, graças a um escravismo brando que teria sido praticado pelos portugueses, as relações entre brancos e negros, no Brasil, seriam, em regra, cordiais. Essa falsa ideia tem se revelado o grande obstáculo à conscientização do povo negro e ao enfrentamento do preconceito etnorracial no país.

DESAFRICANIZAÇÃO – Processo psicológico e cultural por meio do qual se tiram ou se procura tirar de um tema ou de um indivíduo os conteúdos que o identificam como de origem africana. A principal estratégia do escravismo nas Américas era fazer que os cativos esquecessem o mais rapidamente sua condição de africanos. Esse processo de desafricanização começava no continente de origem, com conversões forçadas ao cristianismo, antes do embarque. Seguia-se a imposição do nome cristão, bem como do sobrenome do dono. Posteriormente, vinham as distinções clássicas entre os "da costa" e os "crioulos", entre "boçal" e "ladino", estimulando as rivalidades e a desagregação.

DESQUALIFICAÇÃO – Estratégia psicológica e cultural por meio da qual se procurou, em especial no século 19, caracterizar como incivilizadas, retrógradas, arcaicas e até nocivas as práticas culturais dos afrodescendentes, e mesmo sua presença na sociedade brasileira.

DEUSDETH DO NASCIMENTO – Médico nascido na Bahia em 1949 e radicado na cidade do Rio de Janeiro. Filho de humildes trabalhadores rurais do interior baiano, formou-se pela Universidade Católica de Salvador. Ortopedista renomado, é pós-graduado pela Université Pierre et Marie Curie, em Paris, França.

DIA DE REIS – Data do calendário católico consagrada à Adoração dos Reis Magos no dia 6 de janeiro. Desde os primeiros tempos da escravidão e até muito tempo depois dela, o Dia de Reis sempre foi o grande momento do carnaval dos negros, escravos e libertos. Nesse dia, encerrando o ciclo de festas do Natal, no Brasil e em boa parte das Américas os negros saíam às ruas para dançar e cantar livremente, envergando máscaras e trajes de fantasia e representando pantomimas.

DIA NACIONAL DO SAMBA – Data festiva comemorada principalmente no Rio de Janeiro e em Salvador a 2 de dezembro. A data evoca o dia em que o etnólogo Edison Carneiro (*ver também esse nome*), ao final do Primeiro Congresso Nacional do Samba, realizado no Rio de Janeiro em 1962, foi incumbido de redigir a "Carta do Samba". O documento propunha a preservação das características do samba, dentro de uma perspectiva de progresso, e foi publicado pelo então Ministério da Educação e Cultura, por intermédio da Campanha de Defesa do Folclore. No Rio de Janeiro, a efeméride foi oficializada pela Lei Estadual n. 554, de 28 de julho de 1964.

DIA NACIONAL DA CONSCIÊNCIA NEGRA – Efeméride celebrada em todo o território brasileiro a 20 de novembro em lembrança da morte de Zumbi dos Palmares, ocorrida em 1695. Sua criação foi resultado do trabalho da militância negra a partir de campanha deflagrada em 1971, no Rio Grande do Sul, pelo Grupo Palmares, sob a liderança do poeta Oliveira Silveira. A data foi estabelecida por assembleia nacional do Movimento Negro Unificado (MNU) realizada em Salvador, BA, em 4 de novembro de 1975.

DIALETO – Variedade linguística restrita a um grupo, predominantemente oral, falada em uma região que não a de sua origem, com peculiaridades fonéticas, léxicas e gramaticais. O hábito de tratar todos os falares africanos como "dialetos" reflete um preconceito. Na África, falam-se idiomas complexos, como o hauçá, o suaili, o iorubá, o quicongo etc., com suas variantes regionais, algumas dessas, sim, caracterizadas como formas dialetais em relação à língua da qual se originaram.

DIAMANTINA – Município brasileiro do estado de Minas Gerais, na região do alto Jequitinhonha. O núcleo pioneiro, denominado Arraial do Tijuco, foi fundado no século 18, quando da descoberta de diamantes na região, e elevado à condição de vila em 1831. Seu esplendor, refletido na riqueza de seus monumentos arquitetônicos, deveu-se fundamentalmente ao trabalho de escravos africanos e seus descendentes.

DIÁSPORA – Palavra de origem grega que significa "dispersão". Designando, de início, sobretudo o movimento espontâneo dos judeus pelo mundo, hoje se aplica também à desagregação que, compulsoriamente, por força do tráfico de escravos e, mais recentemente, das péssimas condições de vida na África, espalhou negros africanos por todos os continentes. O termo "Diáspora" serve também para designar, por extensão de sentido, a comunidade de africanos e descendentes nas Américas e na Europa.

DIDI – Apelido de Waldir Pereira, futebolista nascido em Campos, RJ, em 1928, e falecido no Rio de Janeiro, RJ, em 2001. Bicampeão mundial em 1958-1962, foi um dos maiores estilistas do futebol brasileiro. Meio-campista virtuoso e cerebral, em 1959 transferiu-se para o Real Madrid, permanecendo na Espanha até 1961. No ano seguinte, após a Copa do Mundo, foi atuar no Peru, onde, de 1966 a 1970, cumpriu brilhante trajetória como técnico, dirigindo inclusive a seleção nacional daquele país.

DINA – Nome pelo qual foi conhecida Dinalva Oliveira Teixeira, revolucionária brasileira nascida em Castro Alves, BA, em 1945, e falecida em 1973. Participante da luta armada contra o regime militar instaurado no Brasil em 1964, morreu em combate na região do Araguaia, onde trabalhava como camponesa e professora.

DISCRIMINAÇÃO – Termo tradicionalmente usado para definir o tratamento desfavorável dispensado de modo arbitrário a certas categorias de seres humanos. Modernamente, usa-se a expressão "discriminação positiva" para as políticas de promoção das populações afrodescendentes. A discriminação racial tem sua forma mais radical na segregação.

DODÔ – Nome artístico de Alfredo Antônio do Nascimento, músico baiano falecido em Salvador em 1979. Violonista, na década de 1950 criou, com Osmar Macedo e Temístocles Aragão, o Trio Elétrico, que saía às ruas, no carnaval da capital baiana, tocando em cima de um velho automóvel conversível. Aos poucos, o nome do grupo passou a denominar uma nova modalidade de folguedo carnavalesco e um tipo de equipamento volante de som, hoje altamente sofisticado, usado em espetáculos e outros eventos.

DOLORES DURAN – Nome artístico da compositora e cantora Adileia Silva da Rocha, nascida no Rio de Janeiro, RJ, em 1930, e falecida na mesma cidade em 1959. Com carreira iniciada em 1951 e prematuramente interrompida por sua morte súbita oito anos depois, destacou-se entre os maiores autores e intérpretes do gênero samba-canção, na fase que precedeu o advento da bossa nova e se irradiou do ambiente das casas noturnas da Zona Sul carioca para os auditórios das emissoras de rádio. Letrista e melodista, foi unanimemente reconhecida como grande compositora da música popular brasileira, num universo quase que totalmente dominado pelos homens até a década de 1970.

DOM GÍLIO FELÍCIO – Bispo católico nascido no atual município de Sério, RS, em 1950. Ex-vigário da cidade gaúcha de Santa Cruz do Sul, onde introduziu elementos africanos em suas celebrações, em 1998 assumiu a diocese de Santa Cruz das Almas, no Recôncavo Baiano, e o cargo de bispo auxiliar de Salvador. Em 2003, tomou posse como bispo da diocese de Bagé, RS.

DOM HELVÉCIO GOMES DE OLIVEIRA – Arcebispo brasileiro nascido em Anchieta, ES, em 1876, e falecido em Mariana, MG, em 1960. Formado pela Universidade Gregoriana de Roma, foi titular da arquidiocese de Mariana, onde criou o Museu Arquidiocesano, inaugurado em 1926 e desmontado em 1940, quando seu acervo foi doado para a criação do Museu da Inconfidência, em Ouro Preto. Foi também o mentor, em Mariana, das obras de recuperação da Casa Capitular, relevante monumento histórico setecentista, onde se instalou a cúria em 1926. Desenvolveu importante obra educacional também no estado do Maranhão.

DOM HENRIQUE – Nome cristão do príncipe Nzinga Mpemba, filho do rei do Congo, d. Afonso, nascido aproximadamente em 1495 e falecido em 1535. Educado em Portugal, chefiou em 1513 uma missão diplomática a Roma, e cinco anos depois, em 1518, foi sagrado bispo pelo papa Leão X, retornando a seu país em 1521.

DOM JOSÉ MARIA PIRES – Prelado brasileiro nascido em Conceição do Mato Dentro, MG, em 1919. Com 11 anos de idade, ingressou no Seminário Provincial de Diamantina, ordenando-se padre em 1941. Sagrou-se bispo em 1957 e arcebispo em 1966. Cardeal-arcebispo da Paraíba, por seu firme posicionamento a respeito da questão negra e suas ações em defesa dos excluídos, recebeu do movimento popular o carinhoso cognome de "Dom Zumbi", referência ao herói Zumbi dos Palmares.

DOM JOSÉ PEREIRA ALVES – Sacerdote católico brasileiro nascido no século 19, foi bispo de Niterói, RJ. Professor do seminário de Olinda na década de 1910, é citado como "mulato ilustre" por Gilberto Freyre.

DOM LUCAS MOREIRA NEVES – Prelado católico nascido em São João del Rei, MG, em 1925, e falecido no Vaticano em 2002. Em 1950, ordenado padre, trocou o nome de batismo, Luís, pelo religioso, Lucas. Na década de 1970, ainda como bispo auxiliar de São Paulo, passou a exercer cargos no Vaticano. Em 1987, já cardeal, assumiu a secretaria da Comissão para Doutrina e Fé, uma das mais importantes da Igreja, e, por dois anos, foi prefeito da Congregação dos Bispos. Em 1995, foi eleito presidente da Conferência Nacional dos Bispos do Brasil (CNBB). No ano seguinte ingressou na Academia Brasileira de Letras (ABL), ocupando a cadeira n.º 12. Em Roma, foi um dos mais íntimos colaboradores do papa João Paulo II.

DOM LUÍS RAIMUNDO DA SILVA BRITO – Prelado católico e político brasileiro nascido em São Bento, MA, em 1840, e falecido em Recife, PE, em 1915. Deputado provincial pelo Maranhão, foi cônego da capital imperial, vice-reitor e reitor do Colégio Pedro II, professor do Colégio Militar e da Escola Normal e, em 1901, bispo de Olinda e Recife. José Honório Rodrigues o inclui em sua relação de "pretos e mulatos" ilustres, já Gilberto Freyre o descreve como um "mulatão gordo e cor-de-rosa".

DOM OBÁ – Nome pelo qual foi conhecido Cândido da Fonseca Galvão, personagem histórico autodenominado "Príncipe Obá II". Nascido no interior da Bahia e falecido na cidade do Rio de Janeiro em 1890, foi subtenente do 3.º Batalhão de Zuavos Baianos na Guerra do Paraguai. De volta da guerra, fixou residência na capital do Império, onde era reverenciado como descendente de reis africanos por boa parte dos negros seus contemporâneos. Tratado com benevolência pelo imperador d. Pedro II, foi frequentador assíduo dos beija-mãos semanais do palácio da Quinta da Boa Vista. Com o fim do Império, colocou-se frontalmente contra a ordem republicana e teve cassada a patente conquistada no Paraguai. Era também comumente referido como desequilibrado mental, megalomaníaco, dado ao vício da bebida. Mas publicou na imprensa textos recuperados em seu conteúdo político coerente pelo historiador Eduardo Silva. Assim, e destacando-se também como um lutador pela abolição da escravatura e pela igualdade racial no Brasil, foi uma figura marcante da vida carioca no século 19.

DOM SALVADOR – Nome artístico do pianista Salvador da Silva Filho, nascido em Rio Claro, SP, em 1938. No final dos anos 1950, tornou-se conhecido como músico de jazz e bossa nova, tendo inclusive realizado algumas viagens aos Estados Unidos, onde se radicou em definitivo após o fim do Grupo Abolição, por ele formado em 1970 e integrado exclusivamente por músicos negros.

DOM SILVÉRIO GOMES PIMENTA – Prelado, escritor e orador sacro nascido em Congonhas do Campo, MG, em 1840, e falecido em Mariana, MG, em 1922. Foi bispo de Mariana e de Camaco, prelado doméstico do Palácio Pontifício, no Vaticano, e camareiro do papa Leão XIII. De 1873 a 1878, editou o jornal *O Bom Ladrão*. Membro da Academia Brasileira de Letras (ABL), teve publicados: *O papa e a revolução* (sermões, 1873), uma biografia de d. Antônio Ferreira Viçoso, bispo de Mariana (1876), além de diversas pastorais.

DOMÍCIO DA GAMA – Diplomata e escritor nascido em Maricá, RJ, em 1862, e falecido na cidade do Rio de Janeiro em 1925. Embaixador nos Estados Unidos, no período de 1914 a 1918, e na Inglaterra, em 1920-1921, ministro das Relações Exteriores em 1919, e membro fundador da Academia Brasileira de Letras.

DOMÍCIO PROENÇA FILHO – Professor e escritor brasileiro nascido na cidade do Rio de Janeiro em 1936. Doutor e livre-docente em Literatura Brasileira, destacou-se como titular da disciplina na Universidade Federal Fluminense, com inúmeros cursos ministrados em centros universitários no Brasil e no exterior. Ensaísta, crítico literário e poeta, publicou coletâneas de poemas e diversos ensaios sobre literatura. Em 2006 foi eleito para a Academia Brasileira de Letras.

DOMINGOS ALVES DE MELO – Médico e professor nascido na Bahia em 1851 e falecido em Salvador, BA, em 1897. Irmão de José Alves de Melo, foi, como ele, docente na Faculdade de Medicina da Bahia.

DOMINGOS BORGES DE BARROS – Político brasileiro nascido em Santo Amaro da Purificação, BA, em 1779, e falecido no Rio de Janeiro, RJ, em 1855. Bacharelou-se em Filosofia em Portugal e lá se dedicou à literatura. De volta ao Brasil, elegeu-se deputado e, mais tarde, foi nomeado encarregado de negócios em Paris, onde trabalhou pelo reconhecimento da Independência brasileira. Foi também senador e, em 1825 e 1826, recebeu, respectivamente, os títulos de visconde e barão da Pedra Branca, honrarias ridicularizadas por José Bonifácio, que costumava referir-se a ele como "pedra parda".

DOMINGOS DA GUIA – Jogador de futebol nascido e falecido no Rio de Janeiro, RJ, onde viveu de 1912 a 2000. Com trajetória iniciada em 1929, chegou à seleção brasileira, com a qual disputou a Copa Rio Branco, em 1932. Contratado para jogar no Uruguai, lá se sagrou campeão em 1933. A partir de 1936, viveu sua melhor fase, atuando pela seleção brasileira no campeonato mundial de 1938 e no sul-americano de 1945. Jogador legendário, tão virtuoso e elegante quanto cerebral, foi o mais clássico dos zagueiros da história do futebol brasileiro, merecendo da imprensa a qualificação elogiosa de "Divino mestre".

DOMINGOS DA ROCHA MUSSURUNGA – Nome pelo qual passou à posteridade Domingos da Rocha Viana, compositor, poeta e combatente nascido e falecido em Salvador, BA, onde viveu entre 1807 e 1856. Participou das lutas pela Independência, passando a assinar-se "Mussurunga" em alusão aos ferimentos sofridos no engenho de mesmo nome, durante a guerra. Em 1837, alinhava-se também entre os combatentes da Sabinada. Compositor, deixou extensa produção em música sacra e inúmeras criações em música popular, entre modinhas, quadrilhas, valsas e lundus. Publicou também um *Compêndio de música*, popularmente conhecido como *Artinha Mussurunga*, além de poesias satíricas. Algumas publicações grafam seu nome como "Moçurunga".

DOMINGOS FERNANDES CALABAR – Militar brasileiro nascido por volta de 1600 em Porto Calvo, AL, cidade onde faleceu em 1635. Educado por padres jesuítas, foi rico senhor de engenhos, chegando a tornar-se proprietário de três desses estabelecimentos. Durante a invasão holandesa ao Brasil, lutou no Exército invasor, chegando ao posto de major. Preso pelos portugueses, foi enforcado e estigmatizado pela historiografia oficial como traidor.

DOMINGOS RIBEIRO – Militar brasileiro nascido em 1863. Formado na Escola Militar da Praia Vermelha, em 1892, durante a Revolta da Armada comandou um batalhão na Bahia, chegando, mais tarde, depois de outras missões, ao posto de general. Ainda era vivo em 1963, ano em que uma missa de ação de graças na capela do Colégio Militar carioca marcou o seu centenário.

DOMINGOS RODRIGUES CARNEIRO – Militar brasileiro nascido e falecido em Pernambuco, entre os séculos 17 e 18. Foi alferes, capitão, sargento-mor e, em 1694, comandante do Terço dos Henriques com a patente de mestre de campo. Em 1681, tomou parte num dos ataques ao reduto palmarino da serra da Barriga. Em 1707, iniciou as obras da nova capela imperial de Nossa Senhora das Fronteiras, na estância de Henrique Dias, concretizando um antigo sonho do "governador dos pretos".

DOMINGOS TEODORO DE RAMOS – Pintor brasileiro do século 19. Escravo enviado por seu proprietário à Guerra do Paraguai, foi o único artista negro a documentar o conflito em uma vasta série de trabalhos. Entretanto, julgada como carente de valor artístico, sua farta obra, de grande valor documental, foi destruída.

DOMINICA – País localizado em uma das ilhas de Sotavento, nas Antilhas, com capital em Roseau. Os africanos foram levados para lá a partir de 1632, e hoje seus descendentes representam mais de 97% da população.

DONA IVONE LARA – Nome artístico de Ivone Lara da Costa, compositora nascida no Rio de Janeiro, RJ, em 1922. Ligada à escola de samba Império Serrano, para a qual compôs, em parceria com Silas de Oliveira e Mano Décio, o samba-enredo de 1965, *Cinco bailes da história do Rio*. Melodista refinada e personalíssima, em 2002, pelo conjunto de sua obra (boa parte em parceria com o também afrodescendente Délcio Carvalho, nascido em Campos, RJ, em 1939), foi distinguida com o Prêmio Shell, então a mais respeitada láurea da música popular brasileira. Nesse mesmo ano, teve parte de seu repertório arranjada e gravada, em versão instrumental, pelo pianista Leandro Braga.

DONA SANTA – Nome pelo qual foi conhecida Maria Júlia do Nascimento, figura tradicional do carnaval de Recife, PE, cidade onde nasceu, em 1877, e faleceu, em 1962. Respeitada como líder espiritual, depois de pertencer ao Maracatu Leão Coroado, foi, a partir de 1947, a grande rainha do Maracatu Elefante. O denominativo "rainha" para a líder do grupo e figura principal do cortejo tem, no maracatu, o mesmo peso que em outras expressões da cultura africana na Diáspora, como nas congadas e moçambiques. Em 1974, a escola de samba Império Serrano apresentou com grande sucesso no carnaval carioca o enredo *Dona Santa, rainha do maracatu*.

DONGA – Nome artístico do violonista e compositor Ernesto Joaquim Maria dos Santos, nascido e falecido no Rio de Janeiro, RJ, onde viveu de 1889 a 1974. Instrumentista de méritos, ligado à comunidade baiana da "Pequena África", integrou, com Pixinguinha, o famoso grupo Oito Batutas e celebrizou-se como um dos autores de *Pelo telefone*, considerado o primeiro samba gravado no Brasil. Nesse particular, seu grande mérito, além do inegável valor artístico, foi o de, motivado pelo advento da indústria fonográfica e visando à ampliação das possibilidades de uma música antes restrita a um ambiente específico, o da comunidade negra, ter dado ao samba o *status* indiscutível de gênero musical brasileiro.

DORIVAL CAYMMI – Compositor, violonista e cantor nascido em Salvador, BA, em 1914, e falecido no Rio de Janeiro em 2008. Sua obra, que contempla especialmente canções marinhas e criações sobre motivos do folclore e da vida popular afro-baiana, representa um dos pilares sobre os quais se apoia a moderna música popular brasileira.

DOUM – Na umbanda, a terceira "criança", o companheiro dos gêmeos Cosme e Damião. Também conhecido como Doú. O nome deriva do iorubá *Idòwú*, nome que se dá ao filho nascido após gêmeos.

DRAGÃO DO MAR – Epíteto pelo qual foi conhecido Francisco José do Nascimento, herói da abolição no Ceará. Ex-escravo, estabeleceu-se transportando, de jangada, mercadorias entre os litorais cearense e pernambucano. Em 1884, recusando-se a transportar escravos e liderando um movimento pela extinção dessa modalidade de tráfico, tornou-se um símbolo da abolição da escravatura em seu estado, sendo, aliás, homenageado solenemente no Rio de Janeiro pelo comandante da Escola de Tiro de Campo Grande. Tal homenagem, não unanimemente aceita, foi um dos motivos da "Questão Militar", que colocou em campos opostos alguns setores do Exército.

DULCE PEREIRA – Nome abreviado de Dulce Maria Pereira, jornalista e ativista do movimento negro nascida em São José do Rio Preto, SP, em 1954. Formada em Arquitetura, após atuar na área da comunicação foi suplente de senador pelo Partido dos Trabalhadores (PT). Em 1996, galgou a presidência da Fundação Cultural Palmares, órgão do Ministério da Cultura, tendo recebido, no ano seguinte, a Medalha da Ordem de Rio Branco, no grau de grande oficial. De 2000 a 2002, ocupou a secretaria executiva da Comunidade de Países de Língua Portuguesa (CPLP), no mais alto cargo, em âmbito internacional, até então assumido por uma mulher afro-brasileira.

E

ÉBANO – Madeira de cor quase preta, fornecida por duas espécies de árvores de mesmo nome, da família das ebenáceas. Sua cor e sua resistência fizeram dela um símbolo do povo negro, na África e nas Américas.

EDISON CARNEIRO – Etnógrafo e historiador nascido em Salvador, BA, em 1912, e falecido no Rio de Janeiro, RJ, em 1972. Diplomado pela Faculdade de Direito da Universidade Federal da Bahia (UFBA), exerceu o jornalismo e publicou vasta obra em que se incluem *Religiões negras* (1936), *Negros bantos* (1937), *O quilombo dos Palmares* (1947), *Candomblés da Bahia* (1948), *Antologia do negro brasileiro* (1950), *A linguagem popular da Bahia* (1951), *Samba de umbigada* (1961) e *Ladinos e crioulos* (1964). Embora possuidor de rica trajetória intelectual e de reconhecimento de seu notório saber, na década de 1950 foi preterido na cadeira de Antropologia da Universidade do Brasil, atual Universidade Federal do Rio de Janeiro (UFRJ), que pleiteou após a morte de seu mestre e amigo Arthur Ramos.

EDSON SANTOS – Sociólogo e político nascido no Rio de Janeiro em 1954. Com carreira política iniciada em 1985, foi seguidamente vereador da cidade do Rio de Janeiro, sendo eleito vice-presidente da Câmara e deputado federal em dois mandatos, iniciados respectivamente em 2006 e 2010. Durante o primeiro mandato, foi chamado a assumir a Seppir, em substituição a Matilde Ribeiro.

EDUARDO DE OLIVEIRA – Poeta e professor brasileiro nascido e falecido em São Paulo, SP (1926-2012). Militante pelos direitos do negro, foi vereador na sua cidade natal de 1959 a 1963. Publicou *Banzo, Gestas líricas da negritude* e *Evangelho da solidão*; e foi autor da letra do *Hino à negritude*. Em 1995, liderou a fundação da entidade denominada Congresso Nacional Afro-Brasileiro, da qual foi presidente.

EDUARDO DAS NEVES – Cantor, compositor e ator nascido e falecido na cidade do Rio de Janeiro (1874-1919). Famoso por cançonetas em que glosava os fatos do momento, compôs, entre inúmeras outras obras, a letra original de *Oh! Minas Gerais*, sobre a melodia de uma canção italiana – letra essa que, de exaltação a um navio da Marinha brasileira, passou à louvação ao estado de mesmo nome. Um dos mais populares artistas brasileiros do início do século 19, atuando inclusive como palhaço em espetáculos circenses, com o cognome "Dudu", deixou para a posteridade coletâneas de versos. Era pai de Cândido das Neves.

EDUARDO DE IJEXÁ – Nome pelo qual foi conhecido Eduardo Antônio Mangabeira, babalorixá nascido e falecido na Bahia, onde viveu de 1881 até a década de 1980. Neto de africanos, nos anos 1950 dirigiu cartas em língua iorubá ao rei nigeriano de Ijexá, que as recebeu emocionado das mãos do etnólogo francês Pierre Verger.

EDUARDO GONÇALVES RIBEIRO – Militar e político nascido no Maranhão, filho de escravos, em 1862, e falecido no Amazonas em 1900. Foi governador nomeado do estado do Amazonas de novembro de 1890 a maio de 1891 e eleito para um mandato de quatro anos em 1892. Acumulando as funções de diretor de Obras Públicas, realizou ousadas intervenções urbanísticas em Manaus, causando descontentamento em alguns setores. Morreu em circunstâncias misteriosas, vítima de alegado suicídio.

EDUCAFRO – Sigla do programa Educação e Cidadania para Afrodescendentes, criado na Baixada Fluminense em 1994 por frei Davi Raimundo dos Santos. Mantém centenas de núcleos de cursos pré-vestibulares em vários estados, com programa de concessão de bolsas de estudo em convênio com a Pontifícia Universidade Católica.

EDVALDO BRITO – Jurista e político brasileiro nascido em Muritiba, BA, em 1937. Doutor e mestre em Direito, pós-graduado em Direito Econômico pela Universidade Federal da Bahia, onde se tornou professor, e em Direito Tributário pela Universidade de São Paulo, foi prefeito da cidade de Salvador e secretário estadual em várias gestões. Na década de 1990, foi secretário de Negócios Jurídicos da prefeitura de São Paulo.

EFÃ – Denominação de um grupo étnico escravizado no Brasil e, por extensão, de uma nação do candomblé e do maracatu. Os africanos dessa procedência foram conhecidos, no Brasil, como "caras queimadas", porque os ilás (marcas tribais) em seus rostos são até hoje feitos com riscos horizontais tão próximos que dão a impressão de uma mancha preta em cada face. O nome resulta do aportuguesamento de *èfòn*, um dos reinos do povo ekiti, subdivisão dos iorubás.

EFÓ – Iguaria da culinária afro-baiana feita à base de língua de vaca, taioba ou outras verduras maceradas. Em Cuba, é o mesmo que acelga. Do iorubá *èfó*, "folha comestível".

EGITO – País do norte da África, à beira do mar Mediterrâneo. Extremamente dependente das águas do rio Nilo, que nasce em Uganda e atravessa todo o Sudão, até desembocar em águas mediterrâneas, desde a Antiguidade manteve contatos com o interior do continente, transmitindo e recebendo influências culturais. Segundo estudos modernos, a relação do Egito faraônico com os reinos da antiga Núbia, localizada na atual República do Sudão, era equilibrada, alternando momentos de hostilidade e de alianças. Daí, aliás, a comprovada existência de inúmeros faraós de pele escura e cabelo crespo, além de toda uma dinastia de governantes oriundos do reino núbio de Cuxe, a 25.ª, conhecida como "dinastia etíope".

EITO – Denominação genérica de terreno cultivado ou roça em que os escravos trabalhavam em carreira, em linha. Por extensão, qualquer trabalho agrícola, na época da escravidão.

ELIEZER GOMES – Ator nascido em Santo Antônio de Pádua, RJ, em 1920, e falecido na cidade do Rio de Janeiro em 1979. Ex-lavrador, ajudante de caminhão, eletricista, cozinheiro e motorista, estreou no cinema em 1962, interpretando a personagem central do premiado filme *Assalto ao trem pagador*. Participou com destaque de *Ganga Zumba, rei dos Palmares* e em mais de 15 filmes, até 1974. Sem nunca ter estudado interpretação, foi admirado e elogiado por seu trabalho e pelo que transmitia pelas suas expressões faciais.

ELISA LUCINDA – Poetisa, atriz e cantora nascida em 1957 em Vitória, ES, e radicada no Rio de Janeiro desde 1986. Além de participar, desde 1989, do elenco de importantes montagens teatrais e filmes, criou um espetáculo de interpretação poética que se transformou em livro – *O semelhante* (1994) – e escreveu um volume de poemas transposto para o palco, *Euteamo e suas estreias* (1999). Publicou, ainda, *Aviso da lua que menstrua* (1990), *Sócia dos sonhos* (1994) e *A fúria da beleza* (2006). À época desta edição tinha lançado mais três coletâneas de poemas, além de CDs e DVDs.

ELISEU CÉZAR – Político e escritor nascido em 1871 na cidade da Paraíba, atual João Pessoa, PB. Formou-se em Direito em Recife, com extrema dificuldade financeira. Foi promotor público em Vitória, ES, e jornalista em Belém do Pará, onde se tornou conhecido pelo pseudônimo "Guajarino". Deputado provincial, destacou-se como excepcional orador, tendo sido cognominado "O Nabuco negro da eloquência", numa comparação com o abolicionista Joaquim Nabuco.

ELIZETH CARDOSO – Cantora nascida e falecida na cidade do Rio de Janeiro, onde viveu de 1920 a 1990. Iniciou carreira radiofônica em 1937 e discográfica em 1949. Em 1958, registrou canções de Tom Jobim e Vinicius de Moraes, prenunciando o movimento da bossa nova. Depois de incursionar por todos os gêneros da canção popular, em 1964 apresentou-se no Teatro Municipal do Rio de Janeiro cantando as *Bachianas* n.º 5 de Villa-Lobos, rompendo uma barreira entre a música do povo e a erudita. Foi cantora de carisma e dotes excepcionais, recebendo por isso os epítetos de "Divina" e "Enluarada", entre muitos outros.

ELÓI DE SOUZA – Político nascido em Pernambuco em 1873. Formado em 1894 pela Faculdade de Direito de Recife, foi delegado de polícia em Macaíba, RN, cidade natal de sua irmã, a escritora Auta de Souza. Em 1895, foi eleito deputado à Assembleia Legislativa do Rio Grande do Norte e, em 1897, tornou-se deputado federal pelo mesmo estado, exercendo vários mandatos até 1914, quando se elegeu senador. Reeleito, renunciou ao segundo mandato em 1927, ano em que retornou à Câmara. Em 1930, voltou ao Senado, com um mandato interrompido pela revolução de Getúlio Vargas. Depois de enfrentar ainda outros problemas políticos, foi novamente eleito senador em 1935, cumprindo mandato até 1937. Foi também homem de letras, além de diretor da Caixa Econômica do Rio Grande do Norte.

EMANOEL ARAÚJO – Artista plástico brasileiro nascido em Santo Amaro, BA, em 1940, e radicado em São Paulo, SP. Requintado criador de uma gravura marcada pelas tradições do povo afro-baiano, em 1988 foi o organizador do livro *A mão afro-brasileira*, importante inventário da participação do negro na cultura nacional. No final da década de 1990, diretor e revitalizador da Pinacoteca de São Paulo, foi considerado o administrador cultural mais importante do país, tendo montado, com base em seu acervo pessoal, um instituto de preservação da iconografia do povo negro. Na década seguinte, foi secretário de Cultura do Estado e criou, na capital paulista, o Museu Afro Brasil.

EMBAIXADAS AFRICANAS AO BRASIL ESCRAVISTA – Entre 1750 e 1823, diversas embaixadas, por várias razões ligadas ao comércio de escravos, foram enviadas ao Brasil por soberanos do golfo de Benin, como o do Daomé e o de Onim ou Eko, cidade-Estado que deu origem à atual Lagos, na Nigéria. Essas missões tinham como principal objetivo a negociação de privilégios e monopólios no fornecimento de escravos. A embaixada de 1823 trazia mensagens de reconhecimento da Independência do Brasil, enviadas, respectivamente, pelo obá (rei) Osemwede, do antigo Benin, reino do povo edo, e pelo obá Osinlokun ou Ajan, de Lagos, seu vassalo iorubano.

EMILIANO FELIPE BENÍCIO MUNDURUCU – Militar e revolucionário brasileiro no século 19. Major do Batalhão de Pardos de Recife, em 1824, por ocasião da Confederação do Equador, e inspirado na Revolução Haitiana, liderou sedição reprimida pelo Regimento dos Henriques, então sob o comando do também major Agostinho Bezerra. Perseguido, Mundurucu buscou asilo seguidamente nos Estados Unidos, na Colômbia e no Haiti. Durante a sedição, editou manifesto em versos, no qual dizia imitar o rei negro Henri Christophe, ex-escravo que reinou no Haiti de 1818 a 1820.

EMMANUEL ZAMOR – Pintor nascido em Salvador, BA, em 1840, e falecido em Paris em cerca de 1917. Adotado por um casal formado por um africano e uma francesa, passou a maior parte de sua vida na França. Foi revelado ao Brasil em 1985, por ocasião de uma exposição no Museu de Arte de São Paulo.

EMPREGADO DOMÉSTICO – Prestador(a) de serviços domésticos, tais como limpeza, arrumação, lavanderia e cozinha, tradicionalmente desempenhados em residências das grandes cidades brasileiras, em geral mediante baixa remuneração e só recentemente objeto de regulamentação. Segundo a Organização Internacional do Trabalho (OIT), no Brasil, o número de mulheres afrodescendentes que trabalham como domésticas é, pelo menos, o dobro daquele de domésticas não negras.

ENCONTRO PASTORAL AFRO-AMERICANO – Evento anual, realizado a partir da década de 1990, reunindo representantes de Igrejas Católicas de países latino-americanos. Em 2000, sua oitava edição, realizada em Salvador, BA, discutiu o tema "Comunidade Negra e Solidariedade".

ENEN – Sigla do Encontro Nacional de Entidades Negras, evento realizado periodicamente a partir de 1991 na capital do estado de São Paulo.

ENGANA-COLOMIM – Um dos quilombos de Palmares. *Ngana* é termo angolano, do quimbundo, correspondente ao português "senhor". O nome do quilombo deve-se, certamente, a um qualificativo do líder.

ENGENHO CASSARANGONGO – Local histórico do Recôncavo Baiano onde, em 1816, se desenrolou a batalha final de um dos mais sérios levantes de negros na Bahia, incluído por alguns historiadores na série de insurreições impropriamente conhecidas como "Revoltas dos Malês". Outro cenário desse levante foram os engenhos Cabaxi e Quibaca, igualmente localizados no Recôncavo. O nome Cassarangongo remete a um personagem mitológico afro-brasileiro.

ENGENHO DE AÇÚCAR – Unidade agroindustrial destinada ao fabrico do açúcar de cana. O primeiro engenho de açúcar edificado no Brasil, em 1534, foi o engenho dos Erasmos, em Santos, SP, que passou a ser conhecido por esse nome depois de vendido por Martim Afonso ao holandês Erasmo Scheltz. No Brasil e nas Américas, os engenhos de açúcar têm sua história intimamente ligada à escravidão negra.

EQUADOR – República da América do Sul. Por volta de 1810, os pretos e mulatos somavam, no país, 50 mil indivíduos, numa população geral de 600 mil pessoas. A abolição da escravatura ocorreu na década de 1840, e os negros representam, hoje, cerca de 5% da população, localizados principalmente na província de Esmeraldas.

ERITREIA – País do nordeste africano, separado da Etiópia em 1993. Sua capital é Asmara.

ESCOLA DE SAMBA – Espécie de sociedade musical e recreativa que participa dos desfiles do carnaval brasileiro, cantando e dançando o samba. As primeiras escolas, integradas basicamente por negros, desciam dos morros próximos ao centro do Rio de Janeiro e dos subúrbios para se exibir na Praça Onze, na região da "Pequena África". Em 1932, acontecia, nessa cidade, o que se considera o primeiro desfile "oficial", incentivado que foi pelo governo de Getúlio Vargas, interessado na integração do elemento negro ou em difundir o mito da democracia racial. Os primeiros enredos baseavam-se em temas de exaltação aos heróis consagrados pela classe dirigente e de motivação do orgulho nacional. Do primeiro desfile participaram 25 das 28 filiadas à União das Escolas de Samba, e o regulamento apresentava algumas características ainda preservadas à época da preparação desta obra, como a proibição de instrumentos de sopro e a obrigatoriedade de apresentação da ala das baianas, além de enredos sobre motivos nacionais, expressamente obrigatórios até os anos 1970. Por volta do final dessa década, no Rio de Janeiro, as escolas começaram a perder o caráter de arte negra para se transformar em expressão artística mais eclética e universal, em que apenas alguns poucos elementos remetem ao seu significado original.

ESCRAVIDÃO – Forma extrema de trabalho forçado, na qual os direitos da pessoa e sua força de trabalho são propriedade de outrem. A diferença fundamental entre o tipo de escravidão vigente no passado na Europa e na África e o criado depois da descoberta da América está na distinção entre os termos "cativo" e "servo". Cativo é o indivíduo que foi capturado, perdeu sua liberdade e ficou retido. Servo é a pessoa apenas sem liberdade própria, obrigada à prestação de serviços, ficando sua pessoa e seus bens dependentes de um senhor. Na África, até a chegada dos primeiros europeus, eram considerados servos permanentes aqueles que, por alguma razão, tinham perdido a faculdade de ser tratados como indivíduos livres. Essas pessoas trabalhavam sem receber remuneração; podiam ser compradas, vendidas ou dadas de presente; tinham de fazer o que lhes era ordenado, mas possuíam alguns direitos. Podiam, por exemplo, casar-se no seio da família de seu amo, ter propriedades, exercer comércio por conta própria e adquirir influência, poder e até mesmo a liberdade pessoal. Muitos monarcas africanos tomaram pessoas com tal *status* jurídico a seu serviço. Embora sem direitos de nascimento, por não serem filhos das famílias tidas como mais importantes, eram absolutamente leais e auxiliares prestimosos de seus senhores. Um antigo provérbio axânti dizia: "O escravo que sabe servir bem herdará a propriedade do amo". E foi assim que, na África, muitos deles se tornaram comandantes e até reis. Era esse o tipo de escravidão que, em geral, vigorava na África antes da descoberta da América. Entretanto, descoberto o Novo Continente, alteraram-se as relações entre amo e escravo. Empenhados em extrair riquezas naturais ou fabricar produtos a partir de matérias-primas locais, os europeus começaram por capturar e escravizar indígenas. Mas o trabalho passou a exigir mão de obra adicional, recorrendo-se então ao braço africano, pelo sequestro puro e simples ou pela corrupção de africanos poderosos que passaram a vender seus servos para as Américas. Com o incremento da economia, essa mão de obra se tornou indispensável, e as formas de obtê-la e torná-la rentável eram cada vez mais truculentas. O comércio de escravos, então, transformou-se num grande negócio, enriquecendo traficantes e demais intermediários: o escravo já não era apenas a força de trabalho, mas um bem econômico em si mesmo. Foi assim que Inglaterra e França tornaram-se as nações mais poderosas do mundo: a acumulação de capital proveniente do tráfico e da escravidão foi o principal fator propiciador, a partir de 1750, da Revolução Industrial. Nessa nova correlação de forças, a máquina, no ambiente do trabalho, começava a tornar-se mais importante que o homem, e as potências que produziam industrialmente enxergavam os outros países, como os da América e da África, apenas como mercado para seus produtos e terreno para sua expansão imperial. Daí, e muito mais por questões econômicas que humanitárias, o surgimento de leis de repressão ao tráfico e do abolicionismo que levou à final derrubada do escravismo, em 1888, no Brasil. E o que se viu, logo após a Lei Áurea, foi a primeira Constituição da recém-instaurada República nada mais fazer do que garantir e consagrar os privilégios das antigas oligarquias escravistas.

ESCRAVO ADÃO – Líder rebelde na cidade do Serro, atual município de Diamantina, MG. Chefiou um princípio de insurreição de escravos urbanos e quilombolas em 1864. Denunciado, foi preso e condenado a 20 anos de galés.

ESCRAVO AFRICANO: PERFIL – Em seu livro *Como a Europa subdesenvolveu a África*, o escritor guianense Walter Rodney faz uma análise detalhada das circunstâncias em que se deu o tráfico europeu de escravos para as Américas. Dessa análise, pode-se fazer um perfil aproximado do africano objeto desse tráfico, que é basicamente o seguinte: idade entre 15 e 35 anos, majoritariamente próximo dos 20; prisioneiro de guerra ou vítima de sequestro; sobrevivente à travessia do Atlântico, numa viagem em que morriam de 15% a 20% dos embarcados; integrante de um contingente de pessoas em que dois terços eram do sexo masculino.

ESCRAVO DA NAÇÃO – Denominação dada, no Brasil, ao cativo pertencente a um dos poderes do Império. A expressão não se confunde com "escravo de nação", aplicada ao cativo de origem africana em oposição ao nascido em solo brasileiro, chamado "crioulo".

ESCRAVOS "BRANCOS" – Ao contrário do que ocorreu, por exemplo, na Grécia ou na Roma antiga, onde a condição de servo ou escravo não estava diretamente relacionada à condição étnica ou à cor da pele, o escravismo moderno, nas Américas, vitimou pretos ou pardos. Mas no Brasil as leis imperiais anteriores à Lei do Ventre Livre – segundo as quais o filho da escrava nascia escravo –, aliadas às leis genéticas, deram ensejo à surpreendente existência de cativos de cabelos louros, olhos azuis e pele clara, em geral filhos, netos ou bisnetos de escravas negras mestiças com homens brancos. Tal foi o caso de um que, em 1858, segundo relatos de contemporâneos, apresentou-se na Praça do Comércio, no Rio de Janeiro, estarrecendo a opinião pública e conseguindo, pelo inusitado de sua condição, auxílio pecuniário para a compra de sua alforria. O mito dos escravos "brancos", na verdade negros, porque afrodescendentes, alimentou a fantasia popular e gerou obras como o famoso romance *A escrava Isaura*, de 1875, escrito por Bernardo Guimarães.

ESCRAVOS IMPRESTÁVEIS – Prática não rara à época da escravidão era o assassinato puro e simples de escravos inválidos, por velhice ou doença. Tornando-se imprestável, o trabalhador escravizado era considerado uma sobrecarga no orçamento do dono, o qual, muitas vezes, conforme alguns relatos históricos, não hesitava em eliminá-lo, como a um animal qualquer. Outra situação comum era o abandono, em prisões públicas, de escravos infratores cujo resgate, mediante pagamento de multa em dinheiro, significava prejuízo financeiro para o proprietário.

ESPÍRITO SANTO – Estado brasileiro na região Sudeste. Na época da escravidão, com numerosa população servil, a província foi palco de sérias revoltas, como a ocorrida no distrito de Queimado em 1849. Alguns negros envolvidos nesses movimentos, como Benedito Meia Légua, Zacimba Gaba, Constância de Angola e Preto Bongo, são hoje envoltos em aura de lenda. Em 2000, o governo federal tinha identificadas, no estado, 15 comunidades remanescentes de quilombos, a maioria localizada no município de Conceição da Barra.

ESTADOS UNIDOS DA AMÉRICA – País localizado na América do Norte, cuja capital é Washington. Os primeiros escravos negros desembarcaram na Virgínia em 1619, procedentes das Antilhas, e hoje seus descendentes somam cerca de 12% da população total. A mão de obra escrava serviu em especial às grandes fazendas do Sul, nas quais, em 1760, trabalhavam aproximadamente 90 mil negros, o dobro da população branca. A burguesia industrial dos estados do Norte e do Nordeste posicionou-se contra o modelo escravista do Sul, o qual não favorecia o consumo dos bens por ela produzidos, mas alguns setores temiam romper definitivamente com o Sul, fonte da matéria-prima fundamental – o algodão –, sem a qual os teares parariam. Não sendo possível, entretanto, conciliar os interesses de ambos os lados, deflagrou-se a guerra civil, conhecida como a Guerra de Secessão, ao fim da qual, em 1865, os escravos foram emancipados. À vitória dos nortistas no conflito e ao fim da escravidão (que teve todos os ingredientes observados em outros países, como rebeliões, fugas etc.) seguiu-se o período conhecido como Reconstrução, em que se acumularam mais fracassos que êxitos: por exemplo, assistiu-se à cristalização do racismo antinegro e ao crescimento do ódio racial no país. No início do século 20, em busca de melhores oportunidades, levas sucessivas de negros migraram para o Norte, principalmente para a cidade de Chicago, o que trouxe consequências sociais e econômicas muito importantes. Na década de 1960, líderes como Martin Luther King e Malcom X, em sua luta pelos direitos civis da população negra, escreviam páginas definidoras da história contemporânea dos Estados Unidos. Em 2002, cerca de 50% dos afro-americanos viviam dentro de padrões econômicos de classe média, num grande avanço em relação a 1945, quando apenas 10% dos negros (conforme a revista *Veja*, n.º 51, 2002) desfrutavam dessa condição.

ESTATUTO DA IGUALDADE RACIAL – Nome pelo qual se tornou conhecida a Lei Federal nº 12.288 de 2010, de iniciativa do senador Paulo Paim, com tramitação iniciada no Congresso Nacional em 2000. Estabelece políticas de ação afirmativa para, de acordo com seu texto, "combater a discriminação social e as desigualdades raciais que atingem os afro-brasileiros, incluindo a dimensão racial nas políticas públicas desenvolvidas pelo Estado".

ESTEREÓTIPO – Opinião preconcebida, resultado da atribuição, por suposição, de invariáveis características pessoais e comportamentais a todos os membros de determinado grupo étnico, nacional, religioso etc. Com relação aos negros, através dos tempos criaram-se visões estereotipadas, com base nas quais a literatura consolidou uma galeria de tipos – como o escravo fiel, a mulata sensual, o negro bandido etc. Algumas impressões tidas como favoráveis são também falsas, porque estereotipadas. É o caso da visão que generaliza, nos africanos e descendentes, traços de afetividade, doçura, resistência física, sensibilidade artística etc.

ESTEVÃO PIMENTEL – Abolicionista brasileiro. Mulato livre, ferreiro de profissão, em 1847, chefiando uma facção da sociedade secreta Tates Corongos, liderou uma revolta escrava na região serrana do atual estado do Rio de Janeiro, após a destruição do quilombo de Manuel Congo. É, em algumas obras, também referido como Estêvão Pimenta.

ESTEVÃO SILVA – Pintor nascido e falecido na cidade do Rio de Janeiro (1851-1891). Em 1864, matricula-se na Academia Imperial de Belas-Artes, conquistando, a partir daí, diversas premiações. Em 1880, por rebelar-se contra uma preterição, é suspenso da Academia por um ano, o que motiva seu afastamento definitivo. Desse ano em diante, firma-se como o maior pintor de naturezas-mortas da arte brasileira no século 19, embora abandonado pela sociedade dominante.

ETIÓPIA – República localizada no nordeste do continente africano. A história pré-colonial do país, outrora chamado Abissínia, remonta ao Reino de Axum com alguns relatos de seu passado transcritos na Bíblia.

ETNIA – Coletividade de indivíduos humanos com características biológicas semelhantes, que compartilham a mesma cultura e a mesma língua, além de identificar-se como grupo distinto dos demais. O conceito difere daquele de "tribo", termo com o qual se costuma, popular e erroneamente, designar qualquer sociedade africana. Parte dos antropólogos rejeita atualmente a associação de etnia a raça, pressupondo-se uma base biológica na sua composição, em razão de imprecisões ainda existentes quanto à conceituação.

ETNOMATEMÁTICA – Moderna forma de ensino da matemática, que considera o fato de que povos de várias partes do mundo desenvolveram métodos próprios de contar, medir e marcar o tempo. No Brasil, alguns estudos matemáticos vêm sendo elaborados com base em tradições e experiências de africanos e descendentes, em especial no Grupo de Estudos e Pesquisas em Etnomatemática da Faculdade de Educação da USP.

EUGENIA – Denominação de antiga teoria que incentiva selecionar em uma coletividade humana os elementos tidos como geneticamente mais saudáveis e capazes. Adotada no século 19, foi uma das justificativas encontradas por alguns governos brasileiros, até a primeira metade do seculo 20, para incentivar a imigração europeia. Acreditava-se que, com a presença maciça desses imigrantes, a população brasileira iria aos poucos perdendo as caracteristicas, tidas como negativas, adquiridas pela forte presença africana no país. O Estatuto da Igualdade Racial (veja o verbete) representa a primeira grande iniciativa no sentido de minimizar os maleficios causados por essa teoria.

EUNÁPIO DEIRÓ – Político e escritor baiano nascido em 1829 e falecido em 1910. Bacharel pela Faculdade de Direito do Recife, foi várias vezes deputado provincial. Escreveu, entre outras obras, *Um estadista do Império* e *Estadistas e parlamentares brasileiros*. Após 1870, exerceu com destaque a crítica literária.

EUSTÁQUIO REBOUÇAS DA CRUZ – Instrumentista e compositor nascido em Maragogipe, BA, em 1837, e falecido em Salvador em 1881. Executante também de oboé e flauta, é considerado um dos maiores clarinetistas de sua época. É autor do *Hino ao conde d'Eu* e de inúmeras outras peças para bandas militares. *Ver REBOUÇAS [família].*

EVARISTO DA VEIGA – Nome abreviado de Evaristo Ferreira da Veiga e Barros (1799-1837), jornalista, político e escritor nascido e falecido na cidade do Rio de Janeiro. Fundador da *Aurora Fluminense*, o primeiro jornal respeitado e influente da antiga capital do Império, foi um dos impulsionadores da Independência do Brasil. Depois de ser deputado por três mandatos consecutivos, retirou-se da vida pública para dedicar-se à literatura. Pioneiro do Romantismo, é patrono da cadeira n.º 10 da Academia Brasileira de Letras.

EVARISTO DE MORAES – Advogado e jornalista nascido e falecido no Rio de Janeiro, onde viveu entre 1871 e 1939. Celebrizou-se por defender as causas do povo humilde, tanto no foro como pela imprensa. Fundador da Associação Brasileira de Imprensa (ABI), do Partido Operário (1890) e do Partido Socialista (1920), após a Revolução de 1930 colaborou na redação das primeiras leis trabalhistas brasileiras como consultor jurídico do Ministério do Trabalho. Presidente da Sociedade Brasileira de Criminologia e professor, deixou vasta obra publicada, na qual se inserem *A Lei do Ventre Livre* (1917), *A campanha abolicionista* (1924) e *A escravidão africana no Brasil* (1933), além de livros técnicos de Direito. Dois de seus filhos, ambos conhecidos pelo nome **Evaristo de Moraes Filho**, distinguiram-se como juristas: um, nascido em 1914, como catedrático de Direito do Trabalho da Faculdade Nacional de Direito e membro da Academia Brasileira de Letras; o outro, falecido em 1997, como brilhante advogado criminalista.

EWES (EVÊS) – Conjunto de povos da África Ocidental, falantes da língua ewe e seus dialetos. Compreendem, entre outros povos, os fons, adjás, mahis, huedás e popôs, todos conhecidos no Brasil como "jejes", e ocupam os atuais territórios de Benin e Togo.

EWUARE – Obá de Benin no século 15. Reinando, aproximadamente, de 1440 a 1481, foi o primeiro grande governante de seu povo. Guerreiro, tido como dotado de poderes mágicos, empreendeu grandes reformas e várias guerras de conquista, tendo submetido os vizinhos iorubás. Segundo a *African Encyclopedia*, chamava-se originalmente Ogun.

EXU – Orixá da tradição iorubana. De acordo com a filosofia iorubá, representa a síntese de todas as forças que regem o universo e possibilitam a existência, forças que se equilibram entre o negativo e o positivo, o bem e o mal, o quente e o frio etc., latentes em toda a natureza, como também ensinam as filosofias orientais. Na África, por não compreenderem essa dinâmica, antigos missionários católicos europeus confundiram Exu com o demônio dos cristãos, numa confusão que persiste até os dias de hoje.

F

FABIÃO DAS QUEIMADAS – Nome pelo qual foi conhecido Fabião Hermenegildo Ferreira da Rocha (1848-1928), rabequista e cantador nordestino nascido e falecido no lugarejo denominado Queimadas, em Santa Cruz, RN. Escravo da família Ferreira da Rocha, da qual usava o sobrenome, comprou a própria liberdade e a de sua mãe com o dinheiro ganho nas festas para as quais era contratado. Mais tarde, graças a um pecúlio constituído também com seu trabalho de cantador, alforriou uma sobrinha, com quem se casou. Admirado e estimado, foi famoso em todo o Nordeste e chegou a merecer, ainda em vida, referências em publicações, bem como citações em conferências de estudiosos no Rio de Janeiro e em São Paulo.

FAMÍLIA ALCÂNTARA CORAL – Grupo de canto coral de João Monlevade, MG. Organizado em 1966 e integrado por pessoas pertencentes a quatro gerações de uma mesma família negra, destacou-se desenvolvendo trabalho de pesquisa musical e interpretando cantos afro-mineiros e negro *spirituals*. A partir da década de 1990, participou de concertos e registrou seu trabalho em CD.

FAMÍLIAS ESCRAVAS – Contrariando a ideia de que a escravidão estaria sempre associada à promiscuidade, no Brasil e nas Américas, muitos escravos, em sua maioria os aqui nascidos, constituíram família. Entretanto, a separação dramática de pais, filhos, esposos etc. (vendidos para localidades distantes do núcleo familiar) foi também comum, gerando situações trágicas e comoventes.

FÂNTI-AXÂNTI – Nome pelo qual, no Brasil, foram chamados, indistintamente, os povos do grupo acã.

FÂNTIS – Povo do grupo acã localizado na região litorânea central da atual República de Gana. Em 1481, seu soberano, Kwamina Ansa, autorizou os portugueses a construir a fortaleza de Elmina ou castelo da Mina, à qual se seguiram, mais tarde, outros estabelecimentos similares. Aliados primeiramente dos portugueses, de quem receberam influência católica, e depois dos holandeses, por fim os fântis foram estimulados pelos ingleses a guerrear contra os axântis. As guerras ocorreram na segunda metade do século 18, dando margem ao incremento do tráfico escravo, até a derrota dos axântis em 1897, e à consequente instalação do domínio britânico.

FARAÓ – Título dos reis do Egito antigo, alguns dos quais indiscutivelmente negros, como os da 25.ª dinastia, núbia. Entre os faraós modernamente reconhecidos como filhos de pais nascidos na Núbia, contam-se, entre outros, Amenemat III, Amenófis I, Sesóstris III e Tutmés II.

FARIAS BRITO – Filósofo brasileiro nascido em Ibiapaba, CE, em 1862, e falecido na cidade do Rio de Janeiro em 1917. Com toda uma vida consagrada à filosofia e ao magistério, foi professor de Lógica no Colégio Pedro II, no Rio de Janeiro, e publicou, respectivamente em 1895 e 1905, além de inúmeros outros trabalhos, dois importantes volumes de reflexões filosóficas.

FAUSTINO DOS SANTOS – Músico e compositor brasileiro nascido em Cachoeira, BA, em cerca de

1830, e falecido em Salvador em 1889. Autor de duas missas consideradas primorosas, foi um dos maiores executantes brasileiros de clarineta, além de requisitado afinador de pianos.

FAVELA – Núcleo habitacional construído de forma desordenada e em geral precária, em terrenos públicos, de domínio não definido ou mesmo alheio, caracterizando-se como área sem urbanização ou melhoramentos. O termo, com o sentido de grupo habitacional, surgiu no século 19, na cidade do Rio de Janeiro, para denominar parte do morro da Providência, por semelhança com um "morro da Favela", existente no interior da Bahia, de onde vieram, após a Guerra de Canudos, em 1897, alguns dos primeiros povoadores. Esse núcleo pioneiro tornou-se um forte polo irradiador da cultura negra, assim como outros aglomerados semelhantes, formados, quase à mesma época, nos morros do Salgueiro, dos Telégrafos (Mangueira), São Carlos etc., sobretudo por famílias negras emigradas do norte fluminense e do Vale do Paraíba.

FECONEZU – Sigla do Festival Comunitário Negro Zumbi, evento político, artístico e literário do movimento negro realizado em Araraquara, SP, a partir de 1978.

FEIJOADA – Prato típico da culinária brasileira feito com feijão-preto, carne-seca, linguiças, pés, orelhas e rabo de porco, além de carne bovina. Consta ter nascido na época da escravidão, do aproveitamento de sobras das casas-grandes, graças à inventiva das cozinheiras das senzalas.

FEITIÇARIA – Magia ou manipulação de forças sobrenaturais objetivando, geralmente, causar malefícios a outrem. Na tradição africana, há uma clara distinção entre o manipulador de forças maléficas, considerado malfeitor e proscrito, e o ritualista ou curandeiro, responsável pelo equilíbrio físico e espiritual do grupo e, por isso, merecedor de estima e respeito.

FEITOR – Capataz; empregado que, à época da escravidão, era responsável, entre outros serviços, pela disciplina entre os escravos de uma fazenda.

FEITORIA – Entreposto de comércio no período colonial. Durante a época escravista, os portugueses mantiveram diversos desses estabelecimentos em vários pontos do litoral africano.

FELIPE ALEXANDRE SILVA – Escultor brasileiro ativo em Recife, PE, entre 1790 e 1840. É autor, entre outras obras, dos entalhes em madeira pintados a ouro que decoram, desde cerca de 1816, o altar-mor e o púlpito da igreja da Venerável Ordem Terceira de São Francisco, na capital pernambucana.

FELIPE BENÍCIO BARBOSA – Harpista e professor de Música nascido em Recife, PE, em 1722.

FELIPE NERY COLAÇO – Personagem da história pernambucana nascido em 1813. Formado pela Faculdade de Direito do Recife, foi lente de Língua Inglesa no Ginásio Pernambucano e, de maneira curiosa, estabeleceu-se na capital de sua província com um "gabinete técnico de engenharia", possivelmente nos moldes dos atuais escritórios de legalização de obras de construção civil. É autor de um livro de higiene doméstica intitulado *O conselheiro da família brasileira*, publicado no Rio de Janeiro em 1883.

FERNANDO DINIZ – Pintor nascido na Bahia, em 1918, e falecido no Rio de Janeiro em 1999. Criado na antiga capital federal, em ambiente de família abastada, para a qual sua mãe trabalhava, aos 16 anos sofreu o primeiro surto esquizofrênico. Em 1949, internado no Hospital Psiquiátrico Pedro II, iniciou, com a médica Nise da Silveira, a terapia ocupacional que revelaria seus dotes artísticos. Por meio da pintura, conquistou fama internacional, participando de mostras em vários países. Em 1994, suas obras ganharam vida no filme de animação *A estrela de oito pontas*, premiado no Festival de Cinema de Gramado, RS.

FERREIRA DE MENEZES – Nome abreviado de José Inácio Gomes Ferreira de Menezes, jornalista nascido e falecido no Rio de Janeiro, RJ (1845-1881). Formado pela Faculdade de Direito de São Paulo, foi, segundo a enciclopédia *Delta Larousse*, juiz de Direito em Sergipe e, conforme outras fontes, promotor público em São Paulo. Dedicando-se ao jornalismo, fundou *O Ipiranga*, órgão do Partido Liberal. Na *Gazeta de Notícias*, tornou-se famoso ao combater tenazmente os desmandos do gabinete liberal de 1878 e, em especial, a atuação do então ministro da Guerra, general Osório, herói da Guerra do Paraguai. Em 1880, fundou seu próprio jornal, *A Gazeta da Tarde*, o órgão abolicionista mais radical e descomprometido da capital do Império. Por meio desse órgão e do *Jornal do Commércio*, lutou ardorosa e demoradamente pela abolição da escravatura, falecendo, contudo, no ano seguinte ao da fundação, quando o jornal ainda se consolidava. Algumas publicações informam seu nascimento ora em Niterói ora em Angra dos Reis, RJ.

FESTA DA RIBEIRA – Celebração que, em Salvador, BA, se segue à Festa do Bonfim. À meia-noite do segundo domingo do mês de janeiro, todo o equipamento da festa anterior se transfere para a Ribeira, no extremo da península de Itapajipe, onde, até a terça-feira seguinte, se desenrola a folia, numa espécie de abertura tradicional do carnaval baiano.

FESTA DO BONFIM – Celebração do calendário católico realizada na primeira quinzena de janeiro em Salvador, BA. Na segunda quinta-feira do mês, um cortejo de milhares de pessoas sai da igreja da Conceição da Praia e percorre cerca de oito quilômetros até as escadarias da igreja do Bonfim. Lá, as baianas procedem à lavagem dos degraus e do adro, ponto alto da festa, numa cerimônia que se liga ao ritual das Águas de Oxalá. Paralelamente, ocorre a "festa de largo", com muita música e diversão.

FESTIVAL MUNDIAL DE ARTE NEGRA – Grande evento artístico-cultural criado para fazer conhecer a contribuição da *négritude* à civilização ocidental, permitir aos artistas negros de fora da África realizar periodicamente uma volta às origens, ressaltar todas as contribuições da *négritude* às grandes correntes universais de pensamento e às inúmeras formas de arte, proporcionar aos artistas africanos a oportunidade de encontrar editores, produtores de cinema, membros da elite internacional, a fim de lhes permitir divulgar seu talento. A primeira versão do projeto – Festival Mondial des Arts Nègres – realizou-se em Dacar, Senegal, em abril de 1966, e a segunda – Second World Black and African Festival of Arts and Culture – aconteceu na Nigéria, nas cidades de Lagos e Kaduna, em janeiro/fevereiro de 1977. Em ambas as oportunidades o Brasil se fez representar.

FILHOS DE GANDHY – Afoxé fundado na cidade de Salvador, BA, em 18 de fevereiro de 1948. Segundo algumas versões, teria se originado de uma brincadeira carnavalesca inspirada no famoso filme *Gunga Din*. No entanto, de acordo com seus estatutos, foi criado "para divulgação do culto nagô, como forma de afirmação étnica". Originalmente constituído por estivadores, no final da década de 1980, gozando do respaldo oficial, reunia cerca de quatro mil associados, entre os quais um grande número de pais de santo. Em 12 de agosto de 1951, foi fundado no Rio de Janeiro, no bairro da Saúde, seu homônimo carioca.

FILIPE ALBERTO – Educador brasileiro nascido na Bahia, em 1824, e falecido em Niterói, RJ, em 1887. Abolicionista, lutou por escolas profissionalizantes para os libertos e alforriados. Por essa posição, foi afastado da Escola Normal de Niterói, da qual era diretor. Em 1873, fundou o primeiro sindicato de professores da província, o Instituto Pedagógico, e, mais tarde, vários clubes abolicionistas. Entretanto, faleceu sem ver extinta a escravidão no Brasil. Deixou publicadas uma *Gramática portuguesa* e a tese *Arcaísmos e neologismos na língua portuguesa*, de 1879.

FLÁVIO DOS SANTOS GOMES – Historiador nascido no Rio de Janeiro, RJ, em 1964. Com sólida formação acadêmica, mas também com intensa vivência pessoal em comunidades negras cariocas e fluminenses, destacou-se, antes dos 40 anos de idade, como um dos maiores conhecedores da história dos quilombos brasileiros. Professor do Departamento de História da Universidade Federal do Rio de Janeiro, publicou diversos livros sobre sua especialidade, entre eles *A hidra e os pântanos; mocambos, quilombos e comunidades de fugitivos no Brasil (séculos 17-19)*, lançado em 2005. Realizou, também, o documentário *O que remanesceu*, sobre comunidades remanescentes de quilombos nos estados do Amapá e do Pará. É co-organizador de *Experiências da emancipação* (Selo Negro, 2011) e de *Mulheres negras no Brasil escravista e do pós-emancipação* (Selo Negro, 2012).

FLORESTA AURORA – Sociedade beneficente cultural e recreativa fundada em Porto Alegre, RS, em 31 de dezembro de 1872. É considerada a mais antiga agremiação social de negros no Brasil.

FOLCLORE – Conjunto de costumes, crenças e técnicas tradicionais de um povo, transmitidos ao longo de gerações por meio de relatos mitológicos, provérbios, enigmas, canções e da experiência cotidiana. Com relação aos produtos culturais de origem africana, o termo é muitas vezes mal empregado, com sua utilização quase sempre servindo a uma inferiorização dessa produção (apresentada como exótica ou pitoresca), em comparação com a chamada "alta cultura".

FOLIAS DE REIS – Variante dos antigos ranchos de reis nordestinos praticada no Sudeste brasileiro. Seu traço mais marcantemente africano é a presença do palhaço que, vestido à moda do *diablito*, presente em várias tradições negras nas Américas, executa pantomimas, cantando e declamando versos cômicos.

FON – Subdivisão do povo ewe, no Brasil conhecido genericamente como "jeje". Nos séculos 17 e 18, o povo fon foi senhor de um reino poderoso e muito bem organizado, o Daomé, cuja capital era Abomé.

FORTE DE SÃO JORGE DA MINA – Fortificação construída em Elmina, no litoral da atual República de Gana, em 1471, pelos portugueses, primeiros europeus a se estabelecerem na região, dos quais recebeu o nome de Costa do Ouro. É um dos marcos históricos do holocausto africano.

FRANCISCO BARBOSA D'OLIVEIRA – Militar brasileiro baseado na Bahia no século 19. Organizou a Terceira Companhia de Zuavos Baianos e morreu no Paraguai, no posto de capitão.

FRANCISCO BRAGA – Compositor, regente e professor brasileiro nascido no Rio de Janeiro, RJ, em 1868, e falecido na mesma cidade em 1945. Classificou-se entre os quatro primeiros no concurso de escolha do *Hino nacional*, em 1890, recebendo como prêmio uma bolsa de estudos na Europa, onde deu vários concertos. Em Paris, foi aluno de Jules Massenet e, entre 1895 e 1900, viveu na Alemanha, retornando ao Brasil para as festividades do quarto centenário do descobrimento, ocasião em que foi encenada pela primeira vez sua ópera *Jupira*. Em 1906, compôs o *Hino à bandeira*, que recebeu letra de Olavo Bilac. Deixou para a posteridade vastíssima obra, que inclui música dramática, sacra, de câmara, orquestral, para solos instrumentais e vocal.

FRANCISCO CAMERINO – Herói da Guerra do Paraguai nascido em Estância, SE, por volta de 1842, e falecido em 1866. Era filho do cônego Antônio Luís d'Azevedo, senhor de engenho falecido em 1848, e de Jacinta Clotildes do Amor Divino, ex-escrava reconhecida como esposa e tornada grande proprietária com o falecimento do cônego. Modesto guarda-livros na Bahia, assim que se decretou a mobilização para a guerra, alistou-se e partiu para morrer heroicamente em Curupaiti.

FRANCISCO GLICÉRIO DE CERQUEIRA LEITE – Político e general honorário do Exército brasileiro nascido em Campinas, SP, em 1846, e falecido na cidade do Rio de Janeiro em 1916. Professor primário e advogado provisionado, ajudou a fundar o Partido Republicano, e no governo provisório foi ministro da Agricultura, Comércio e Obras Públicas. De 1902 a 1916, foi senador por São Paulo.

FRANCISCO GOMES DA ROCHA – Músico brasileiro atuante em Vila Rica, atual Ouro Preto, MG, onde faleceu em 1808. Membro da Irmandade de São José dos Homens Pardos, apresentou-se como regente, instrumentista e cantor em inúmeros eventos sacros de seu tempo. Foi também fagotista e timbaleiro do Regimento de Dragões, o mesmo do qual Tiradentes era membro. Amigo do compositor Lobo de Mesquita, escreveu cerca de 200 composições entre novenas, hinos, motetes, invitatórios etc., entre as quais as mais conhecidas são *Novena de Nossa Senhora do Pilar* e o hino *Spiritus Domini*, escrito para coro, trompas, oboé e cordas.

FRANCISCO LIMA E SILVA – Político e militar brasileiro nascido e falecido no Rio de Janeiro, onde viveu de 1785 a 1853. Pai do duque de Caxias, foi marechal de campo e integrou a regência trina provisória formada em 1831, após a abdicação de d. Pedro I.

FRANCISCO LUCRÉCIO – Ativista do movimento negro nascido em Campinas, SP, em 1909, e criado na cidade de São Paulo, onde faleceu em 2001. Filho de um marceneiro e de uma lavadeira, formou-se pela Escola Livre de Odontologia e exerceu a profissão até idade avançada. Integrou a Frente Negra Brasileira, na qual teve destacada participação.

FRANCISCO OTAVIANO – Nome literário de Francisco Otaviano de Almeida Rosa, poeta, jornalista, político e diplomata brasileiro nascido e falecido no Rio de Janeiro (1825-1889). Ministro plenipotenciário na Argentina e no Uruguai, assinou o Tratado da Tríplice Aliança que engajou o Brasil na guerra contra o Paraguai. Trabalhou pela Lei do Ventre Livre, destacando-se como grande orador e articulista. Poeta parnasiano, é patrono da cadeira n.º 13 da Academia Brasileira de Letras.

FRANCISCO PEDRO DO AMARAL – Pintor, cenógrafo e arquiteto brasileiro nascido no Rio de Janeiro, RJ, onde faleceu em 1830. Aluno de Jean-Baptiste Debret, foi chefe de decoração da Casa Imperial. De sua autoria, entre outras obras, são as pinturas decorativas da casa da marquesa de Santos, no bairro carioca de São Cristóvão, e o retrato a óleo da marquesa existente no Museu Histórico Nacional.

FRANCISCO QUIRINO DO ESPÍRITO SANTO – Militar brasileiro baseado na Bahia no século 19. Veterano da Guerra da Independência, organizou a Primeira Companhia de Zuavos Baianos com a qual marchou para o Paraguai, no posto de capitão.

FRANCISCO XAVIER BIGODE – Militar brasileiro baseado na Bahia, falecido em 1838. Tenente-coronel e comandante de batalhão, participou da Guerra da Independência e da repressão à Revolta dos Malês. Durante a Sabinada, foi comandante da Segunda Brigada dos revoltosos, tendo sido assassinado em sua própria casa pelas forças legalistas.

FRANCO VELASCO – Pintor nascido e falecido em Salvador, BA, onde viveu de 1780 a 1833. Retratista festejado, realizou retratos de d. Pedro I e do conde dos Arcos, entre outros. Foi professor substituto da Aula Pública de Desenho, em Salvador, a partir de 1821. A maioria de suas obras encontra-se no Museu de Arte da Bahia e na igreja do Bonfim.

FREI DAVI – Nome pelo qual se tornou conhecido Davi Raimundo dos Santos, sacerdote brasileiro nascido em Minas Gerais em 1951. Frade franciscano, em 1981 cocelebrou, no porão do Convento Sagrado Coração, em Petrópolis, RJ, a primeira missa afro no Brasil. Desde então, tornou-se uma das lideranças mais importantes do movimento negro na Baixada Fluminense. Em 1993, criou o Educafro (Educação e Cidadania de Afrodescendentes), curso pré-vestibular para negros e carentes que, à época deste *Dicionário*, atuava com grande sucesso.

FREI FRANCISCO DE SANTO ANTÔNIO – Sacerdote católico nascido e falecido em Pernambuco, onde viveu entre 1609 e 1695. Ex-soldado do Terço dos Henriques, entrou para a Ordem Franciscana do Convento de Olinda e lutou toda a vida até conseguir ser o primeiro homem negro admitido como frade professo no Brasil. Morreu, porém, 24 dias depois de celebrar sua primeira missa.

FREI JESUÍNO DO MONTE-CARMELO – Nome sacerdotal e artístico adotado por Jesuíno Francisco de Paula Gusmão depois de enviuvar e ingressar na vida sacerdotal. Pintor, arquiteto e músico nascido em Santos, SP, em 1764, e falecido em 1819, foi aluno do também afrodescendente Silva Manso, com quem forma a dupla dos pintores paulistas mais admirados do século 19. Legou à posteridade obras hoje expostas principalmente nas igrejas de Nossa Senhora do Carmo, em Itu, SP, e na Ordem Terceira do Carmo, na capital paulista. Além disso, projetou e dirigiu a construção da igreja do Patrocínio, também em Itu, para cuja inauguração compôs hinos e salmos.

FRENTE NEGRA BRASILEIRA – Entidade fundada em 16 de setembro de 1931 na cidade de São Paulo com o objetivo declarado de "unir a gente negra para afirmar seus direitos históricos e reivindicar seus direitos atuais". Seus principais líderes foram Arlindo Veiga e José Correia Leite. Depois de atrair bom contingente de adeptos em vários estados brasileiros, editar o jornal *A Voz da Raça* e ter seus representantes recebidos em audiência especial por Getúlio Vargas, chefe do governo provisório, a entidade foi se enfraquecendo, até ser extinta em 1937. Antes, uma dissidência, a Legião Negra do Brasil, teve participação militar na Revolução Constitucionalista de São Paulo, em 1932.

FRIEDENREICH – Nome pelo qual foi conhecido Arthur Friedenreich, jogador de futebol nascido e falecido na cidade de São Paulo, onde viveu de 1862 a 1969. Centroavante várias vezes campeão brasileiro e sul-americano, evidenciou-se como a primeira celebridade do futebol no Brasil. Filho de mãe negra e pai alemão, serviu-se dessa última circunstância para integrar várias equipes, sem problemas de discriminação. Em 1925, consagrou-se na Europa, em excursão com o clube Paulistano, e oito anos mais tarde, no São Paulo da Floresta, marcou o primeiro gol do futebol profissional do Brasil, em uma goleada sobre o Santos Futebol Clube. Algumas fontes dizem ter sido Friedenreich o maior artilheiro da história do futebol brasileiro, superando a marca de Pelé.

FULAS – O mesmo que peúles.

FUNK – Estilo musical oriundo de comunidades negras americanas e difundido internacionalmente, a partir do trabalho de músicos como James Brown e Sly and The Family Stone. Caracteriza-se pelo diálogo, num clima extremamente dançante, entre baixo e bateria, com uma dinâmica seção de metais pontuando, em contraponto, a melodia principal. No Brasil, particularmente no Rio de Janeiro e em São Paulo, o fenômeno *funk*, surgido na década de 1970, ganhou grande importância. Mais tarde, por intermédio do *hip-hop*, transformou-se num dos principais veículos da cultura popular urbana, aglutinando a grande maioria dos jovens negros das cidades. A partir da década de 1990, popularizava-se a modalidade conhecida como "*funk* carioca", desvinculada da cultura *hip-hop*.

FUTEBOL – Esporte introduzido no Brasil por imigrantes ingleses, em 1894, e praticado inicialmente pela elite. Logo adquirindo popularidade entre as massas, a participação de afro-brasileiros nessa modalidade começou a se dar, com restrições, ainda nos tempos do amadorismo. A discussão sobre a participação ou não de negros nas competições gerou dissidências entre diversas entidades. Com a instituição gradual do profissionalismo, porém, a partir de 1933, afrodescendentes e pobres em geral começaram a ser admitidos nos clubes burgueses, mas ainda dentro de uma hierarquização que distinguia de modo claro os atletas (sócios dos clubes) dos jogadores (empregados). Profissionalizado por completo, o futebol finalmente se tornou um dos mais importantes veículos de mobilidade social dos negros no Brasil.

G

GA – Grupo étnico africano localizado na região de Acra, em Gana, expandindo-se até o Togo.

GABÃO – Nome pelo qual é conhecida a República Gabonesa, país litorâneo localizado no centro-oeste africano. Sua capital é Libreville, e seus principais grupos étnicos são fangs, kweles, punus e nzabis. No Brasil, os escravos provenientes da região foram tidos como traiçoeiros pela notória resistência à escravidão.

GÂMBIA – República localizada no oeste africano, com capital em Banjul. Sua história pré-colonial associa-se à do Senegal, país com o qual constituiu durante algum tempo a Federação da Senegâmbia.

GANA [1] – Antigo reino constituído na África Ocidental antes do século 3 da era cristã. Também referido pelo nome de Uagadu, teria sido fundado por povos mandingas do subgrupo soninkê ou saracolê. No século 9, já um império, Gana controlava toda a região do Wangara, entre o Alto Níger e o rio Senegal, produtora de grandes quantidades de ouro que eram comercializadas através do Saara. Por volta de 1076, sua capital, Kumbi Saleh, era conquistada por invasores berberes e o império entrava em rápida decadência, até ser anexado pelo Mali.

GANA [2] – República da África Ocidental. Outrora chamada Costa do Ouro, sua história pré-colonial está intimamente relacionada com a do povo axânti, que constitui, ao lado do povo fânti, um de seus grupos étnicos majoritários. Em 1957, quando da independência, seus líderes rebatizaram o país com o nome de "Gana", em homenagem a um dos grandes impérios da Idade Média africana.

GANGA ZONA – Ex-líder palmarino que, no século 17, a mando do governador d. Pedro de Souza Castro, propôs rendição a Zumbi, sem conseguir convencê-lo. Suas ligações com Souza Castro eram tão fortes que foi batizado por ele, recebendo o mesmo nome cristão.

GANGA ZUMBA – Principal líder dos quilombos de Palmares antes de Zumbi, morto em 1680.

GANHADORES – Denominação dada no Brasil aos escravos urbanos que trabalhavam para terceiros, remunerando seus senhores com parte de seus ganhos. Tais escravos buscavam, por conta própria, atividades que lhes garantissem a sobrevivência. Para tanto, gozavam de autonomia e liberdade de locomoção, e muitos deles só iam à casa de seus senhores para pagar, diária ou semanalmente, a remuneração estipulada, executando, até mesmo, em algumas situações, trabalho assalariado. A escravidão de ganho incluía, principalmente, transportadores de cargas e carregadores de cadeirinhas e palanquins, mas também vendedores ambulantes, quitandeiros, barbeiros, marinheiros, pescadores, trabalhadores na indústria, na construção civil, no manuseio e transporte de cargas etc. Quanto às mulheres ganhadeiras, eram elas que dominavam o pequeno comércio de rua de cidades como Rio de Janeiro e Salvador. Depois de alforriados, a tendência dos antigos escravos de ganho era se estabelecer em seus pequenos negócios, trabalhando de modo autônomo, sem necessidade de procurar emprego.

GARGALHEIRA – Instrumento para tortura de escravos. Constava de uma espécie de colar de ferro de onde pendia uma corrente que, presa a alguma parte do corpo, tolhia o movimento do escravo.

GARRINCHA – Apelido de Manuel Francisco dos Santos, jogador de futebol nascido em Magé, RJ, em 1933, e falecido na cidade do Rio de Janeiro, em 1983. Ponta-direita, dono de um drible desconcertante, cumpriu uma trajetória de raro brilhantismo, tendo sido campeão mundial em 1958 e 1962. Celebrado por Vinicius de Moraes no poema "O anjo das pernas tortas" e pelo cineasta Joaquim Pedro de Andrade no filme *Garrincha, alegria do povo*, é considerado, segundo muitas opiniões abalizadas, um dos maiores jogadores de futebol do mundo em todos os tempos. Após seu falecimento, teve sua biografia escrita por Ruy Castro no livro *A estrela solitária*.

GASPAR DA SILVA CUNHA – Rebelde baiano do século 19. Forro, foi uma das lideranças da Revolta dos Malês ocorrida na Bahia em 1835. Condenado à forca, teve sua pena comutada.

GAÚCHO – Nome pelo qual foi conhecido Edmur Péricles Camargo, revolucionário nascido em São Paulo em 1914. Jornalista e de compleição bastante forte, militou em vários movimentos de esquerda desde a década de 1950. Banido do país em 1971, exilou-se no Chile, junto com outros companheiros. Após a derrubada de Salvador Allende, foi para a Argentina, tendo desaparecido quando tentava entrar clandestinamente no Brasil com outros banidos em 1975.

GAÚCHOS NEGROS – A denominação "gaúcho", originalmente, significava o resultado do cruzamento de indivíduos brancos com indígenas. Entretanto, o termo teve seu uso alargado para distinguir o homem dos pampas, qualquer que seja sua origem. Nos pampas brasileiros, uruguaios ou argentinos sempre houve, nas estâncias, escravos negros ocupados em tarefas rurais, hábeis nas artes gauchescas de laçar e marcar o gado. Além desses, havia os negros fugidos, vivendo sua liberdade em meio à vida nômade dos gaúchos.

GENERAL TIBÚRCIO – Nome pelo qual foi popularmente conhecido Antônio Ferreira de Souza Tibúrcio, militar brasileiro nascido em Viçosa, CE, em 1837, e falecido em Fortaleza, CE, em 1885. Herói da Guerra do Paraguai, participou das batalhas do Riachuelo e do Tuiuti, destacando-se, em especial, na frente de Humaitá. Após a guerra, foi efetivado como coronel, tendo sido promovido a brigadeiro em 1880.

GENOMA – Denominação da constituição genética total de um indivíduo. A partir de 1985, com o projeto Genoma Humano, os estudos sobre esse ramo da ciência biológica ganharam amplitude, contribuindo, inclusive, com a discussão sobre a questão racial. Em abril de 2001, depois de analisar 300 cromossomos de pessoas da Suécia, Europa Central e Nigéria, e de observar semelhanças entre eles, uma equipe de cientistas norte-americanos apresentou, no congresso da Organização do Genoma Humano, conclusão de pesquisa segundo a qual os europeus modernos descendem de cerca de uma centena de africanos que há 25 mil anos deixaram seu lugar de origem. Essa conclusão derrubaria a tese de que os humanos evoluíram, em grupos de origem distinta, simultaneamente na África, Europa e Ásia.

GENTIL CARDOSO – Técnico de futebol nascido em Recife, PE, em 1901, e falecido na cidade do Rio de Janeiro em 1970. Pioneiro na implantação de métodos científicos na preparação física e tática dos jogadores, comandou, a partir de 1930, os principais clubes cariocas, tornando-se, no Fluminense Futebol Clube, o primeiro técnico negro de um grande clube. Em 1958, depois da recusa de Zezé Moreira em assumir o cargo de técnico da seleção nacional, e do impedimento do paraguaio Fleitas Solich, foi preterido no comando, embora, por sagrar-se inúmeras vezes campeão, fosse naquele momento o terceiro mais bem credenciado. Por evidenciar sempre sua condição de negro, também pode ser lembrado como um militante, ao seu modo, da causa afro-brasileira.

GENTIO DA GUINÉ – Denominação aplicada aos africanos vindos, para o Brasil, da região que se estendia da atual Guiné-Bissau até a Guiné Equatorial, incluindo-se aí a Costa da Mina e a Costa dos Escravos.

GEOFAGIA – Hábito de comer terra atribuído, como suposto traço de comportamento primitivo, ou mesmo rebeldia, a certos escravos recém-chegados ao Brasil. Alguns estudos mostram que a geofagia consiste não no hábito de ingerir indiscriminadamente qualquer qualidade de terra, mas classes minerais específicas, como argila de rios e formigueiros, com alto teor de sais minerais essenciais à saúde física, sendo, por isso, em geral do gosto de gestantes e crianças em idade tenra. A prática da geofagia por africanos no Brasil poderia indicar, aí sim, a pobreza e a inadequação da alimentação aqui recebida por eles, em relação ao seu ambiente natural.

GERALDO PEREIRA – Compositor e cantor brasileiro nascido em Juiz de Fora, MG, em 1918, e falecido no Rio de Janeiro, RJ, em 1955. Foi um dos fixadores do chamado samba sincopado, escrevendo letras que focalizam, com humor, o cotidiano das comunidades negras cariocas.

GHEZO – Rei do Daomé, na atual República do Benin, de 1818 a 1858. Destacou-se como um dos grandes administradores da história africana. Comerciou com a França, exportou azeite de dendê, criou culturas de milho, amendoim, fumo, banana e tomate, e organizou um eficiente corpo de funcionários, além de um exército feminino. No plano jurídico, humanizou consideravelmente as leis daomeanas relativas à escravidão. Seu nome é pronunciado, aproximadamente, como "Guezô".

GILBERTO FERNANDES – Magistrado nascido e falecido em Niterói, RJ (1933-2012). Ex-operário gráfico, formou-se em Direito estudando à noite. Em 1974, aprovado em concurso, tornou-se juiz no fórum da capital fluminense. Em 1998, tornou-se o primeiro negro desembargador no Tribunal de Justiça do Estado do Rio de Janeiro, corte da qual se aposentou em 2004. Faleceu aos 79 anos de idade, vítima de uma tentativa de assalto, sendo seus assassinos condenados pela prática de "crime hediondo". Sua memória foi perpetuada com a inclusão de seu nome em uma galeria de personalidades vitimadas pela violência urbana, instituída pela OAB-RJ.

GILBERTO GIL – Nome abreviado de Gilberto Passos Gil Moreira, compositor, cantor e político nascido em Salvador, BA, em 1942. Projetado nacionalmente a partir de 1967, em 1969, depois de preso pela ditadura militar, exilou-se na Inglaterra, lá permanecendo até 1972. Em 1977, participou do Festival Mundial de Arte Negra na Nigéria, trabalhando, a partir daí, de maneira mais constante, a temática afro em suas canções. Na década de 1980, foi eleito vereador em sua cidade natal, além de assumir outros cargos e missões na área da administração cultural, mesmo em nível internacional, em razão do que viajou várias vezes à África Ocidental. Em 2003, sem descuidar de sua carreira artística, assumiu o Ministério da Cultura no governo de Luiz Inácio Lula da Silva, permanecendo no cargo até 2008.

GOIÁS – Estado do Centro-Oeste brasileiro. Sua história se liga, sobretudo, ao ciclo do ouro e ao episódio da penetração do interior pelas bandeiras. Na primeira metade do século 18, a porcentagem de escravos na população da província era de três para cada homem branco, numa população total de cerca de 11 mil almas. O estado mantém ricas tradições de origem africana, como a "dança de congos", auto em cujos textos se evidenciam sobrevivências linguísticas bantas. Em 2000, o governo federal tinha identificadas, no estado, sete comunidades remanescentes de quilombos.

GOLILHA – O mesmo que gargalheira.

GONÇALVES CRESPO – Poeta nascido no Rio de Janeiro, em 1846, e falecido em Lisboa em 1883. Foi deputado em Goa, na Índia, e publicou vários volumes de poesia em Portugal a partir de 1871. Era filho de português com afromestiça.

GONÇALVES DIAS – Poeta brasileiro nascido em Caxias, MA, em 1823, e falecido em um naufrágio, próximo à costa maranhense, em 1864. Criador da imagem épica do índio brasileiro, é autor de obras imortais da literatura de língua portuguesa, quase todas centradas na temática indigenista, bem como de um dicionário da língua tupi e um vocabulário da língua geral falada na Amazônia. Patrono da cadeira n.º 15 da Academia Brasileira de Letras, era filho de um português com uma escrava.

GONILHA – O mesmo que golilha.

GOSPEL – Abreviação de *gospel music*, gênero de música religiosa norte-americana derivada dos *negro spirituals*, canções surgidas, nos Estados Unidos, ainda no século 18, da adaptação de hinos anglicanos às concepções africanas de canto coral. No Brasil, desde pelo menos a década de 1990, o termo *gospel* vem sendo usado arbitrariamente por seitas neopentecostais para designar qualquer tipo de canção produzida em seu ambiente.

GOVERNADOR DOS PRETOS – Patente delegada, pelas autoridades coloniais em Pernambuco, a alguns líderes negros, com o objetivo de controlar suas comunidades étnicas ou profissionais, sem interferência direta. Em setembro de 1776, Manoel Nunes da Costa foi nomeado "governador dos pretos marcadores de caixas de açúcar"; em maio de 1791, Narciso Correia ganhava a patente de "governador dos pretos ardas da Costa da Mina"; e, no ano seguinte, Domingos da Fonseca era nomeado "governador dos pretos canoeiros de Recife".

GOYA LOPES – Nome artístico de Maria Auxiliadora dos Santos Goya Lopes, *designer* têxtil nascida na Bahia em 1954. Formada pela Escola de Belas-Artes da Universidade Federal da Bahia (UFBA), com especialização na Università Internazionale dell'Arte di Firenze, na Itália, sua grife, "Didara", é difundida e premiada internacionalmente. Tanto na moda como na decoração, faz uso de uma linguagem inspirada na cultura afro-brasileira.

GRANADA – República localizada no mar das Antilhas, com capital em Saint George's. A introdução de escravos africanos na ilha data da segunda metade do século 17. Sua população é composta de 84% de negros.

GRANDE OTELO – Nome artístico de Sebastião Bernardes de Souza Prata, ator nascido em Uberlândia, MG, em 1915, e falecido na França em 1993. Depois de atuar em cassinos e outros tipos de casas noturnas, a partir de 1935 fez do cinema sua principal atividade, tendo aparecido na tela pela primeira vez em *Noites cariocas*. Em 1943, protagonizou o primeiro filme produzido pelos estúdios Atlântida, *Moleque Tião*. Alcançou grande sucesso quando fez dupla com Oscarito: juntos, participaram em mais de dez chanchadas, como *Carnaval no fogo* e *Matar ou correr*. Teve também participações memoráveis em filmes de outros gêneros, como *Rio, zona norte* e *Macunaíma*, além de marcante atuação na televisão. O primeiro artista negro homenageado no Congresso Nacional brasileiro por seu trabalho, morreu de infarto a caminho de Nantes, onde seria homenageado no Festival dos Três Continentes.

GRANDE ZIMBÁBUE – Sítio histórico africano cujas construções mais antigas remontam ao século 6. Sede de dois grandes Estados da África Austral – o Império do Monomotapa, do século 7 ao 15, e o Império Changamire, entre os séculos 14 e 19 –, é hoje um conjunto de imponentes ruínas de edificações em pedra, próximo a Fort Victoria, ao sul de Salisbury.

GRIÔ – Forma aportuguesada para *griot*, termo franco-africano, criado na época colonial para designar o narrador, cantor, cronista e genealogista que, pela tradição oral, transmite a história de personagens e famílias importantes das quais, em geral, está a serviço.

GRUPO EVOLUÇÃO – Pioneira associação de militância negra fundada em 1971 em Campinas, SP, sob a liderança da atriz Tereza Santos.

GRUPO PALMARES – Entidade da militância negra surgida em Porto Alegre, RS. Em 1971, seus membros, sob a liderança do poeta Oliveira Silveira, lançaram pioneiristicamente a ideia do deslocamento das celebrações do dia 13 de maio, data da assinatura da Lei Áurea, para 20 de novembro, dia da morte de Zumbi dos Palmares. Essa ideia foi a base da instituição do Dia Nacional da Consciência Negra.

GTO – Assinatura e nome artístico de Geraldo Teles de Oliveira, escultor nascido em Itapecerica, MG, em 1913, e falecido em Divinópolis, MG, em 1990. Participou de várias exposições na Europa e da representativa do Brasil no Festival Mundial de Arte Negra de 1977 em Lagos, Nigéria. Tem peças expostas no Museu da Pampulha, em Belo Horizonte, MG.

GUADALUPE – Departamento ultramarino da França, com capital em Basse-Terre. Ocupado pelos franceses em 1635, seu território foi palco, na passagem do século 18 para o 19, de uma série de revoltas de escravos, até a abolição da escravatura, em 1848.

GUAIÁ – Espécie de chocalho, de origem angolana, usado na congada e em outros folguedos. Também é chamado de inguaiá, angoiá e anguaiá. Alguns consistem em uma pequena cesta de taquara; outros, em um simples cilindro de lata.

GUARDA NEGRA – Organização de negros libertos criada no Rio de Janeiro em setembro de 1888. Frequentemente envolvido em conflitos, o grupo era visto por seus adversários republicanos como um bando de capangas a serviço da Monarquia. Para seus simpatizantes, era uma facção política como outra qualquer, simbolizando em suas ações a gratidão dos ex-escravos à princesa Isabel.

GUEDES CABRAL – Sobrenome pelo qual foram conhecidos dois escritores brasileiros, Domingos Guedes Cabral e Domingos Guedes Cabral Filho. O pai, nascido em São Pedro do Sul, RS, em 1811, e falecido na Bahia em 1871, foi jornalista republicano e positivista, tendo deixado importantes textos políticos. O filho, nascido e falecido na Bahia (1852-1883), dedicou-se à filosofia e à medicina, legando à posteridade obras científicas, coletânea de poemas e obras traduzidas.

GUELEDÉS – Forma aportuguesada para *Gèlèdé*, vertente iorubana de culto aos ancestrais femininos, outrora evocada no candomblé baiano do Engenho Velho, por ocasião da Festa dos Gueledés em 8 de dezembro. Em forma próxima do original iorubano, o nome veio designar o Geledés, Instituto da Mulher Negra, entidade do movimento negro, de orientação feminista, fundada em São Paulo em 1988.

GUERRA DO PARAGUAI – Conflito travado de 1864 a 1870 entre o Paraguai, de um lado, e, de outro, a aliança Brasil, Argentina e Uruguai, pela disputa da bacia do Prata. A guerra teve expressiva participação de negros e mestiços de ambos os lados, e nas tropas brasileiras a proporção, segundo alguns autores, seria de 45 negros para cada branco. Os batalhões de linha, a vanguarda, dos uruguaios, de acordo com as mesmas fontes, seriam formados exclusivamente por negros, africanos e crioulos. Antes da Guerra do Paraguai, o Brasil não possuía Exército regular organizado. Deflagrada esta, os escravos, atraídos pela promessa de alforria ou enviados por seus donos, constituíram esse Exército. Terminada a conflagração, os escravos não se dispunham a regredir à situação anterior. Esse fato teria, então, conduzido e consolidado a luta abolicionista no Brasil.

GUERRA DOS FARRAPOS – Movimento rebelde, também mencionado como Revolução Farroupilha, ocorrido no Sul do Brasil entre 1835 e 1845. Os rebeldes, cognominados "farrapos", pretendiam estabelecer uma república, aliada a outras que se pretendiam proclamar em diferentes pontos do país. Por prometer alforria a muitos escravos que se alistaram nas fileiras de seus exércitos, o movimento arrebanhou grande número de adeptos entre a população negra. Conforme uma versão clássica, quando foram finalmente derrotados pelas forças imperiais, os farroupilhas teriam exigido, no documento de rendição, uma cláusula declarando livres os escravos que tinham lutado ao seu lado. Entretanto, segundo modernas correntes históricas, em novembro de 1844, no combate de Porongos, estando iminente a derrota dos rebeldes, quando se estabeleceu quem devia morrer para que a paz fosse selada, os escolhidos foram os lanceiros negros, escravos que lutavam do lado farroupilha em troca da liberdade.

GUERREIRO RAMOS – Sociólogo brasileiro nascido em Santo Amaro da Purificação, BA, em 1915, e falecido na Califórnia, Estados Unidos, em 1982. Um dos maiores pensadores brasileiros de seu tempo, Alberto Guerreiro Ramos foi professor da Escola Brasileira de Administração Pública da Fundação Getúlio Vargas (FGV), integrou o grupo de intelectuais que criou o Instituto Superior de Estudos Brasileiros (Iseb), elegeu-se deputado federal em 1962 mas teve seus direitos políticos cassados em 1964, após o que se mudou para os Estados Unidos, onde faleceu. Considerado o fundador da sociologia brasileira, legou à posteridade vasta obra científica.

GUETOS NEGROS – Gueto é a concentração de determinados grupos desfavorecidos, identificados, cultural ou etnicamente, em setores específicos de uma cidade. A exemplo de guetos negros mundialmente famosos, como os do Harlem e do Bronx em Nova York, Estados Unidos, muitos locais que concentram populações negras desassistidas, em cidades brasileiras como Rio de Janeiro e Salvador, podem ser considerados guetos.

GUIANA – República localizada no noroeste da América do Sul, com capital em Georgetown. Colonizado a partir do final do século 17, primeiro pela Holanda, depois pela Inglaterra, o país tem uma população de cerca de 35% de descendentes de africanos. Essa população originou-se, em grande parte, dos escravos introduzidos pelos ingleses já no século 18.

GUIANA FRANCESA – Departamento ultramarino da França localizado no norte da América do Sul, com capital em Caiena. Sua população é quase inteiramente composta por negros e mestiços. O tráfico de escravos alimentou a lavoura e outras atividades de meados do século 17 até 1831. Após a abolição, trabalhadores africanos continuaram sendo introduzidos no país, como "contratados", de 1854 a 1859.

GUINÉ [1] – Nome dado outrora, no continente africano, a toda a vasta região que se estendia da fronteira da Senegâmbia com Serra Leoa até o Congo.

GUINÉ [2] – República da África Ocidental, com capital em Conacri. Habitada por fulas ou fulânis, mandingas, bussoros e quissis, entre outros povos, o país tem história relacionada com a dos grandes impérios medievais da região, como o do Mali.

GUINÉ EQUATORIAL – República localizada no centro-oeste africano, com capital em Malabo, na ilha de Bioko. Seus principais grupos étnicos são os fangs e bubis, e sua história até a cessão, pelos portugueses, da ilha de Fernando Pó aos espanhóis, em 1778, desenrola-se no mesmo cenário que envolve Gabão e Camarões.

GUINÉ-BISSAU – República da África Ocidental. Sua capital é Bissau e os principais grupos étnicos são os balantas, fulas, mandingas, manjacas e pepéis. Sua história, até a chegada dos portugueses e o início da colonização por cabo-verdianos em 1558, inscreve-se no contexto histórico dos grandes impérios medievais do antigo Sudão.

GURUNSIS – Povo africano localizado no centro de Togo, no leste de Gana e no sudoeste de Burkina. No Brasil, seus membros foram, ao que parece, muitas vezes confundidos com os do povo vai, sendo assim referidos também como "galinhas". Seu nome foi grafado de várias formas, tais como: *grúncis*, *grusi*, *grunxi*, *gurunxis*, *grusi*, *gurensi*, *guren* etc.

H

HAITI – República localizada no mar das Antilhas, ocupando a parte ocidental da ilha de Hispaniola. Com uma população declarada de 95% de negros e 4,9% de mulatos, proclamando-se independente da França em 1.º de janeiro de 1804, a antiga colônia de Saint Domingue (o nome Haiti foi adotado em 1843, quando o país separou-se definitivamente do que é hoje a República Dominicana) tornou-se a única nação da história a ser criada por uma revolta de escravos, como poderá ser estudado no verbete "Revolução Haitiana". Esse episódio vai repercutir de modo fundamental na história de todos os países escravistas americanos, incluindo o Brasil, determinando forte repressão aos movimentos libertários, em especial os dos negros. E as circunstâncias históricas posteriores vão custar instabilidade e endividamento ao país, culminando com a intervenção norte-americana entre 1915 e 1934. Paralelamente à conhecida instabilidade do país, o Haiti vivenciou, até pelo menos a década de 1930, um movimento cultural pujante e efervescente nas artes e na literatura. Mas, principalmente pelas origens de sua nação, que ousou constituir-se em oposição aos poderosos interesses da França napoleônica, o Haiti é hoje um dos países mais pobres do mundo.

HAITIANISMO – Na terminologia dos estudos de história, palavra usada para caracterizar as ideias ou ações que pregavam a abolição da escravatura por meio de insurreições armadas, como no Haiti, e não por meios pacíficos.

HAROLDO BARBOSA – Radialista, jornalista e compositor brasileiro nascido no Rio de Janeiro, RJ, em 1915, e falecido na mesma cidade em 1979. Talento multifacetado, atuou como redator e produtor de programas, especialmente humorísticos, para o rádio e a televisão. Criou, entre outros, os programas radiofônicos *Um milhão de melodias*, *Vai da valsa* e *A cidade se diverte*. No final dos anos 1950, na televisão, participou com destaque da criação dos programas *Chico Anysio show*, *Faça humor não faça a guerra* e *Planeta dos homens*. Autor de letras de canções famosas, além de versões de músicas estrangeiras, emprestou colaboração diária a diversos jornais e foi, ainda, locutor, produtor, discotecário e contrarregra na poderosa e influente Rádio Nacional.

HAROLDO COSTA – Diretor de espetáculos, escritor, cineasta e ator nascido no Rio de Janeiro em 1930. Após participar do Teatro Experimental do Negro (TEN) como ator, integrou o Grupo dos Novos, que deu origem ao Teatro Folclórico Brasileiro e, mais tarde, ao balé Brasiliana, com o qual excursionou por países hispano-americanos e europeus. Em 1958, protagonizou *Orfeu da Conceição*, de Vinicius de Moraes, na montagem encenada no Teatro Municipal, mesmo palco onde dirigiria, quase 40 anos depois, a remontagem comemorativa do Tricentenário de Zumbi dos Palmares, em 1995. Na primeira montagem carioca do *Auto da compadecida*, de Ariano Suassuna, interpretou Emanuel (Jesus Cristo) e, no final dos anos 1980, integrou, com destaque, o elenco da telenovela *Kananga do Japão*, na Rede Manchete de Televisão. Cineasta, foi o primeiro afro-brasileiro a dirigir um longa-metragem, intitulado *Pista de grama ou Um desconhecido bate à sua porta*, de 1958. Jornalista profundamente ligado ao carnaval, publicou, entre outros títulos, *É hoje, Fala, crioulo* e *Salgueiro, academia de samba*.

HAUÇÁS – Conjunto de povos falantes do idioma hauçá, hoje usado em várias partes da África ao sul do deserto de Saara. No século 14, época de sua maior expansão, o chamado "País Hauçá", totalmente muçulmano, compreendia sete cidades-Estado e reinos menores, como os de Nupé e Ilorin. No Brasil, os hauçás celebrizaram-se pela resistência à escravidão e pela participação em várias rebeliões na Bahia, como a chamada Revolta dos Malês.

HEITOR DOS PRAZERES – Músico e pintor nascido e falecido na cidade do Rio de Janeiro, onde viveu de 1898 a 1966. Sambista pioneiro, compôs a conhecida marcha *Pierrô apaixonado*, em parceria com Noel Rosa, além de outros êxitos. Pintor com carreira iniciada em 1936, tendo como inspiração o samba e o cotidiano dos morros cariocas, tornou-se conhecido na prestigiosa Bienal de São Paulo, em 1951, adquirindo renome internacional nessa vertente artística, chegando a representar o Brasil, ao lado de outros artistas, no Festival Mundial de Artes Negras em Dacar em 1966.

HELIO SANTOS – Docente universitário e ativista do movimento negro nascido em Belo Horizonte, MG, em 1945. Mestre em Finanças e doutor em Administração pela Universidade de São Paulo, exerceu o magistério superior e destacou-se pela participação em inúmeras iniciativas, tanto da sociedade civil quanto do governo, em prol da cidadania do povo negro. Em 1999, como coordenador do Grupo de Trabalho Interministerial para a Valorização da População Negra, instituído em 1995 pelo governo federal, foi admitido no quadro suplementar da Ordem do Rio Branco, no grau de oficial. E em 2003 publicou, pela editora Senac São Paulo, *A busca de um caminho para o Brasil: a trilha do círculo vicioso*, livro em que propõe alternativas para superar o fosso existente entre brancos e negros na sociedade brasileira.

HEMETÉRIO JOSÉ DOS SANTOS – Gramático e filólogo nascido no Maranhão em 1858 e falecido no Rio de Janeiro em 1939. Autor da *Gramática da língua portuguesa, extraída dos melhores autores* (1879) e de *O livro dos meninos, contos brasileiros*, entre outras obras. Professor do Colégio Pedro II e do Colégio Militar do Rio de Janeiro e tido, quase à unanimidade, como um dos maiores conhecedores da língua portuguesa no seu tempo, Hemetério José dos Santos posicionou-se, sem contemporizações, contra o racismo brasileiro, chegando mesmo a acusar Machado de Assis pela sua omissão em relação ao problema. Essa posição parece ter determinado um boicote à sua obra e à sua memória.

HENRIQUE CASTRICIANO – Educador, poeta e jornalista nascido e falecido no Rio Grande do Norte (1874-1947). Destacou-se ao projetar uma rede de estabelecimentos para instrução feminina, seguindo modelo adotado na Suíça, e fomentou, a partir de 1911, a criação da Liga de Ensino de Natal, com o objetivo de incrementar a fundação de escolas, tendo sido também o pioneiro do escotismo em seu estado. Mentor intelectual do folclorista Câmara Cascudo, incentivou o respeito à tradição e à preservação da cultura popular.

HENRIQUE ALVES DE MESQUITA – Compositor e maestro nascido em 1830 no Rio de Janeiro, cidade onde faleceu em 1906. Professor do antigo Instituto Nacional de Música, organista da capela de São Pedro e regente da orquestra do Teatro Fênix, é autor de vasta obra na qual se incluem óperas, operetas e música religiosa. Entre 1857 e 1866, estudou e trabalhou em Paris, onde, por conta de um caso amoroso, provavelmente com uma mulher branca, foi preso e deportado. De volta, firmou sua fama no campo da música popular, sendo considerado o criador do "tango" brasileiro.

HENRIQUE DIAS – Comandante militar nascido em Pernambuco, onde faleceu em 1662. Herói das Guerras Holandesas, decidiu a vitória de Porto Calvo (1637), na qual perdeu a mão esquerda; lutou na defesa da Bahia (1638), nas batalhas de Guararapes (1648-1649) e na retomada de Recife (1654). Organizador do primeiro batalhão de negros nas Américas, após as guerras contra os batavos conseguiu que sua tropa não fosse desmobilizada. Com isso, deu origem às inúmeras milícias que mais tarde se instituíram e representaram um dos possíveis canais de ascensão social dos negros. Contudo, sua fidelidade às autoridades coloniais portuguesas, das quais recebeu o título de "Cabo e governador dos crioulos, negros e mulatos da guerra de Pernambuco", o colocou na ambígua posição de capitão-do-mato, combatente que foi contra redutos quilombolas, como os de Palmares. Em 1656, foi a Lisboa para reivindicar seus direitos pela longa participação nas guerras e a libertação de muitos de seus soldados, que eram mantidos cativos, lá permanecendo cerca de dois anos, tendo recebido algumas áreas de terra mas nenhum título de nobreza. Morreu quatro anos depois de seu retorno a Pernambuco, em estado de extrema pobreza.

HERERO – Grupo étnico banto do sudoeste africano. Distribui-se pelo planalto árido da Namíbia, sudoeste de Angola e norte da África do Sul. Compreende os subgrupos dimbas, chimbas, chavicuas, cuanhocas, cuvales e nguendelengos.

HERMENEGILDO DE BARROS – Magistrado brasileiro nascido em Januária, MG, em 1866, e falecido no Rio de Janeiro, RJ, em 1955. Bacharel pela Faculdade de Direito de São Paulo, foi promotor, juiz e desembargador em Minas. Nomeado para o Supremo Tribunal Federal em 1919, foi vice-presidente daquela corte de 1931 a 1937, além de ter presidido o Tribunal Superior Eleitoral de 1932 a 1937, ano em que se aposentou.

HILÁRIO JOVINO – Músico e animador cultural nascido em Pernambuco em cerca de 1855, criado na Bahia e radicado a partir de 1872 no Rio de Janeiro, cidade onde faleceu em 1933. Grande impulsionador do carnaval carioca, foi o responsável pela transformação dos ranchos de reis em ranchos carnavalescos, deslocando-lhes a época de saída às ruas do ciclo natalino para o tríduo de Momo. Dividiu com a legendária Tia Ciata a liderança da comunidade baiana na "Pequena África" do Rio de Janeiro.

HIP-HOP – Gênero urbano de música e dança surgido nos Estados Unidos, na década de 1980, dentro do contexto do *funk*. Por extensão, estilo comportamental adotado pelos cultores desse tipo de música e difundido, como movimento cultural, para outros países de população negra, incluindo o Brasil, a partir das ruas de Nova York. A origem da expressão está nos termos *hip*, "na moda", e *hop*, "dançar", da gíria dos negros americanos.

HISTÓRIA DA ÁFRICA NEGRA – Livro de autoria de Joseph Ki-Zerbo (1922-2006), historiador burquinense. Publicado em língua portuguesa em 1978, foi o passo inicial para a edição da alentada *História geral da África*, coordenada pelo próprio Ki-Zerbo e elaborada com o apoio da Organização das Nações Unidas para a Educação, a Ciência e a Cultura (Unesco). Em 2010, graças a um convênio firmado entre a Unesco, o Ministério da Educação e a Universidade Federal de São Carlos, essa obra monumental foi lançada no Brasil, em oito volumes impressos em português e versão digital disponibilizada livremente na internet em www.unesco.org/brasilia/publicacoes; www.mec.gov.br/publicacoes.

HOLOCAUSTO – Nome atribuído ao massacre de judeus realizado pelo nazismo no século 20. O termo, que originalmente significa "sacrifício ritual", é também aplicado ao massacre de milhões de indivíduos africanos durante os quase quatro séculos em que durou o tráfico de escravos para as Américas.

HORÁCIO HORA – Pintor brasileiro nascido em Laranjeiras, SE, em 1853, e falecido em 1890 em Paris, França, para onde viajara a estudos custeados pelo governo imperial. Suas obras encontram-se principalmente no Museu Histórico de Sergipe, na cidade de São Cristóvão.

HOTENTOTES – Nome criado por exploradores europeus para designar um povo de pastores da África Austral estreitamente relacionado aos bosquímanos. Também chamados coicóis, os hotentotes vêm sendo há muito submetidos a um processo gradativo de extinção.

I

IAIÁ – Tratamento de origem africana dado às moças e meninas na época da escravidão.

IALORIXÁ – Denominação que no Brasil se dá à sacerdotisa-chefe de uma comunidade de candomblé. O mesmo que mãe de santo.

IANSÃ – Orixá feminino da tradição iorubana. O mesmo que Oyá.

IBOS – Povo africano localizado no sudeste da Nigéria. À época do tráfico negreiro, o nome aplicava-se a qualquer escravo embarcado na região da baía de Biafra.

IDENTIDADE NEGRA – Identidade é a convicção que um indivíduo tem de pertencer a determinado grupo social, convicção essa adquirida a partir de afinidades culturais, históricas, linguísticas etc. À época deste *Dicionário*, no Brasil, a mobilização coletiva dos afrodescendentes em direção às suas reivindicações específicas ainda tem como entrave a falta de uma definição unanimemente aceita sobre quem é de fato "negro" no país.

IEMANJÁ – Grande orixá feminino das águas, reverenciada no Brasil como mãe de todos os orixás. Seu nome vem do iorubá, idioma no qual significa algo como "mãe dos filhos peixes". Seu culto vem da atual Nigéria, mas em Luanda, Angola, a divindade conhecida como Kianda recebe homenagens semelhantes às que lhe são feitas no Brasil, com oferendas no mar.

IFÁ – Grande divindade dos iorubás considerada, juntamente com Odudua e Obatalá, um dos orixás da criação e senhor do destino e do saber. O nome designa, também, o oráculo no qual fala Orumilá e, ainda, o conjunto de escrituras em que se baseia o mais complexo sistema africano de predição do futuro conhecido no Brasil.

IFÉ – Nome aportuguesado da cidade de Ile-Ife, tradicional centro religioso do povo iorubá localizada no sudoeste da Nigéria, no estado de Oshun.

IGREJA CATÓLICA MILITANTE E TRIUNFANTE – Organização religiosa fundada em São Paulo pelo líder negro conhecido como Bibiano, preso em 1912 e falecido na prisão, provavelmente envenenado, em 1914. Continuando a funcionar, sob a direção de Benedito Leite, até 1938 e, depois, chefiada pelo líder negro apenas referido como Narciso, o culto, em que os oradores pregavam como que em transe, glorificando o sofrimento e condenando os poderosos, utilizava a leitura da Bíblia e a interpretação de cânticos de origem norte-americana. Foi a primeira igreja cristã brasileira fundada por um negro.

IGREJA DA LAMPADOSA – Nome popular da igreja de Nossa Senhora da Lampadosa, templo católico erguido em 1742 na região central da cidade do Rio de Janeiro, próximo de onde hoje fazem esquina a avenida Passos e a rua Luís de Camões. Na primeira metade do século 19, pertencia a uma irmandade de mulatos, era servida por clero negro e abrigava o cemitério dos africanos abastados, cujos rituais funerários incluíam danças e cânticos ao som de tambores. Quando os escravos coroavam seus reis e rainhas, era na Lampadosa e cercanias que aconteciam as festividades.

IJEBU – Indivíduo dos ijebus, subdivisão do povo iorubá, grupo étnico escravizado no Brasil.

IJEXÁ – Indivíduo dos ijexás, outra das subdivisões do povo iorubá. No Brasil, o nome designa também uma das "nações" da tradição brasileira dos orixás e, por extensão, um ritmo usado nas danças dos orixás dessa nação, como Oxum e Logun-Edé.

ILÊ AIYÊ – Bloco afro fundado em Salvador, BA, em 10 de novembro de 1974. Foi criado para desenvolver um projeto artístico e político de valorização dos afrodescendentes e afirmação da identidade negra.

ILHA DAS CRIAS – Nome pelo qual foi conhecida a parte mais oriental da restinga da Marambaia, no Rio de Janeiro. Por volta de 1850, teria servido como ativo centro de reprodução e criação de escravos, mantido pelo rico proprietário fluminense Joaquim José de Souza Breves, daí sua denominação.

ILHA GRANDE – Ilha próxima ao litoral sudeste do estado do Rio de Janeiro. Na década de 1830, época do tráfico ilegal de escravos, sediou um movimentado barracão de traficantes.

ILHAS VIRGENS AMERICANAS – Arquipélago no mar do Caribe comprado pelos Estados Unidos à França em 1917. A capital é em Charlotte Amalie e a maioria da população é de origem africana. Em 1733, uma de suas ilhas, Saint John, foi palco de uma violenta rebelião de escravos.

ILHAS VIRGENS BRITÂNICAS – Dependência da Grã-Bretanha no mar do Caribe, com capital em Road Town. Depois de ocupadas por piratas, as ilhas foram colonizadas pelos holandeses e anexadas pelos ingleses no século 17. A maioria de sua população descende de escravos africanos.

IMPERALINA DUGANN – Bailarina clássica atuante na Companhia Negra de Revistas, no Rio de Janeiro, em 1926.

IMPRENSA NEGRA NO BRASIL – Em 1833, foi fundado no Rio de Janeiro pelo editor Paula Brito, *O Homem de Cor*, o primeiro jornal brasileiro dedicado à construção de uma imagem positiva dos afrodescendentes, e primeiro órgão de imprensa fundado por um negro. Depois dele, surgiu *O Exemplo*, que circulou em Porto Alegre, RS, entre 1892 e 1930. Entre 1915, ano da fundação de *O Menelik*, e 1963, a comunidade afro-brasileira, em especial em São Paulo, mesmo com jornais de pequena tiragem e curta duração, expressou-se por meio de diversos veículos de imprensa. Assim, foram surgindo, entre outros, *A Alvorada* (1907), em Pelotas, *A Rua* (1916), *Elite* (1924) e *A Liberdade* (1919). Em 1924, surge *O Clarim da Alvorada*, primeiro jornal negro a assumir declaradamente a militância ideológica, uma vez que seus antecessores tinham cunho mais social e literário. Depois dele aparecem: *A Voz da Raça* (1933), órgão da Frente Negra Brasileira; *A Raça* (1935), órgão da Legião Negra de Uberlândia, MG; *Tribuna Negra* (1935); *União* (1948), da União dos Homens de Cor, em Curitiba, PR; *Senzala* (1946); *Quilombo* (1948), revista do Teatro Experimental do Negro; *O Mutirão* (1958); e *Correio d'Ébano* (1963). Em 1988 foi fundado no Rio de Janeiro o jornal *Maioria Falante*, com atividade encerrada em 1995. Nos anos 1990, principalmente com *Raça Brasil*, em São Paulo, a imprensa negra (nesse caso, apoiada por um grupo editorial já estabelecido) ressurge em novos formatos e encampando outras propostas.

INÁCIO DA CATINGUEIRA – Nome pelo qual se celebrizou Inácio de Siqueira Patriota, cantador nordestino nascido e falecido na Paraíba, onde viveu de 1845 a 1879. Ex-escravo, seu talento o fizera, enquanto nessa condição, um bem muito especial, avaliado no inventário de seu antigo senhor por um preço três vezes maior que o "de mercado". Esse talento lhe valeu sua primeira consagração póstuma: ao contrário do comum dos escravos e ex-escravos, seu corpo não foi sepultado onde vivia como agregado, e sim no cemitério do povoado de Teixeira, no sertão paraibano, para onde foi levado em rede e em cortejo, em comovente demonstração de carinho e admiração. Seus versos, em fragmentos de desafios famosos, integram hoje várias antologias de poesia dos repentistas-violeiros nordestinos.

INÁCIO PARREIRAS NEVES – Músico ativo em Vila Rica, atual Ouro Preto, MG, nascido em cerca de 1730 e falecido provavelmente em 1791. Membro da Irmandade de São José dos Homens Pardos, foi regente, cantor e compositor. De sua produção conhece-se, entre outras obras, uma composição fúnebre escrita por ocasião da morte de d. Pedro III, rei de Portugal, e apresentada em 1787.

INDEPENDÊNCIA DOS PAÍSES AFRICANOS – A partir de 1960, até 1975, quase todos os países africanos conseguiram libertar-se da dominação política colonial. Nesse processo de libertação, a luta contra as potências dominadoras revelou líderes, heróis e mártires como Agostinho Neto (Angola, independente em 1975), Amílcar Cabral (Guiné-Bissau, 1973), Jomo Keniatta (Quênia, 1963), Patrice Lumumba (Congo-Kinshasa, 1960), Samora Machel (Moçambique, 1975), Kwame Nkrumah (Gana, 1960), Julius Nyerere (que liderou, em 1961, o processo de independência de Tanganica, país que, mais tarde, une-se a Zanzibar, independente em 1963, para formar a República da Tanzânia) etc.

ÍNDIAS OCIDENTAIS – Antigo nome de toda a região do mar das Antilhas. O nome se deve a um equívoco de Cristóvão Colombo, que, em 1492, assim denominou a região, por acreditar ter atingido a Ásia.

INGÊNUO – Denominação jurídica da criança nascida da escrava, antes da Lei do Ventre Livre.

INGLATERRA – Parte meridional da Grã-Bretanha; nome que por extensão designa o Reino Unido da Grã-Bretanha e Irlanda do Norte. Uma das potências que mais se beneficiaram do tráfico negreiro, a Inglaterra, com o advento da Revolução Industrial, sentiu-se incomodada com a ordem escravista. Escravos não ganhavam salários, logo não compravam os bens gerados pela industrialização. Além disso, não era mais a Inglaterra que traficava escravos, e o despovoamento da África prejudicava o trabalho nas terras e nas minas que a grande potência lá possuía. Daí a posição inglesa de combate ao comércio de escravos, expressa em documentos como o chamado Bill Aberdeen.

INHAMBANE – Divisão administrativa da República de Moçambique, onde se localiza a cidade portuária de mesmo nome; nos registros do tráfico negreiro no Brasil, denominação de uma "nação" da contracosta, provavelmente constituída de indivíduos do grupo linguístico nguni. No início do século 19, um período de violenta convulsão social, referido como o *Mfecane* (destruição de povos), motivou a vinda de grandes contingentes de "inhambanes" ou "munhambanas" escravizados para o Rio de Janeiro.

INSPIR – Sigla do Instituto Sindical Interamericano pela Igualdade Racial, entidade fundada no Rio Grande do Sul em 1995. O objetivo de sua criação foi lutar contra o racismo no âmbito das relações de trabalho.

INSTRUMENTOS MUSICAIS – A música africana no Brasil e nas Américas utiliza principalmente instrumentos de percussão, em um amplo universo de timbres e formas. A etnomusicóloga Oneyda Alvarenga (*Música popular brasileira*, Porto Alegre, Globo, 1960) relaciona como de "origem negra" os seguintes instrumentos musicais usados no Brasil: atabaque, adufe, berimbau, agogô, carimbó, caxambu, cucumbi, fungador, ganzá, gongo, mulungu, marimba, puíta [cuíca], piano de cuia, pandeiro, quissanje, roncador, pererenga, socador, tambu, ubatá, vuvu, vu, xequerê ou xeguedê [xequeré] e triângulo.

INSURREIÇÃO DO QUEIMADO – Nome com o qual passou à história o levante ocorrido em Queimado, no atual município de Serra, no norte do Espírito Santo, em março de 1849. Sua causa foi o não cumprimento da promessa de alforria feita pelo frade Gregório de Bene aos cativos que trabalhassem na construção da igreja local. Depois de um ano de espera, cerca de 200 escravos, quase todos pertencentes à grande família Alvarenga Rangel, e liderados pelo de nome Elisiário, sublevaram-se, sendo contidos por tropas do governo. Recolhidos à prisão na capital da província, os revoltosos foram julgados e condenados. Meses depois, porém, conseguiram fugir em circunstâncias não explicadas, o que foi atribuído pelo povo a um milagre de Nossa Senhora da Penha. Refugiados em matas próximas, os revoltosos teriam, mais tarde, organizado um quilombo na região de Cariacica, conhecida hoje como Piranema. Elisiário tornou-se figura lendária, sendo apresentado, por alguns historiadores, como o "Zumbi da Serra", em alusão ao herói de Palmares.

INTECAB – Sigla do Instituto Nacional da Tradição e Cultura Afro-Brasileiras, entidade do movimento negro criada em 1988 em Salvador, BA.

INTEGRAÇÃO RACIAL – No Brasil, o direito de acesso a todos os bens sociais, em iguais condições, é garantido pela Constituição a todos os indivíduos, independentemente de aparência ou origens étnicas. Mas esse princípio constitucional, com relação aos afrodescendentes, sobretudo por motivos de ordem econômica, ainda não se realizou à época deste *Dicionário*. Prova disso são os números produzidos periodicamente por pesquisas como as do Instituto Brasileiro de Geografia e Estatística (IBGE), nas quais fica evidente o fosso existente entre os afrodescendentes e os descendentes de europeus e outros grupos de imigrantes no país. Observe-se, entretanto, que a integração pretendida pelos movimentos negros não significa a absorção de um grupo menos influente pelo dominante, e sim um convívio equilibrado no qual cada segmento da sociedade brasileira possa conservar as características de sua cultura e sua identidade.

IORUBÁS – Povo africano localizado no sudoeste da Nigéria. Divide-se em vários subgrupos como aná ou ifé, ketu (no Brasil, nação de Queto), ifonyin ou efã (efã), egba, ifé, ijesha (ijexá), ondo, igbomina etc.; e no Brasil foram mais conhecidos como "nagôs". As condições históricas da vinda maciça de iorubanos ou nagôs para o Brasil do fim do século 18 aos primeiros anos do século seguinte – em especial a derrota na guerra contra os fulânis – fizeram que a língua desse povo se transformasse numa espécie de língua geral dos africanos na Bahia e seus costumes gozassem de franca supremacia. Esse fato, aliado depois ao trabalho de reorganização das comunidades jeje-nagôs empreendido majoritariamente por Mãe Aninha na Bahia e no Rio de Janeiro, fez dos iorubás a face mais visível das civilizações africanas no Brasil.

IRINEU MARINHO – Jornalista brasileiro nascido em Niterói, RJ, em 1876, e falecido na cidade do Rio de Janeiro em 1925. Iniciando carreira como revisor com cerca de 15 anos de idade, foi repórter policial, chefe de reportagem e, mais tarde, diretor do jornal *Diário de Notícias*. Em 1911, fundou *A Noite*, o primeiro vespertino carioca, e pouco antes de falecer fundara o jornal *O Globo*, empreendimento de grande êxito sob a administração de seus filhos e herdeiros. Era, segundo consta, afrodescendente pela linha materna.

IRMÃ DULCE – Nome pelo qual foi conhecida Maria Rita de Souza Brito Lopes Pontes, religiosa nascida e falecida em Salvador, BA, onde viveu de 1914 a 1992. Devotando-se a obras de caridade e assistência aos necessitados desde a juventude, aos 18 anos ingressou na Congregação das Irmãs Missionárias da Imaculada Conceição, em Sergipe, onde recebeu o hábito de freira e adotou o nome "Dulce". Dois anos mais tarde, voltou à terra natal, onde deu continuidade à obra assistencial que lhe fez ser carinhosamente referida como "O anjo bom da Bahia". Uma das mais importantes personalidades do século 20, em 1988, embora não conquistasse a honraria, figurou entre os indicados ao Prêmio Nobel da Paz. Duas décadas após seu falecimento, foi beatificada pela Igreja Católica, podendo assim se tornar a primeira santa nascida no Brasil. Sua afrodescendência é afirmada pelo jornalista Edney Silvestre em nota publicada na coluna de Ancelmo Gois em *O Globo* (Rio de Janeiro, 25 jul. 2013, 1.º Caderno, p. 13).

IRMANDADE DA BOA MORTE – Tradicional confraria religiosa da cidade de Cachoeira, no Recôncavo Baiano. Integrada basicamente por mulheres negras de idade avançada, a irmandade remonta ao século 19. Sua grande festa realiza-se em 15 de agosto, dia em que as irmãs envergam seu traje de gala composto por saia e xale pretos, forrados de roxo, em tecido semelhante ao das becas dos doutores, blusas brancas de linho ricamente bordadas, chinelinhas brancas, grandes colares e brincos de ouro. Na Bahia antiga, a festa era realizada também em Salvador, na capela da Barroquinha, com muito samba, batucada, comilanças e bebidas, além dos rituais católicos de estilo.

IRMANDADE DE SÃO BENEDITO – Nome popular da Trissecular Imperial Irmandade de Nossa Senhora do Rosário e de São Benedito dos Homens Pretos, confraria católica fundada na cidade do Rio de Janeiro no século 18. É sediada na igreja do Rosário, na rua Uruguaiana, no centro do Rio.

IRMANDADES CATÓLICAS – Associações de leigos, tendo por objeto principal o culto do Santíssimo, da Virgem Maria ou de um santo. Durante a época escravista, africanos e descendentes constituíram, no Brasil e em outros países, incentivados pela Igreja, inúmeras irmandades católicas, algumas ainda hoje existentes. A mais conhecida de todas é a de Nossa Senhora do Rosário, cuja devoção remonta a Portugal. Grande e portentosa, essa confraria chegou a abrigar, em várias localidades brasileiras, outras menores, como a de São Benedito, Santa Ifigênia etc., sendo esses santos entronizados nos altares laterais da igreja da irmandade. O traço mais marcante dessas antigas confrarias era a sua autonomia na condução de seus negócios e de suas questões internas e externas, cujo âmbito extrapolava do simplesmente religioso para o recreativo e social. Dedicando-se à ajuda aos carentes, à assistência aos enfermos e encarcerados, à organização de funerais e garantia de sepultamento honroso, à defesa contra maus-tratos, à ajuda na obtenção de alforria etc., as irmandades desempenhavam papel fundamental na vida dos negros. Do ponto de vista cultural, as irmandades negras conseguiram manter fortes traços de sua identidade africana, expressos, sobretudo, em festas e folguedos, como os da congada e do maracatu; e também, em alguns casos, mediante formas religiosas em que se mesclam ritos católicos com práticas africanas ancestrais.

ISIDORO – Líder garimpeiro do Distrito Diamantino das Minas Gerais. Escravo da Coroa portuguesa, rebelou-se e passou a lutar pela liberdade à frente de um grupo de escravos das catas de diamantes. Em 1809 foi preso, torturado e morto, ganhando a aura de herói popular.

ISLÃ NEGRO – Denominação que compreende o conjunto de práticas da religião muçulmana na ambientação que sofreu em contato com as crenças tradicionais da chamada "África Negra". Do século 7 até o século 20, o islamismo impôs-se na África nas seguintes proporções: 80% da população em Mauritânia, Senegal, Gâmbia, Níger e Somália; 70% em Mali, Sudão e Guiné-Conacri; cerca de 50% em Nigéria, Chade, Serra Leoa e Etiópia; cerca de 30% em Costa do Marfim, Burkina e Tanzânia; cerca de 20% em Libéria, Quênia e Camarões; e por volta de 10% em Gana, Benin, Togo, Zaire, Moçambique e Madagascar. Ao Brasil, o Islã Negro chegou com os malês de várias procedências, protagonistas dos movimentos rebeldes que sacudiram a capital baiana no início do século 19, notadamente na grande rebelião escrava de 1835, que ficou conhecida como Revolta dos Malês.

ISMAEL IVO – Bailarino nascido na cidade de São Paulo em meados da década de 1950. Menino pobre da periferia, foi descoberto por Alvin Ailey, com quem trabalhou em Nova York nos anos 1980. Em 1996, passou a dirigir o Teatro Estatal de Weimar, na Alemanha; em 2003 foi focalizado no documentário *O rito de Ismael Ivo*, de Ari Cândido. Destacou-se como um dos diretores da versão 2006 da Bienal de Dança de Veneza.

IVETE DO SACRAMENTO – Docente universitária nascida em Salvador, BA, em 1952. Com ampla formação universitária nas áreas de letras e educação, a qual inclui mestrado na Universidade de Quebec, Canadá, em 2000 ocupou o importante cargo de reitora da Universidade do Estado da Bahia (UEB), sendo a primeira mulher afro-brasileira eleita para tão significativa função. Em sua gestão, a UEB foi pioneira, no Nordeste e no Norte brasileiros, na implementação de políticas de ação afirmativa para afrodescendentes.

IYÁ NASSÔ – Título da sacerdotisa fundadora do candomblé da Casa Branca do Engenho Velho (Axé Ilê Iyá Nassô Oká), a mais antiga casa de culto nagô do Brasil no século 19. Trata-se de transcrição do iorubá *ìyá-nàsó*, título dado a uma das oito sacerdotisas de Xangô na corte do *alafin* (rei) de Oyó.

IZAÍAS IGNÁCIO DE OLIVEIRA – Armador brasileiro nascido na fazenda Santa Teresa, Marquês de Valença, RJ, em 1882, e falecido em Duque de Caxias, RJ, em 1946. Filho de escrava, aos 9 anos de idade foi para a cidade do Rio de Janeiro levado pelo visconde de Mauá, nobre e empresário que o acolheu, batizou e ajudou a se tornar um profissional da indústria naval. Autodidata, aprendeu francês e espanhol. Casou quatro vezes e teve nove filhos, sendo um deles Venceslau, afilhado do então presidente da República Venceslau Brás. Estreitamente ligado ao armador, industrial e político Henrique Lage (1881-1941), foi proprietário do estaleiro Prado Peixoto, que mais tarde seria denominado "Estrela do Sul", no bairro da Ponta da Areia, em Niterói, RJ, credenciando-se, assim, como o primeiro armador brasileiro de indiscutível origem africana.

J

JACINTO DE CAMPOS – Poeta brasileiro nascido em Canavieiras, BA, em 1900. Publicou *Penumbras e clarões*.

JACKSON DO PANDEIRO – Nome artístico do cantor, instrumentista e compositor José Gomes Filho, nascido em Alagoa Grande, PB, em 1919, e falecido na cidade do Rio de Janeiro em 1982. Dono de uma grande agilidade vocal, de um sentido de divisão rítmica inigualável e de um domínio absoluto da técnica do sincopado, fez escola na música popular brasileira, sendo influência declarada de vários grandes artistas. Como Luiz Gonzaga, foi intérprete excepcional dos gêneros nordestinos que popularizou.

JAMAICA – País situado no mar das Antilhas, cuja capital é Kingstom. Sua população compreende cerca de 77% de negros, descendentes dos africanos para lá levados como escravos a partir do século 17. Desde os primeiros tempos da colonização inglesa, comunidades de escravos fugidos, conhecidos como *maroons*, já se organizavam nas montanhas. E, à medida que a ilha tornava-se mais densamente povoada, essas comunidades intensificavam suas incursões às *plantations*, roubando gado, incendiando roças e aliciando novos companheiros. Gozando já de relativa autossuficiência, em 1663 os *maroons* das montanhas jamaicanas ignoraram uma oferta de terras e liberdade plena em troca de cessação de suas hostilidades, da mesma forma que ocorreria no Brasil no episódio que contrapôs Zumbi a Ganga Zumba na liderança de Palmares. Em 1690, um grupo de escravos da região central da ilha rebela-se e escapa para a floresta, onde se junta aos já lá estabelecidos e deflagram a Primeira Guerra dos *Maroons*. Do centro, o movimento se expande para as comunidades *maroons* do leste e do oeste da ilha. Suas principais lideranças, concentradas na encosta norte das Blue Mountains e nas florestas do interior, põem em prática sofisticadas táticas de guerrilha, desnorteando as tropas coloniais. Entretanto, a cada dia, essas tropas aumentavam seus efetivos, contando até com companhias de mestiços e negros livres, e equipavam seus arsenais. Até que, na década de 1730, tomam e destroem o reduto da legendária líder Nanny, heroína do povo jamaicano. Derrotada Nanny e destruída sua cidadela, os *maroons*, liderados por Cudjoe (Kojo), aceitam as condições de paz impostas pelos ingleses. A paz, minada pela insatisfação, perdurou por 50 anos, até a deflagração da Segunda Guerra dos *Maroons*, em 1795, certamente inspirada pela Revolução Haitiana. Mas a reação das autoridades coloniais foi cruel, incluindo até a ameaça de utilização de uma centena de ferozes cães de caça importados de Cuba para essa finalidade, o que, decisivamente, forçou a rendição, inclusive com a deportação de 600 rebeldes para Serra Leoa. Mas muitos descendentes dos *maroons* do século 18 permanecem até hoje na região das Blue Mountains.

JANETH ARCAIN – Jogadora de basquetebol nascida em Carapicuíba, SP, em 1970. Integrando a seleção brasileira, foi presença decisiva na conquista de vários títulos internacionais na década de 1990.

Transferindo-se para os Estados Unidos, sagrou-se tricampeã pelo Houston Comtes, da liga profissional daquele país – a WNBA –, destacando-se como uma peça importante para sua equipe. Tetracampeã da WNBA e a maior atleta brasileira em sua modalidade, em fevereiro de 2002 inaugurou em Santo André, SP, o Centro de Formação Esportiva Janeth Arcain.

JAZZ – Forma de expressão musical criada pelos negros norte-americanos no início do século 20. Passando por várias transformações e disseminando-se por todo o mundo, a partir da década de 1940 recebeu o impacto da música afro-cubana e, após 1960, assimilou elementos da bossa nova brasileira.

JEJE – Termo que no Brasil designa uma "nação" africana, oriunda do antigo Daomé. O nome, ao que consta, é de origem iorubá (*àjeji*), significando "estrangeiro", e é o qualificativo com que esse povo distinguia os indivíduos do povo fon.

JEJE-NAGÔ – Qualificação aplicada, no Brasil, a cada um dos produtos culturais resultantes da interação entre jejes e iorubanos em território brasileiro, como o chamado "candomblé da Bahia". Essa interação se deve, entre outras razões, ao fato de que a maioria dos iorubanos que vieram para o Brasil era originária de Ketu (Queto), região fronteira ao antigo Daomé, terra dos jejes.

JERÔNIMO FRANCISCO COELHO – Militar, político e jornalista brasileiro nascido em Laguna, SC, em 1806, e falecido em Nova Friburgo, RJ, em 1860. Foi membro do Conselho do Imperador, brigadeiro do Exército, deputado, ministro da Guerra e presidente da província do Pará. Em 1831, fundou *O Catarinense*, primeiro jornal publicado em sua província natal.

JOÃO ALABÁ – Babalorixá radicado no Rio de Janeiro, onde faleceu em 1926. Um dos mais prestigiados de seu tempo, sua casa situava-se na "Pequena África", nas proximidades da gare da estrada de ferro Central do Brasil. Era pai de santo da legendária Tia Ciata, matriarca do samba carioca, também mãe-pequena de sua comunidade religiosa.

JOÃO ALVES FILHO – Político brasileiro nascido em Aracaju, SE, em 1941. Formado em Engenharia pela Universidade Federal da Bahia e empresário no ramo da construção civil, foi prefeito de sua cidade natal (1975-1979), governador do estado de Sergipe (1983-1987 e 1991-1994), ministro do Interior no governo José Sarney (1987-1990) e, em 2002, assumiu novamente o governo de seu estado.

JOÃO BATISTA DE FARIA – Militar nascido na África e falecido na cidade de Cachoeira, BA, onde foi procurador do foro no século 19. Na Guerra da Independência, ocupando o posto de tenente-coronel, foi comandante de um dos batalhões incorporados ao Regimento dos Henriques. Em 1859, fez parte da guarda de honra de d. Pedro II em sua visita à Bahia.

JOÃO BISPO DA IGREJA – Músico (1801-1881) nascido na Bahia. Professor de piano e trompetista exímio, foi músico da Câmara Imperial e mestre de capela da Catedral Metropolitana. Fez excursões artísticas de grande êxito, do Rio de Janeiro a Pernambuco.

JOÃO BRASIL – Educador (1874-1940) nascido em Friburgo, RJ. Em 1902, fundou em Itaocara, no norte fluminense, o Colégio Brasil, o qual, transferido para Cordeiro e depois para Niterói, funcionou até 1985. Foi também fundador do Conservatório de Música de Niterói, em 1932, e da Rádio Sociedade Fluminense, em 1935.

JOÃO CÂNDIDO – Líder rebelde brasileiro nascido em Rio Pardo, RS, em 1880, e falecido na cidade do Rio de Janeiro em 1969. Filho de ex-escravo, alistou-se como aprendiz de marinheiro aos 14 anos de idade, levado pelo almirante Alexandrino de Alencar, futuro ministro da Marinha. Aos 20 anos, já instrutor de aprendizes, viaja pelo país e pelo exterior. Na Inglaterra, onde foi para acompanhar a construção do encouraçado Minas Gerais, encomendado pelo Brasil a um fabricante inglês, assiste, com outros companheiros, a uma reunião sindical, cujo conteúdo é traduzido por um intérprete. Nessa viagem, toma conhecimento da revolta do encouraçado Potemkin, ocorrida na Rússia em 1905, e entusiasma-se com as conquistas dos marinheiros britânicos no campo da justiça trabalhista e social. Em janeiro de 1910, marinheiro de primeira classe, assumindo o comando do Minas Gerais, lidera o movimento conhecido como Revolta da Chibata ou Revolta dos Marinheiros, que pretendia abolir os castigos corporais na Marinha, prática que evocava as torturas da época escravista. Em consequência, e depois de ter sido preso, torturado e expulso da Marinha, torna-se subempregado e miserável, o que contudo não o privou de ser consagrado como o "Almirante Negro", herói do povo brasileiro. Em 2007, sua memória foi perpetuada com a inauguração de uma estátua nos jardins do Palácio do Catete, antiga sede do Executivo brasileiro. No ano seguinte, o monumento era transferido para a Praça Quinze de Novembro, no centro do Rio, à margem da baía de Guanabara. E em 2010, era lançado ao mar, pela Transpetro, subsidiária da Petrobras, o petroleiro batizado como "Joao Cândido".

JOÃO DA BAIANA – Nome artístico de João Machado Guedes, músico brasileiro nascido e falecido na cidade do Rio de Janeiro, onde viveu de 1887 a 1974. Neto de escravos e filho de integrantes da comunidade baiana da "Pequena África", desempenhou, como percussionista, compositor e cantor, ao lado de outros companheiros, importante papel na transmissão e difusão da tradição musical afro-brasileira na Era do Rádio, iniciada no Brasil em 1922.

JOÃO DA HORA – Nome abreviado de João Batista Tavares. Educador brasileiro (1905-1966) nascido em Campos, RJ. Engenheiro agrônomo e bacharel em Direito, foi professor e diretor do Liceu de Humanidades de Campos, onde, de professor de Latim que era, desdobrava-se em "explicador" de quase todas as matérias, das ciências humanas e exatas às ciências naturais.

JOÃO DA MATA [1] – Compositor brasileiro de música sacra e ligeira nascido em Lavras, MG, no século 19.

JOÃO DA MATA [2] – Personagem de folguedo em antigas comunidades agrícolas de Minas Gerais. Simboliza o espírito do mato nocivo à plantação e é representado, à moda africana, por um dançarino todo coberto de folhas.

JOÃO DE CAMARGO – Líder religioso brasileiro nascido escravo em 1861, em Sorocaba, SP, cidade onde faleceu em 1944. Aos 43 anos de idade, depois de passar longo tempo entregue ao alcoolismo, recebeu sua "revelação" e reconheceu-se profeta, conselheiro e médico dos pobres. Fundou a igreja Negra e Misteriosa da Água Vermelha, que, apesar das perseguições sofridas, cresceu e tornou-se centro de peregrinações. No templo, ao redor do qual surgiu uma vila, nascida para abrigar os peregrinos, praticava-se um culto no qual tinham grande importância santos católicos negros, como Santa Ifigênia, Santo Elesbão e São Benedito, lá chamado Rongondongo, nome de evidente origem ou inspiração banta. Cada um desses santos era, segundo Roger Bastide, associado a uma pedra polida, depositada aos pés de sua imagem, no altar, o que remete aos assentamentos dos orixás no candomblé. A saga de João de Camargo foi contada no filme *Cafundó*, do ator e diretor Paulo Betti, lançado em 2005.

JOÃO DE DEUS NASCIMENTO – Revolucionário baiano nascido na Vila de Cachoeira, em 1771, e falecido em Salvador, BA, em 1799. Alfaiate, filho de um homem branco com uma parda forra, participou da conjuração baiana de 1798, a Revolução dos Alfaiates. Foi enforcado em praça pública e teve partes de seu corpo espalhadas pelas ruas de Salvador.

JOÃO DE OLIVEIRA – Personagem da história da escravidão de origem iorubá. Trazido para Pernambuco quando menino, retornou ao golfo de Benin ainda escravo e provavelmente a serviço de seu senhor. Dedicando-se ao comércio negreiro, obteve grande êxito, pelo que abriu, com seus próprios recursos, os armazéns e embarcadouros que teriam originado as cidades de Porto Novo e Lagos. Segundo Alberto Costa e Silva, em *Francisco Félix de Souza, mercador de escravos*, livro de 2004, sua prosperidade levou-o a enviar auxílio, em moeda e escravos, à viúva de seu antigo senhor pernambucano, e a contribuir para a construção da capela maior da igreja da Conceição dos Militares, em Pernambuco. Em 1770, retorna a Salvador, onde mais tarde faleceu. Nesse retorno, foi preso por contrabando de escravos. Contudo, dos 79 negros que trouxera, quatro não seriam cativos, e sim enviados do oni (rei) de Lagos em missão diplomática e comercial. A trajetória de João de Oliveira é um retrato da alta complexidade e das sutilezas de que se revestiu a vida de escravos e libertos no eixo Brasil–África.

JOÃO DO PULO – Nome pelo qual foi conhecido João Carlos de Oliveira, atleta nascido em Pindamonhangaba, SP, em 1954, e falecido na capital paulista em 1999. Especialista na modalidade de salto triplo, teve seu apogeu em 1975, no México, conseguindo marca só superada dez anos depois. Em 1976, nas Olimpíadas de Montreal, e em 1980, nos Jogos de Moscou, conquistou medalha de bronze. Em 1981, no entanto, tendo amputado a perna em razão de um acidente automobilístico, encerrou a carreira iniciada em 1971, em que se consagrou como o continuador de uma dinastia de grandes triplistas fundada por Adhemar Ferreira da Silva. Afastado das pistas, exerceu dois mandatos de vereador no município de São Paulo.

JOÃO DO RIO – Nome literário de João Paulo Alberto Coelho Barreto ou João Paulo Emílio Cristóvão dos Santos Barreto (1881-1921), jornalista e escritor brasileiro nascido e falecido na cidade do Rio de Janeiro. Assinando seus textos com outros pseudônimos e também como Paulo Barreto, foi um dos maiores cronistas da vida carioca, além de romancista e autor teatral, e uma das maiores expressões da cultura brasileira em seu tempo. Repórter das ruas e escritor dos salões, em 1910 foi admitido na Academia Brasileira de Letras. Autor de mais de 40 livros, suas obras mais conhecidas são *As religiões no Rio* e *A alma encantadora das ruas*. Segundo seu biógrafo, João Carlos Rodrigues, sua mãe, Florência, mulata, era filha de um relacionamento de sua avó Gabriela Amália Caldeira, negra nascida no Rio Grande do Sul, com o médico Joaquim Cristóvão dos Santos, que a abandonou para casar-se com a filha de um coronel da Guarda Nacional.

JOÃO DO VALE – Compositor e cantor nascido em Pedreiras, MA, em 1934, e falecido em São Luís, MA, em 1997. Conhecido do grande público a partir dos anos 1960, foi, ao lado de Luiz Gonzaga, um dos maiores criadores de temática nordestina na música brasileira. Sua obra, carregada de denúncia contra as injustiças sociais mas também cheia de malícia e fina ironia, inclui canções famosas como *Carcará, Pisa na fulô, O canto da ema, Peba na pimenta* etc.

JOÃO FERNANDES DE OLIVEIRA GRIJÓ – Personagem da história colonial brasileira nascido no Tejuco, atual Diamantina, MG, em 1756, e falecido em Lisboa, Portugal, no início da década de 1820. Filho primogênito da legendária Chica da Silva com o contratador de diamantes João Fernandes de Oliveira, foi o principal herdeiro do pai. Riquíssimo proprietário, viveu em Portugal como administrador do morgado de Grijó, conjunto de bens que incluíam a Quinta de Grijó e outros imóveis em Portugal, nas Minas Gerais e no Rio de Janeiro. Era senhor, ao que consta, da chácara no atual bairro carioca de Botafogo, cedida para moradia da rainha Carlota Joaquina.

JOÃO FERNANDES VIEIRA – Herói da guerra luso-brasileira contra os holandeses nascido em Funchal, Ilha da Madeira, em 1613, e falecido em Recife, PE, em 1681. Filho de branco e negra, foi rico senhor de engenho em Pernambuco, sendo, mais tarde, governador da Paraíba, capitão-general de Angola e administrador-superintendente das fortificações portuguesas de Pernambuco até o Ceará.

JOÃO MANSO PEREIRA DOS REIS – Industrial e artesão (1750-1820) falecido em Angra dos Reis, RJ. Conhecido como "O químico", implantou uma indústria de porcelana artística na ilha do Governador, no Rio de Janeiro, onde desenvolveu refinados trabalhos com charão, verniz oriental à base de laca.

JOÃO PEREIRA DA SILVA – Poeta e orador sacro brasileiro nascido e falecido no Rio de Janeiro, onde viveu de 1743 a 1818. Ordenado padre em Roma, foi professor na Ilha da Madeira, cônego da sé de Lisboa e monsenhor da capela real, no Rio, onde, em março de 1808, pregou o sermão no *te-d[eeum* de ação de graças pela chegada da família real. Deixou escritos poemas e sermões, alguns publicados e outros inéditos.

JOÃO VITAL CORREIA – Pintor e dourador ativo em Recife, PE, no século 19. Até por volta de 1868, executou trabalhos nas igrejas do Corpo Santo, da Madre de Deus e de Bom Jesus das Portas.

JOAQUIM BARBOSA – Nome profissional de Joaquim Barbosa Gomes, magistrado nascido em Paracatu, MG, em 1954. Filho de pedreiro, bacharelou-se em Direito pela Universidade de Brasília e doutorou-se pela Universidade de Paris-II, sendo mais tarde professor visitante da Universidade da Califórnia em Los Angeles e professor de Direito Público da Universidade do Estado do Rio de Janeiro (Uerj). Em 2003, depois de curta passagem pela diplomacia, como oficial de chancelaria na Finlândia, tornava-se o primeiro negro ministro do Supremo Tribunal Federal, fato inédito em 174 anos de funcionamento da mais alta corte brasileira. Em 2012 tornou-se o presidente da Corte Suprema e, consequentemente, o chefe do Poder Judiciário brasileiro.

JOAQUIM BEATO – Líder religioso e político nascido em Alegre, ES, em 1924. Pastor presbiteriano e licenciado em Filosofia, foi secretário do Bem-Estar Social (1983) e secretário de Educação e Cultura (1990) no seu estado, além de senador da República. No Congresso Nacional, foi um dos artífices da chamada Lei Caó, que enquadra o racismo como crime.

JOAQUIM CRUZ – Atleta nascido em 1963 em Taguatinga, Brasília, DF. Meio-fundista, foi ganhador do ouro olímpico em 1984 e em 1988. Nas Olimpíadas de Atlanta, realizadas em 1996, foi o porta-bandeira da delegação brasileira. Seu nome está perpetuado no Hall of Fame em Portland, Estados Unidos.

JOAQUIM DE MENDANHA – Músico nascido em Itabira do Campo, MG, aproximadamente em 1800, e falecido em Porto Alegre, RS, em 1885. Após mudar-se, na adolescência, de Minas Gerais para o Rio de Janeiro, alistou-se no Exército e assumiu as funções de mestre da banda do Segundo Batalhão de Caçadores, com o qual marchou, em 1838, para o Sul do país para combater os rebeldes farroupilhas. Em 1845, radicou-se definitivamente em Porto Alegre, onde compôs o *Hino farroupilha*, hoje o hino oficial do estado do Rio Grande do Sul. Fundador da Sociedade Musical de Porto Alegre e mestre de capela da Catedral Metropolitana da cidade, em 1877 recebeu, por proposta do duque de Caxias, a comenda imperial da Ordem da Rosa.

JOAQUIM DE SANT'ANNA GOMES – Militar brasileiro baseado na Bahia no século 19. Exerceu o cargo de capitão ajudante de ordens do general Labatut na guerra pela Independência do Brasil. Também músico, foi organista da igreja da Ordem Terceira de São Francisco, na capital baiana.

JOAQUIM GONÇALVES DA ROCHA – Pintor nascido na Vila de Sabará, MG, na década de 1750. É autor das pinturas do forro, do retábulo e do coro da igreja da Ordem Terceira de Nossa Senhora do Carmo, em sua cidade natal. Em 1831 ainda estava em atividade.

JOAQUIM JOSÉ DA NATIVIDADE – Pintor natural de São João del Rei, MG, ativo principalmente entre 1785 e 1830. Suas obras encontram-se nas abóbadas da matriz de São Tomé das Letras, MG, e na igreja de São Miguel do Cajuru, em sua cidade natal.

JOAQUIM MANUEL – Músico popular célebre no Rio de Janeiro na primeira metade do século 19. Violonista e cavaquinhista, é autor de várias melodias publicadas em Paris, em 1824, pelo músico Sigismund von Neukomm, que o conheceu no Rio. Segundo algumas versões, teria sido o precursor, no Brasil, da utilização do cavaquinho como instrumento solista. Viveu aproximadamente entre 1780 e 1840.

JOAQUIM MENDES MALHEIROS – Educador (1830-1905) nascido em Cuiabá, MT. No Rio de Janeiro, foi professor do Colégio Pedro II, do Mosteiro de São Bento e das escolas Militar e Naval, além de fazer parte do Conselho Provincial de Instrução Pública e dirigir a Escola Normal de Niterói. Foi eleito deputado geral pela província de Mato Grosso em 1878, mandato que cumpriu discretamente, retornando ao magistério até aposentar-se, em 1889.

JOEL RUFINO DOS SANTOS – Escritor nascido no Rio de Janeiro em 1941. Conhecido a partir dos anos 1960, quando participou da elaboração da revolucionária coleção de livros didáticos conhecida como *História Nova*, foi, por esse trabalho e por sua atuação política, várias vezes recolhido aos cárceres da ditadura militar instituída no Brasil em 1964. Mais tarde, fluente em várias formas de expressão escrita, do livro didático ao romance histórico, passou pelo teatro, pelos roteiros de televisão e pela literatura infantil. Professor da Escola de Comunicação da Universidade Federal do Rio de Janeiro (UFRJ), foi também subtitular da Secretaria Extraordinária de Defesa e Promoção das Populações Negras do Estado do Rio de Janeiro (1991-1992), presidente da Fundação Cultural

Palmares do Ministério da Cultura, onde implantou as bases do trabalho de legalização dos quilombos remanescentes em todo o Brasil, além de subsecretário de Direitos Humanos e Sistema Penitenciário do governo do estado do Rio de Janeiro no início da década de 2000. Suas principais obras publicadas são *Quem fez a República? O dia em que o povo ganhou; Marinho, marinheiro; Uma estranha aventura em Talalai* (laureado com o Prêmio Jabuti, da Câmara Brasileira do Livro); *O que é racismo; Crônica de indomáveis delírios*, além de livros didáticos e paradidáticos de História do Brasil.

JOEL ZITO DE ARAÚJO – Cineasta e escritor nascido em Nanuque, MG, em 1954. Doutor em Ciências da Comunicação pela Universidade de São Paulo (USP), é autor de *A negação do Brasil: o negro na telenovela brasileira*, livro e filme documentário lançados em 2000, nos quais analisa e denuncia o pouco espaço dado aos atores negros na importante teledramaturgia nacional, o que caracteriza uma forma de segregação. Em 2004, depois de destacar-se como criador de mais de 20 documentários, teve seu longa de ficção, *As filhas do vento*, premiado em seis categorias no importante Festival de Gramado.

JOHNNY ALF – Nome artístico de Alfredo José, pianista, cantor e compositor nascido na cidade do Rio de Janeiro, em 1929, e falecido em Santo André, SP, em 2010. Estilista do piano, utilizou seu conhecimento de música clássica e jazz para criar uma nova forma de interpretar o samba e o samba-canção. Vocalista personalíssimo e criador de harmonias ousadas em obras como *Eu e a brisa; Seu Chopin, desculpe*; e *Rapaz de bem*, é considerado um dos pioneiros da escola musical conhecida como bossa nova. Em novembro de 1999, foi agraciado com o Prêmio Shell de Música, pelo conjunto de sua obra.

JONAS CALDAS – Fabricante de violinos, violas e violoncelos. Nascido em Caxambu, MG, em 1963, e radicado em Niterói, RJ, dos 6 aos 18 anos foi aluno interno da antiga Fundação Nacional do Bem-Estar do Menor (Funabem), onde aprendeu marcenaria e deu os primeiros passos em sua arte. Praticante de uma técnica artesanal considerada primorosa pelos especialistas, conquistou o reconhecimento de grandes músicos, no Brasil e no exterior. Especializado na fabricação de instrumentos de música antiga, em 1994 fez curso de especialização em Stuttgart, a convite de um grande mestre alemão.

JONGO – Dança afro-brasileira de motivação religiosa e caráter secreto, executada em roda por par solto ou por homens e mulheres indistintamente, ao som de tambores, cânticos e palmas. Conhecida principalmente nos estados do Sudeste, é originária talvez da região de Benguela, na atual Angola. Seus cânticos, chamados "pontos" como na umbanda, têm letras de sentido enigmático ou em linguagem cifrada.

JORGE ALVES DE CARVALHO – Militar brasileiro nascido no Rio de Janeiro, RJ, em 1944. Formado pela Academia Militar das Agulhas Negras, foi comandante do 1.º Batalhão de Infantaria Motorizado (Regimento Sampaio) e exerceu, além de outras, as funções de adido do Exército na Embaixada do Brasil no Paraguai. Em 2002, exercendo a função de subchefe militar do gabinete de Segurança Institucional da Presidência da República, era o único afrodescendente no posto de general de brigada combatente do Exército brasileiro.

JORGE DA CRUZ BARBOSA – Nome brasileiro de Ajayi, liberto nagô, carregador de profissão, um dos executados por envolvimento na grande Revolta dos Malês, ocorrida em Salvador, BA, em 1835.

JORGE DA SILVA – Cientista político brasileiro nascido na cidade do Rio de Janeiro em 1944. Menino pobre do subúrbio carioca, fez carreira na escola de oficiais da Polícia Militar fluminense, até atingir o posto de coronel e ocupar os cargos de chefe do Estado-Maior e subsecretário de Estado nos anos 1990. Formado em Direito, pós-graduado em Literatura Inglesa e Ciência Política e docente universitário, é autor de diversas monografias sobre violência urbana, bem como dos livros *Controle da criminalidade e segurança pública na nova ordem constitucional* e *Direitos civis e relações raciais no Brasil* (1994). Em abril de 2000, em meio a grave crise na cúpula do governo, foi nomeado coordenador de Segurança, Justiça e Cidadania do estado do Rio de Janeiro. Em 2004, assumiu o cargo de secretário estadual de Direitos Humanos do Rio de Janeiro.

JORGE DE LIMA – Poeta nascido em União dos Palmares, AL, em 1895, e falecido na cidade do Rio de Janeiro em 1953. Autor de alentada obra poética, na qual se incluem diversos poemas de inspiração afro-brasileira, como o famoso "Essa negra Fulô", é descrito como mulato por Arthur Ramos em *O negro na civilização brasileira*.

JOSÉ ALVES – Músico e professor brasileiro nascido no Rio de Janeiro, RJ, em 1942. Violinista, atuou na Orquestra Sinfônica do Teatro Municipal, na Sinfônica Nacional e na Sinfônica Brasileira. Na Universidade Federal do Rio de Janeiro, foi professor, chefe do departamento de cordas e diretor da Escola de Música até 1998. No ano seguinte, foi eleito membro honorário da Academia Nacional de Música.

JOSÉ ALVES DE MELO – Médico e professor nascido na Bahia em 1847 e falecido em Salvador, BA, em 1901. Foi lente de Física na Faculdade de Medicina da Bahia, onde também lecionou seu irmão, Domingos Alves de Melo.

JOSÉ BERNARDO – Escritor espírita e político (1883-1963) nascido em Palmeira dos Índios, AL. Ex-estivador, guindasteiro e moço de bordo, em 1926 fundou em Niterói, RJ, o Centro Espírita Jesus no Himalaia, em cujo anexo criou, em 1940, a primeira escola de ensino supletivo para adultos do Brasil. Eleito deputado estadual em 1954, foi reeleito para mais dois mandatos, o último interrompido por sua morte. Alinhou-se entre os militantes pelos direitos da população negra.

JOSÉ CORREIA LEITE – Ativista do movimento negro em São Paulo nascido em 1900 e falecido em 1989. Em 1924, fundou, com Jayme Aguiar, o jornal *O Clarim*, depois chamado *O Clarim d'Alvorada*, que circulou até 1932, e do qual foi diretor responsável, redator, repórter e gráfico. Em 1931, integrou o conselho da Frente Negra Brasileira, da qual logo se desligou, por divergências ideológicas. No ano seguinte, fundou o Clube Negro de Cultura Social, entidade que funcionou até 1937, e para a qual editou a revista *Cultura*. Em 1945, participou da fundação da Associação dos Negros Brasileiros, onde editou, até 1948, o jornal *Alvorada*. Em 1956 assumiu a presidência do conselho da Associação Cultural do Negro, exercida até 1965. Em 1960, ajudou a fundar a revista *Níger*. Figura referencial do movimento negro brasileiro, colaborou em vários trabalhos científicos, como as pesquisas realizadas por Roger Bastide e Florestan Fernandes.

JOSÉ CUSTÓDIO JOAQUIM DE ALMEIDA – Líder religioso gaúcho nascido no antigo Daomé, em 1832, e falecido em Porto Alegre, RS, em 1936. Veio para o Brasil cumprindo exílio político, talvez por envolvimento na disputa entre Inglaterra e França pelo controle da região do golfo de Benin. Pensionista do governo britânico, fixou-se em Rio Grande, depois Bagé e, finalmente, na atual capital gaúcha, onde levou vida abastada e bem relacionada com as elites. Admirado e respeitado entre os fiéis do batuque porto-alegrense, era, segundo a tradição, membro da nobreza em sua terra natal, pelo que foi também conhecido como o "Príncipe de Ajudá". Ainda de acordo com a tradição, teria assentado, no mercado municipal da cidade, um bará (espécie de Exu), até hoje guia e protetor da capital gaúcha.

JOSÉ DE DOME – Nome artístico de José Antônio dos Santos, pintor nascido em Estância, SE, em 1921, e falecido em Cabo Frio, RJ, em 1982. Firmou-se a partir de sua primeira exposição individual, em 1955, fixando paisagens e tipos populares. Sua memória e sua obra são reverenciadas na cidade de Cabo Frio, onde o prédio em que funciona a Secretaria de Cultura é conhecido como "Casa José de Dome".

JOSÉ DO Ó BARBOSA – Militar nascido em Pernambuco, onde faleceu em 1817. Capitão do Regimento Miliciano dos Homens Pardos e também alfaiate, instalado o governo republicano em Recife, em 1817, foi encarregado de confeccionar as três bandeiras revolucionárias e os uniformes dos embaixadores. Derrotado o movimento chefiado por Domingos José Martins, foi executado.

JOSÉ DO PATROCÍNIO – Jornalista, escritor e orador abolicionista nascido em Campos dos Goitacazes, RJ, em 1854, e falecido na cidade do Rio de Janeiro em 1905. Filho de um padre com uma quitandeira e ex-escrava, aos 15 anos mudou-se para a capital do Império, empregando-se como aprendiz de Farmácia, ao mesmo tempo que fazia seus estudos de Humanidades. Conciliando trabalho e estudos, diploma-se como farmacêutico enquanto inicia carreira jornalística. Firmando-se como redator, publica dois romances e, a partir de 1880, destaca-se como grande jornalista e orador abolicionista. No episódio do 13 de maio, Patrocínio tem atuação destacada, mas, após a proclamação da República, torna-se, por meio do seu jornal, um dos mais ferozes inimigos do novo regime. Em 1890, faz mais uma de suas viagens à Europa, onde permanece em exílio voluntário por dois anos. Ao regressar, é preso, acusado de participar de um golpe contra o governo do marechal Floriano Peixoto, e, logo a seguir, enviado para a Amazônia. Mais tarde, anistiado e de regresso ao Rio de Janeiro, vai morar numa modesta casa de subúrbio, ajudado por amigos. Possuidor de espírito aventureiro, dedica-se à construção de um aeróstato cujo projeto não se concretiza e, em 1901, mostra no Rio, por intermédio do filho, que o trouxera de Paris, um dos primeiros automóveis que ali circulam e o vê espatifar-se num acidente. Um dos maiores vultos da inteligência brasileira e grande mestre da palavra escrita no Brasil do século 19, foi membro fundador da Academia Brasileira de Letras (ABL), sendo patrono da cadeira n.º 21.

JOSÉ DO PATROCÍNIO MARQUES TOCANTINS – Músico e jornalista (1851-1891) nascido em Goiás. Viveu no Rio de Janeiro, tendo se dedicado ao jornalismo abolicionista. De volta à sua cidade natal na década de 1870, destacou-se como regente da filarmônica local. Voltando, mais uma vez, à capital do Império, organizou o coro da igreja da Boa Morte e participou de um festival abolicionista em 1887 no Teatro São Joaquim, solando, com sua voz de barítono, *A marselhesa*, acompanhado por um coro de oito vozes masculinas. Atuou também como regente de orquestra e compositor, deixando para a posteridade várias obras sacras.

JOSÉ GERVÁSIO DE SOUZA – Pintor brasileiro atuante em Ouro Preto, MG, no século 18. É autor de toda a obra de pintura da igreja de Santa Ifigênia do Rosário dos Pretos do Alto da Cruz, além da pintura e douramento de altares e imagens na Matriz do Pilar.

JOSÉ JACINTO DAS NEVES – Pintor nascido e falecido em Ouro Preto, MG, onde viveu entre 1860 e 1930. Tem obras permanentemente expostas no Museu Mineiro, em Belo Horizonte.

JOSÉ JOAQUIM DA SILVA ROCHA – Pintor brasileiro cuja carreira atingiu o auge por volta de 1777 na Bahia. Mestre da pintura de imagens policromadas, uma de suas pinturas mais importantes é *A visitação*, que está no altar-mor da igreja de Santa Clara da Misericórdia, na Bahia.

JOSÉ LOPES – Líder quilombola na Bahia do século 18. Foi chefe do famoso quilombo Buraco do Tatu, vencido e destruído em 2 de setembro de 1763.

JOSÉ MARIA NEVES – Musicólogo, compositor e regente nascido em São João del Rei, MG, em 1943, e falecido no Rio de Janeiro, RJ, em 2002. Formado no Brasil, em 1960 transferiu-se para a França, doutorando-se em Musicologia na Sorbonne, tendo concluído cursos de pós-graduação também na Universidade do Texas, em Austin, Estados Unidos, e na Nova de Lisboa. Especializado em música eletroacústica, sua obra inclui dezenas de títulos entre livros, artigos e edições críticas de partituras. Docente universitário no Rio de Janeiro, foi presidente da Sociedade Brasileira de Educação Musical e faleceu no exercício da presidência da Academia Brasileira de Música. Era irmão do cardeal d. Lucas Moreira Neves.

JOSÉ MARIA VIANNA RODRIGUES – Biólogo e professor nascido em Porto Alegre, RS, em 1918, e falecido na mesma cidade em 1970. Formado em Ciências Naturais, foi diretor do Museu de História Natural do Instituto Porto Alegre. Em 1960, ao assumir o cargo de assistente da cadeira de Biologia Educacional da Faculdade de Filosofia da Universidade Federal do Rio Grande do Sul (UFRGS), tornou-se o primeiro professor negro a lecionar naquela instituição.

JOSÉ RABELO – Pintor brasileiro ativo em Recife, PE, nos séculos 17 e 18. É autor, entre outras obras, das pinturas do teto do coro na igreja do Mosteiro de Santo Antônio, em Igaraçu, PE, executadas por volta de 1749.

JOSÉ REBOUÇAS – Engenheiro ferroviário nascido em 1838 em Salvador, BA, e falecido em 1921. Diretor da estrada de ferro Mogiana, cargo que exerceu com brilhantismo, passou a maior parte do seu tempo embrenhado nos sertões trabalhando pela implantação de linhas férreas que hoje interligam o interior paulista. Era o irmão mais novo de André e Antônio Rebouças.

JOSÉ SOARES CUPIM – Militar baseado na Bahia no século 19. Integrante da primeira companhia dos Zuavos Baianos, participou da Guerra do Paraguai, tendo recebido várias condecorações e sido promovido, por bravura, ao posto de capitão do Exército brasileiro.

JOSÉ TELES DA CONCEIÇÃO – Atleta nascido e falecido no Rio de Janeiro, onde viveu de 1931 a 1974. Campeão brasileiro e sul-americano na modalidade de salto em altura, classificou-se em terceiro lugar nas Olimpíadas de Helsinque, na Finlândia, em 1952. Em Melbourne, na Austrália, em 1956, chegou em sexto lugar na prova de 200 metros rasos.

JOSÉ THEÓPHILO DE JESUS – Pintor brasileiro nascido e falecido em Salvador, BA, onde viveu de cerca de 1758 a 1847. "Pardo forro", foi aluno do pintor José Joaquim da Rocha, que lhe propiciou estudos em Portugal. De volta à Bahia, executou trabalhos para a Ordem Terceira de São Francisco e para a Santa Casa de Misericórdia, e em 1815 foi contratado para obras de pintura e douramento na igreja do Carmo. Considerado o maior pintor baiano do século 19, suas obras, inclusive duas em que retrata alegoricamente o continente africano, encontram-se, em sua maioria, no Museu de Arte da Bahia, mas também em várias igrejas da capital baiana, como a do Bonfim.

JOSÉ TOBIAS – Cantor nascido em Pernambuco em 1935 e radicado em Niterói, RJ. Com carreira iniciada na Rádio Jornal do Comércio do Recife no início dos anos 1950, tornou-se conhecido pela voz grave e aveludada, em registro de baixo-cantante, com que interpretou peças do cancioneiro regional nordestino, criadas por autores como Dorival Caymmi e Capiba, além de outras de acentuado conteúdo nacionalista.

JOTA EFEGÊ – Pseudônimo de João Ferreira Gomes, jornalista e escritor nascido e falecido no Rio de Janeiro, onde viveu de 1902 a 1987. Cronista e historiador dos ranchos carnavalescos, das escolas de samba, do carnaval e da música popular em geral, foi um escritor carioca por excelência. Entre suas obras principais, contam-se *Ameno Resedá, o rancho que foi escola*; e *Maxixe, a dança excomungada*.

JUAREZ ARAÚJO – Músico brasileiro nascido em Surubim, PE, em 1930, e falecido no Rio de Janeiro, RJ, em 2003. Saxofonista, clarinetista, arranjador e chefe de orquestra egresso de banda militar, nos anos 1960, depois de atuar em vários grupos orquestrais importantes, participou de festivais de jazz em Punta del Este, Uruguai, e em Mar del Plata, Argentina; e na década seguinte excursionou à Ásia e à Europa. Deixou vários registros em LP, solo ou com seus grupos Juarez e Seu Conjunto e Brazilian Jazz Sexteto. Destacando-se entre os grandes nomes do jazz no Brasil, era considerado um dos cinco maiores saxofonistas do mundo.

JUAREZ BAHIA – Jornalista brasileiro (1931-1998) nascido na Bahia. Formou-se em Jornalismo em 1957 e, dez anos mais tarde, em Direito. De 1962 a 1977, ganhou seis vezes o Prêmio Esso, a láurea máxima do jornalismo brasileiro. Foi professor de Comunicação na Universidade de São Paulo e nas Faculdades Cásper Líbero, além de correspondente do *Jornal do Brasil* em Portugal entre 1978 e 1982.

JULIANO MOREIRA – Cientista e médico nascido em Salvador, BA, em 1873, e falecido no Rio de Janeiro em 1933. Doutorou-se pela Faculdade de Medicina da Bahia, onde, mais tarde, foi professor de Clínica Médica. Psiquiatra inovador, em 1902 assumiu a diretoria do Hospital Nacional de Alienados. De sua iniciativa foi a lei de assistência aos alienados, promulgada em 1903 e regulamentada no ano seguinte. Nela amparado, promoveu importante obra de reforma e aparelhamento no hospital sob sua direção e aprimorou a Assistência a Psicopatas, instituição pública de que foi diretor-geral por 28 anos. No campo da literatura médica, escreveu e publicou obras de grande valor. Um dos cientistas brasileiros de maior renome, foi membro de inúmeras instituições científicas, como a Antropologische Gesellschaf, de Munique; a Société de Médecine, de Paris; a Medico-Legal Society, de Nova York; e a Medico-Psychological Association, de Londres. Sua obra publicada reúne mais de 100 títulos, entre trabalhos científicos e de outra natureza, destacando-se "Assistência aos alienados no Brasil" (1906), "Les maladies mentales au Brésil" (1907) e "A evolução da medicina brasileira" (1908).

JÚLIO CÉSAR – Nome pelo qual é mais comumente referido Júlio César Ribeiro de Souza, inventor e aeronauta nascido em São José de Acará, PA, em 1843, e falecido em Belém, PA, em 1887. Pioneiro da aviação no Brasil e no mundo, em 1865 abandonou o curso da Escola Militar, no Rio de Janeiro, e foi lutar no Paraguai. Terminada a guerra, dedicou-se a pesquisas aeronáuticas e, em 1881, apresentou ao Instituto Politécnico, na capital do Império, sua "Memória sobre a navegação aérea", com o que conseguiu, em seu estado, apoio financeiro para a construção de um balão. Viajando para Paris, lá fez construir e experimentou, sucessivamente, os aeróstatos Vitória, Santa Maria de Belém e Cruzeiro, com este sobrevoando a cidade, com pleno êxito. Em sua homenagem, a rua do Carmo, no centro da cidade do Rio de Janeiro, chamou-se, de 1898 a 1917, rua Júlio César.

JÚLIO EMÍLIO BRAZ – Escritor brasileiro nascido em Manhumirim, MG, em 1959. Ficcionista, depois de escrever centenas de livros de bolso, com histórias de aventuras, usando diferentes pseudônimos, recebeu em 1989 o prestigioso Prêmio Jabuti, como autor revelação, por *Saguairu*, romance dirigido ao público infantojuvenil. Em 1997, foi laureado com o Austrian Children Book Award e o Blue Cobra Award por *Crianças na escuridão*. Tem também publicados, entre outros livros, *Enquanto houver vida viverei*; *Zumbi, o despertar da liberdade*; e *As pessoas não têm cor*.

JÚLIO ROMÃO DA SILVA – Escritor e jornalista nascido e falecido em Teresina, PI (1917-2013). Formado pela Faculdade de Filosofia da Universidade Federal do Rio de Janeiro (UFRJ), foi editorialista e secretário do *Jornal do Commércio* carioca e repórter político do *Correio da Manhã*. Dono de vasta obra publicada, incluindo dois livros premiados pela Academia Brasileira de Letras, em maio de 1990 tomava posse na academia literária de seu estado natal. Em 2010, pelo brilhantismo de sua trajetória intelectual, recebeu o título de doutor *honoris causa*, concedido pela Universidade Federal do Piauí.

JUNTAS DE ALFORRIA – No Brasil escravista, espécies de caixas econômicas criadas por escravos com o fim específico de, mediante depósitos, reunir capital para financiar a compra de cartas de alforria de seus associados. Possuindo cobradores próprios, funcionavam como modernas sociedades de mútuo, com concessão, em caso de necessidade, de adiantamentos em dinheiro, sujeitos a juros e distribuição periódica de dividendos.

JUSTIÇA SOCIAL CRISTÃ – Entidade do movimento negro criada na cidade do Rio de Janeiro.

JUSTINIANO DA ROCHA – Jornalista abolicionista, escritor e professor de História nascido e falecido no Rio de Janeiro (1812-1863). Cursou Direito em São Paulo e, em 1840, fundou o jornal *O Brasil*, uma das mais bem redigidas folhas políticas do jornalismo nacional.

K

K. LIXTO – Assinatura artística do caricaturista Calixto Cordeiro, nascido em Niterói, RJ, em 1877, e falecido na cidade do Rio de Janeiro em 1957. Foi também gravador, pintor, escultor, cenógrafo, professor e, durante muitos anos, criador dos anúncios humorísticos da Loteria Federal popularizados pelo *slogan* "Insista, não desista". Juntamente com J. Carlos e Raul Pederneiras, constituiu a trindade de caricaturistas que nacionalizou essa arte no Brasil.

KABENGELE MUNANGA – Antropólogo nascido na atual República Democrática do Congo, em 1942, e naturalizado brasileiro em 1985. Professor do Departamento de Antropologia da Faculdade de Filosofia, Letras e Ciências Humanas da Universidade de São Paulo, é autor de várias obras discutindo e polemizando o racismo em voga no Brasil.

KANEM-BORNU – Antigo Estado fundado pelo povo kanuri a oeste do lago Chade, no norte da atual Nigéria. Seu apogeu verificou-se no século 12.

KOFI ANNAN – Diplomata nascido em Gana, África Ocidental, em 1938, foi secretário-geral da Organização das Nações Unidas (ONU) por dez anos. Formado em Economia pelo Instituto Universitário de Genebra e em Administração pelo Instituto de Tecnologia de Massachusetts (MIT), ingressou na ONU em 1962, ocupando vários cargos importantes até ser, em 1997, o primeiro negro escolhido para sua direção-geral.

KRUS – Povo da África Ocidental localizado na fronteira entre Libéria e Costa do Marfim. Provavelmente o mesmo que krumantee ou coromantis, localizados na região conhecida como Krumanti.

KUBA – Reino banto do povo bakuba florescido no sudeste do atual Congo-Kinshasa, ex-Zaire, entre os séculos 18 e 19. Sua civilização tornou-se notável, principalmente pela rica estatuária que produziu e pela sabedoria de alguns de seus governantes.

KU KLUX KLAN – Organização terrorista de extrema-direita, hoje clandestina, criada nos Estados Unidos em 1865 com o objetivo de, por meio de violência e intimidação, impedir que os negros exerçam seus direitos políticos naquele país. No Brasil, na atual cidade de Itapira, SP, em fevereiro de 1888, o médico americano James Warne, o "Boi", emigrado do Sul dos Estados Unidos em 1865, após a Guerra Civil, comandou cerca de 200 pessoas em um linchamento de motivação racista. A vítima foi Joaquim Firmino de Araújo Cunha, delegado da cidade, então denominada Penha do Rio do Peixe, acusado de proteger escravos fugidos. Esse fato aponta para uma possível tentativa de criação de um braço da organização, que já atuava em Cuba, também no Brasil.

L

LADINO – Qualificativo brasileiro do escravo africano já falante da língua portuguesa, em oposição ao boçal.

LAGOA DO ABAETÉ – Local de atração turística em Salvador, BA, próximo à praia de Itapuã. Lá os fiéis do candomblé costumam fazer oferendas aos orixás Oxum e Iemanjá.

LANC-PATUÁ – Espécie de dialeto falado no Amapá, no Acre e em Rondônia, para onde foi levado por imigrantes das Antilhas e da Guiana, na passagem da década de 1930 para a de 1940. Origina-se no francês, mas é escrito com as representações fonéticas da língua portuguesa.

LAURA SEGUNDA – Embarcação a bordo da qual se desenrolou a rebelião conhecida como "Motim da Laura Segunda", ocorrida em 10 de julho de 1839 no Ceará. Na rebelião, 23 tripulantes da barca, todos escravos, amotinaram-se, desesperados com os maus-tratos sofridos a bordo. Liderados pelo escravo de nome Constantino, os amotinados lançaram ao mar todos os tripulantes brancos, à exceção de um que havia aderido ao motim. Em seguida, fugiram em direção a Aracati, tendo sido presos antes de alcançar a cidade. Constantino e mais cinco de seus seguidores foram enforcados no dia 22 de outubro daquele ano na Praça dos Mártires, em Fortaleza.

LAURINDO RABELO – Poeta e cantor nascido e falecido na cidade do Rio de Janeiro, onde viveu de 1826 a 1864. Formado em Medicina em 1846, com grandes dificuldades financeiras, foi médico do Exército. Misto de cantor popular e renomado poeta, é patrono, na Academia Brasileira de Letras (ABL), da cadeira n.º 26, criada por Guimarães Passos.

LEANDRO JOAQUIM – Pintor e arquiteto nascido em 1738 na cidade do Rio de Janeiro, onde faleceu em 1798. É autor de diversas pinturas executadas na igreja de São Sebastião do Morro do Castelo, hoje preservadas na igreja dos Capuchinhos, além de painéis ovais com vistas do Rio de Janeiro, pertencentes ao acervo do Museu Histórico Nacional. Foi também cenógrafo do Teatro de Manuel Luís e colaborador do escultor Mestre Valentim.

LEANDRO PAULO ANTÍGONO – Magistrado brasileiro nascido na Bahia no século 19. Faleceu como juiz de Direito no estado do Amazonas.

LEGBÁ – Entidade dos cultos de origem jeje correspondente, em alguns aspectos, ao exu nagô.

LEGIÃO DOS HENRIQUES – O mesmo que Regimento dos Henriques.

LEGIÃO NEGRA DO BRASIL – Dissidente da Frente Negra Brasileira, a entidade foi criada por Joaquim Guaraná de Santana. Participou da Revolução Constitucionalista de São Paulo, em 1932, com um corpo misto de voluntários denominado Batalhão Henrique Dias.

LEI AFONSO ARINOS – Nome pelo qual é conhecida a Lei n. 1.390, de 3 de julho de 1951, que incluía, entre as contravenções penais, "os atos resultantes de preconceito de raça ou de cor". De iniciativa do então deputado Afonso Arinos, sua promulgação deveu-se à grande repercussão de um ato de discriminação racial cometido, em um hotel de São Paulo, contra a coreógrafa americana Katherine Dunham. Seu texto foi modificado pela Lei n. 7.437, de 20 de dezembro de 1985, revogada pela Lei Caó.

LEI ÁUREA – Nome pelo qual passou à posteridade a Lei n 3.353, de 13 de maio de 1888, que, com apenas um artigo, declarou extinta a escravidão no Brasil.

LEI CAÓ – Nome pelo qual é conhecida a Lei Federal n. 7.716, de 5 de janeiro de 1989, que define os crimes resultantes de preconceito de raça ou de cor. Sua iniciativa partiu do então deputado Carlos Alberto de Oliveira, o Caó (Salvador, BA, 1941-).

LEI DIOGO FEIJÓ – Nome pelo qual é conhecida a lei brasileira de 7 de novembro de 1831, que declarava livres todos os escravos vindos de fora do Império e impunha penas aos seus importadores. Diogo Antônio Feijó era o ministro da Justiça à época de sua promulgação.

LEI DO VENTRE LIVRE – Nome pelo qual é conhecida a lei federal brasileira de 28 de setembro de 1871, que declarava livres os filhos nascidos, a partir daquela data, de mulher escrava. É também referida como Lei Rio Branco.

LEI DOS SEXAGENÁRIOS – Nome pelo qual é conhecida a Lei n. 3.270, de 28 de setembro de 1885, que mandava proceder-se à matrícula dos escravos existentes em todo o Império do Brasil, excluindo-se os de mais de 60 anos.

LEI EUSÉBIO DE QUEIRÓS – Nome pelo qual se tornou conhecida a Lei n 581, de 4 de setembro de 1850, que proibiu o tráfico de africanos para o Brasil. Durante sua vigência, entretanto, o tráfico interno de escravos permaneceu legal, até a Lei Áurea. Seu nome é referência ao ministro da Justiça da época da promulgação.

LEI PAIM – Nome pelo qual se tornou conhecida a Lei Federal n. 9.459, de 13 de maio de 1997, dispositivo antirracista de iniciativa do então deputado Paulo Paim. Ampliando o alcance da Lei Caó, ela pune as ações discriminatórias motivadas por etnia, religião e procedência nacional.

LEI RIO BRANCO – Nome pelo qual também foi conhecida a Lei do Ventre Livre, em homenagem ao barão do Rio Branco, então na chefia do Poder Executivo.

LEI SARAIVA-COTEGIPE – Nome pelo qual também foi conhecida a Lei dos Sexagenários. José Antônio Saraiva e o barão de Cotegipe foram conselheiros do Império envolvidos em sua promulgação.

LEILÕES DE ESCRAVOS – À época da escravidão, no Brasil e nas Américas era comum a venda pública, pelo maior lance, de indivíduos isolados ou de lotes de indivíduos escravizados. Nesses leilões, muitas vezes, famílias eram desagregadas à força e crianças de colo eram arrancadas dos braços de seus pais para ser levadas por seus arrematadores.

LÉLIA GONZALEZ – Antropóloga nascida em Minas Gerais, em 1935, e falecida no Rio de Janeiro em 1994. Docente universitária, foi destacada militante dos movimentos negro e de mulheres, tendo integrado o Conselho Nacional dos Direitos da Mulher, criado pela presidência da República em 1985. Foi suplente de deputado federal e de deputado estadual; ajudou a fundar o Grupo Olodum e participou ativamente do Grêmio de Arte Negra Quilombo, fundado pelo sambista Candeia. Deixou publicados, no Brasil e no exterior, diversos ensaios sobre os assuntos dos quais se ocupou, entre eles, *A mulher negra na sociedade brasileira* e *Lugar de negro*, ambos de 1982, este último organizado em coautoria com Carlos Hasenbalg.

LEÔNIDAS DA SILVA – Jogador de futebol nascido no Rio de Janeiro, RJ, em 1913, e falecido na cidade de São Paulo em 2004. Um dos maiores centroavantes brasileiros em todos os tempos, foi várias vezes campeão carioca e paulista na década de 1940, além de artilheiro da Copa do Mundo de 1938, da qual foi a maior estrela. Veloz, técnico e elástico, sendo chamado pelo epíteto de "Homem de Borracha", foi o popularizador da "bicicleta", bela jogada acrobática do futebol. Também cognominado "Diamante Negro" (nome logo associado a uma famosa marca de chocolates, numa pioneira estratégia mercadológica), foi um dos primeiros grandes craques do futebol mundial e um símbolo desse esporte como arte e espetáculo.

LESOTO – Reino africano, outrora chamado Basutolândia, encravado no centro-leste da África do Sul, com capital em Maseru. Etnicamente composto, sobretudo, por basutos e ngunis, sua história inscreve-se no cenário das migrações bantas em direção ao extremo sul do continente e dos confrontos daí resultantes, bem como das invasões bôeres no século 19.

LEVANTE DE 1814 – Rebelião escrava ocorrida em Salvador, BA, e incluída no rol das Revoltas dos Malês. Entre seus líderes, contam-se o escravo Francisco Cidade, condenado à morte e depois a degredo na África, e sua companheira, Francisca, tidos como "rei" e "rainha" do grupo sublevado.

LEVANTE DE OURO PRETO – Expressão pela qual é mencionada a revolta de escravos organizada em Vila Rica, atual Ouro Preto, MG, em 1821, sob a chefia do negro conhecido como Agoínos, trabalhador nas lavras de ouro. Inspirados, segundo algumas versões, na Revolução Haitiana, os insurretos pretendiam, ao que consta, exterminar a população branca da cidade. Envolveram-se no movimento cerca de 15 mil escravos e libertos, os quais criaram uma bandeira e usavam distintivos, sendo mortos talvez mais de mil deles na repressão ao levante.

LIBAMBO – Designação de origem banta para a cadeia de ferro à qual se atava, pelo pescoço, um grupo de escravos em trânsito. Por extensão, grupo de escravos.

LIBERDADE – Bairro da cidade de Salvador, BA, assim denominado na década de 1930. Com maioria de população negra, num total de cerca de 130 mil habitantes em 1998, distinguiu-se por sediar, além de outras expressões, os blocos afros Ilê Aiyê e Muzenza, bem como a representação do Movimento Negro Unificado.

LIBÉRIA – República da África Ocidental, com capital em Monróvia. Os principais grupos étnicos africanos autóctones que compõem a população liberiana são os kpeles, bassas, krus e vais. Cerca de 3% da população descende dos fundadores da República, proclamada em 1847 após a imigração, iniciada na primeira metade do século 19, de negros de diversas origens libertos nos Estados Unidos, por força da atuação das sociedades filantrópicas emancipadoras. Os descendentes desses colonizadores, fixados no litoral, teriam constituído a elite dirigente do país.

LIBERTO – Escravo que passou à condição de livre.

LÍBIA – República do norte da África, com capital em Trípoli. Sua história remonta à Antiguidade, sendo sua população original, segundo a moderna ciência, constituída de uma população negra do Saara meridional. Sua população atual inclui grupos berberes com acentuados traços negroides.

LIMA BARRETO – Nome literário de Afonso Henriques de Lima Barreto, escritor nascido e falecido na cidade do Rio de Janeiro, onde viveu de 1881 a 1922. Considerado um dos mais representativos escritores brasileiros da crítica social urbana, retratou em seus romances, contos e crônicas a sociedade da época, denunciando o racismo e as injustiças sociais e captando com ironia e amargura, mas sempre magistralmente, a vida carioca. Mulato, suburbano, fiel às suas origens e posicionando-se contra o colonialismo cultural, foi rejeitado pelo mundo literário de seu tempo, alcançando reconhecimento somente após a morte.

LINDOLFO ROCHA – Escritor e músico nascido em Grão Mogol, MG, em 1862, e falecido em Salvador, BA, em 1911. Foi pistonista, mestre de banda e diretor de escola primária no interior baiano. Mais tarde, formado pela Faculdade de Direito do Recife, PE, foi advogado, juiz e, finalmente, fazendeiro. Intelectual de vários interesses, incursionou por diversos ramos do conhecimento humano, como geografia, história, política, etnografia, direito, literatura e educação. Romancista, além de dramaturgo e poeta, publicou obras representativas do ciclo regionalista da literatura nacional.

LÍNGUA GERAL DE MINA – Denominação atribuída pelo português ao fongbé ou ewe-fon, língua falada pelos escravos daomeanos em Minas Gerais no século 18. As observações a respeito dessa língua foram feitas na antiga freguesia de São Bartolomeu, próximo a Vila Rica, e seus estudos foram objeto do livro *Obra nova da língua geral de Mina*, publicado em 1741. Em 2002 foi lançada a obra *A língua mina-jeje* no Brasil, da filóloga Yeda P. de Castro.

LÍNGUAS NEGRO-AFRICANAS – A infinidade de línguas e variantes faladas na África é em geral classificada segundo fatores geográficos ou estritamente linguísticos. A classificação geográfica as divide em quatro famílias. Dessas, as da família "congo-cordofaniana" foram as de maior impacto no português do Brasil e, entre elas, em especial o quicongo, o quimbundo, o umbundo, o quioco, o lunda etc. (Congo, Angola); o iorubá (Nigéria); o ewê, o fongbé (Benin) etc. Nesse conjunto, por sua vez, nota-se a predominância das línguas do grupo banto, evidente nos milhares de bantuísmos introduzidos no português do Brasil, nem todos dicionarizados e grande parcela deles detectada nos vocabulários regionais ou da linguagem popular de alguns pontos do país. Observe-se que nos chamados "quilombos contemporâneos", onde em muitos casos utilizam-se falares tidos como "africanos", os vocábulos e expressões identificados até a época deste *Dicionário* denunciavam ou sugeriam origens majoritariamente bantas. Os termos de origem sudanesa estão sempre mais relacionados às práticas e aos utensílios da tradição iorubana ou jeje dos orixás e voduns, como a música, a descrição dos trajes e a culinária.

LINO GUEDES – Poeta nascido em Socorro, SP, em 1897, e falecido na capital do estado em 1951. Criado em Campinas, iniciou-se na carreira jornalística e mais tarde militou em vários jornais da capital paulista. Publicada a partir da década de 1920, sua obra abrange poesia, conto, romance, ensaio, biografia etc. Segundo o crítico inglês David Brookshaw, Lino Guedes teria sido "o primeiro poeta negro do Brasil a experimentar e expressar conscientemente a alma do seu povo".

LITERATURA AFRO-BRASILEIRA – Para alguns estudiosos da literatura contemporânea, para que a literatura produzida por escritores negros no Brasil hoje seja de fato considerada uma literatura específica, diferenciada, estaria em jogo a proposta de uma nova estética, assim reconhecida pelos meios acadêmicos e círculos eruditos. Para outros, a simples denúncia do racismo, na prática literária, conjugada com a afirmação de um modo afrodescendente de ser e exprimir-se, já constituiria em si uma proposta estética. Outros, ainda, escudados no mito da democracia racial, negam a existência ou mesmo a necessidade de uma literatura que se assuma como afro-brasileira. No panorama literário brasileiro, ao longo da história, temos os grandes escritores afrodescendentes que construíram ou constroem obra literária reconhecida mas totalmente divorciada de suas origens raciais; temos aqueles cujas referências às origens se escondem nos símbolos ou no eruditismo que utilizam; aqueles, como Caldas Barbosa, que usam sua africanidade para com ela fazer literatura simpática e pitoresca; e, ainda, aqueles que utilizaram e utilizam a literatura como arma ou instrumento de combate. Modernamente, depois de Luiz Gama, Lima Barreto, Lino Guedes, Solano Trindade e Abdias Nascimento, por exemplo, importantes escritores afrodescendentes, como os ensaístas Muniz Sodré e Joel Rufino dos Santos, os historiadores Flávio dos Santos Gomes e Álvaro Nascimento, além dos poetas e ficcionistas militantes surgidos a partir da década de 1970, ligados aos movimentos Quilombhoje, em São Paulo; Negrícia, no Rio de Janeiro; e Gens, em Salvador, compõem parte do grande painel da literatura afro-brasileira no início do século 21.

LIVROS DIDÁTICOS – No final da década de 1980, a educadora Ana Célia Silva realizou a pesquisa "Estereótipos e preconceitos em relação aos negros nos livros de Comunicação e Expressão de 1.º grau, nível 1". O estudo identificou estereótipos negativos (personagens negras sugeridas como subalternas, incapazes, pobres, sem identidade ou estigmatizadas em contextos sociais específicos) nos textos e nas ilustrações de 82 livros de Língua Portuguesa.

LOBO DE MESQUITA – Nome artístico de José Joaquim Emérico Lobo de Mesquita, músico nascido em Serro Frio, MG, em 1756, e falecido na cidade do Rio de Janeiro em 1805. Organista da igreja da Ordem Terceira do Carmo, em Diamantina, e da Irmandade do Santíssimo Sacramento da igreja de Santo Antônio à época da Inconfidência Mineira, Lobo de Mesquita destacou-se como grande compositor de músicas sacras, no ciclo conhecido como Barroco mineiro, nivelando-se aos maiores mestres europeus. Era também alferes, como Tiradentes.

LOGUM EDÉ – Orixá da tradição ijexá cultuado no Brasil. Tem mesclados os atributos de Oxum e Oxóssi.

LUANDA – Capital da República de Angola. Fundada em 1756 com o nome de São Paulo de Luanda, foi importante porto de embarque no tráfico português de escravos.

LUBAS – Povo banto, também conhecido como balubas. Habita principalmente a província de Catanga (Shaba), no Congo-Kinshasa. Enriquecidos à custa do comércio de marfim, metais e escravos praticado com os portugueses, os lubas desenvolveram, do século 16 ao 19, reinos que, em certos períodos, dominaram toda a grande área entre o rio Kasai e o lago Tanganica.

LUCAS DANTAS – Líder revolucionário nascido e falecido em Salvador, BA, onde viveu de 1774 a 1799. Soldado do Regimento de Artilharia e marceneiro, filho de branco e negra, tornou-se, com apenas 16 anos de idade, o principal chefe da Conjuração Baiana de 1798, a chamada Revolução dos Alfaiates. Enforcado no largo da Piedade, seu corpo foi esquartejado e espalhado por vários locais da capital baiana.

LUCIANA DE ABREU – Escritora brasileira nascida em Porto Alegre, RS, em 1847, e falecida na mesma cidade em 1880. Filha de pais desconhecidos e criada no asilo da Santa Casa de Misericórdia, foi, no fim do século 19, a primeira mulher brasileira a discursar em público em defesa dos direitos femininos. Suas conferências foram reunidas e publicadas por Dante de Laytano em 1949.

LUCIANA LEALDINA DE ARAÚJO – Fundadora de obras filantrópicas nascida em Porto Alegre, RS, em 1870, e falecida em Bagé, RS, em 1930. Embora pobre, em 1901 fundou, com a ajuda de donativos, o Asilo São Benedito, no município de Pelotas. Em 1908, transferiu-se para Bagé, onde, mais uma vez com o apoio de terceiros, fundou o Orfanato São Benedito, outra importante obra social. Também conhecida como "Mãe Preta", tem sua memória reverenciada na cidade onde faleceu, registrada nos nomes de uma escola, de uma praça e de uma rua.

LUCINDO FILHO – Nome literário de Lucindo Pereira dos Passos Filho, escritor nascido em Diamantina, MG, em 1847, e falecido em Vassouras, RJ, em 1896. Formado pela Faculdade de Medicina do Rio de Janeiro, foi combativo abolicionista. Deixou vasta obra, na qual se incluem trabalhos médico-científicos, poemas, ensaios históricos e estudos gramaticais.

LUÍS ÁLVARES PINTO – Músico nascido e falecido em Recife, PE, onde viveu de 1719 a 1789. Foi violoncelista da Capela Real de Lisboa entre 1740 e 1760. Compôs hinos, missas, novenas, ladainhas e sonatas, além de publicar um dicionário e livros didáticos. Entretanto, de sua obra restaram para a posteridade apenas um te-déum e uma salve-rainha. Alguns autores mencionam seu nome como Luís Alves Pinto.

LUÍS ANSELMO – Médico e historiador (1853-1929) nascido em Santo Amaro da Purificação, BA. Foi professor de Física Médica da Faculdade de Medicina da Bahia e autor de livros científicos.

LUÍS ANTÔNIO PEREIRA DA COSTA – Militar e poeta nascido em Sabará, MG, em 1749, e falecido no Rio de Janeiro. Em 1769, foi nomeado capitão de cavalaria e, por volta de 1777, mudou-se para o Rio de Janeiro, onde serviu. Requisitado como poeta para várias solenidades oficiais, é autor do poema heroico "Britânica".

LUÍS DE FRANÇA – Líder religioso e animador cultural nascido e falecido em Recife, PE, onde viveu entre 1901 e 1997. Sacerdote de Ifá, tornou-se mais conhecido como comandante do maracatu Leão Coroado, fundado em 1863.

LUÍS SANIM – Líder malê na Bahia, entre os séculos 18 e 19. Escravo de suposta origem tapa, era um alufá instruído que falava, além de sua língua de origem, os idiomas hauçá e iorubá. Versátil e prático, organizou entre seus pares e liderados uma caixa de poupança para, entre outros objetivos, comprar cartas de alforria. Trabalhava como enrolador de fumo e era já idoso em 1835. Um dos chefes da grande Revolta dos Malês, foi julgado e condenado à morte, pena depois abrandada para a de 600 chibatadas.

LUIZ BARBALHO BEZERRA – Herói militar e poeta nascido em Olinda, PE, em 1600, e falecido no Rio de Janeiro, em 1644. Comandante das tropas que resistiram à invasão holandesa, em 1635 foi enviado, como escravo, para a Holanda. Fugindo do cativeiro, distinguiu-se na defesa da cidade de Salvador (1638-1639). Foi nomeado governador do Rio de Janeiro, sucedendo a Salvador de Sá e Benevides. Entretanto, esgotado pela guerra, faleceu pouco depois da posse.

LUIZ GAMA – Nome abreviado de Luiz Gonzaga Pinto da Gama, advogado, poeta e jornalista nascido em Salvador, BA, em 1830, e falecido em São Paulo em 1882. Tido como filho da legendária Luiza Mahim com um fidalgo brasileiro, aos 10 anos de idade foi vendido como escravo pelo próprio pai. Integrou o corpo de redatores do *Radical Paulistano*, no qual se distinguiu como um dos maiores líderes abolicionistas do país. Poeta, escreveu poemas satíricos, entre os quais o célebre "A bodarrada", em que questiona o suposto porcentual majoritariamente branco da sociedade brasileira. Com esse poema, publicado em 1859, tornou-se o primeiro escritor nacional a assumir de modo explícito sua identidade negra, sendo, portanto, o fundador da literatura de militância negra no Brasil. Advogado, especializou-se na libertação de pessoas que eram mantidas em escravidão ilegal, conseguindo alforria para mais de 500 indivíduos.

LUIZ GONZAGA – Cantor, compositor e instrumentista nascido em Exu, PE, em 1912, e falecido em Recife, capital do mesmo estado, em 1989. Radicado no Rio de Janeiro a partir do final da década de 1930, tornou-se, com sua sanfona e sua voz personalíssima, artista de grande sucesso popular, sem descaracterizar suas origens musicais, sendo, por isso, cognominado "Rei do Baião", e visto sempre como um símbolo positivo do Nordeste. Criador excepcional, modernizou e deu dimensão nacional ao gênero rural que o consagrou. Dono de obra vastíssima, deixou registros fonográficos com inúmeras composições e interpretações que se tornaram clássicos não só do repertório regional, como da música popular brasileira em geral. Com o sucesso do filho Gonzaguinha, passou a ser referido como "Gonzagão".

LUIZ GONZAGA DAS VIRGENS – Revolucionário nascido e falecido em Salvador, BA, onde viveu de 1761 a 1799. Soldado e neto de escrava, sabendo latim e cirurgia, participou da Conjuração Baiana de 1798 (Revolução dos Alfaiates). Conhecido pelo temperamento insubmisso e permanente inconformismo contra o racismo vigente na sociedade baiana de seu tempo, é tido como o provável redator dos manifestos da insurreição. Foi enforcado e esquartejado.

LUIZA BAIRROS – Nome pelo qual se fez conhecida Luiza Helena de Bairros, socióloga e administradora nascida em Porto Alegre, RS, em 1953, e radicada na Bahia. Graduada em administração pela Universidade Federal do Rio Grande do Sul e pós-graduada pelas universidades Federal da Bahia e de Michigan, em 2008, depois de atuar no Executivo estadual baiano, assumiu o cargo de ministra-chefe da Secretaria de Políticas de Promoção da Igualdade Racial (Seppir) do governo brasileiro.

LUIZA MAHIM – Revolucionária baiana de origem daomeana nascida no século 19. Tornou-se livre por volta de 1812 e, trabalhando como quituteira e quitandeira, apoiou várias revoltas de escravos, em especial fazendo circular mensagens entre os revoltosos. Na repressão à grande Revolta dos Malês, em 1835, teria conseguido fugir para o Rio de Janeiro, onde foi presa e provavelmente deportada para a África. Tida como mãe do poeta Luiz Gama, que a celebrara em um poema, sua história é envolta em aura de lenda, sendo muitas vezes descrita como combatente de rua. Seu nome étnico, pronunciado "marrim", refere-se a um povo jeje do antigo Daomé, entre os quais teria nascido.

LUNDA – Nome de uma região e de um povo da África Central localizados no leste de Angola. O povo constituiu um dos mais famosos Estados africanos antes da chegada dos europeus.

LUNDU – Antigo gênero afro-brasileiro de música e dança. Migrando do Brasil para Portugal no século 18, cantado sob a forma de lundu chorado (mais lento e dengoso), ao som de violas, teria dado origem, segundo alguns autores, ao fado-canção português. Em algumas comunidades rurais brasileiras, notadamente na Bahia, o lundu sobrevive como uma forma de samba solto ou batucada, cantado com o acompanhamento de viola e pandeiro e dançado individualmente, com passos bastante elaborados.

M

MACACO – Denominação do quilombo principal de Palmares. Construído à maneira de cidade, diferenciava-se por isso dos demais, que em geral eram simples aldeamentos móveis e de pequenas dimensões.

MACAÉ – Nome artístico de Dulcilando Pereira, músico nascido em Macaé, RJ, em 1938. Saxofonista, arranjador, pesquisador e professor, é autor de cerca de 400 arranjos do repertório marcial e sinfônico da Banda do Corpo de Bombeiros do Rio de Janeiro. Um dos maiores executantes brasileiros de sax-tenor, no campo da pesquisa criou o Laboratório de Sons Musicais, experiência que permite a extração de variados timbres de instrumentos de sopro, em efeitos sonoros idênticos aos sons de corda de uma orquestra sinfônica.

MACHADO DE ASSIS – Nome literário de Joaquim Maria Machado de Assis, escritor nascido e falecido na cidade do Rio de Janeiro, onde viveu de 1839 a 1908. Bisneto de libertos, era filho de um pintor mulato e de uma portuguesa dos Açores, agregados numa chácara no morro do Livramento, na zona portuária carioca. Aos 15 anos, já fora do ambiente de origem, estreou na literatura pela mão do editor Paula Brito, também afrodescendente, vindo daí sua carreira jornalística. A partir de 1870, firmou sua reputação literária, sendo considerado hoje um dos maiores romancistas brasileiros, se não o maior deles. Foi fundador e presidente da Academia Brasileira de Letras.

MACONDES – Povo banto que habita os territórios de Tanzânia e Moçambique. Tradicionais escultores em madeira, suas máscaras e objetos entalhados são admirados e valorizados internacionalmente.

MACUAS – Grupo étnico de Moçambique que também forneceu escravos ao Brasil.

MACULELÊ – Folguedo popular do Recôncavo Baiano, misto de dança guerreira e jogo de bastões ou grimas, remanescente dos antigos cucumbis. Auto de origem africana levado para a zona dos canaviais baianos, o maculelê, segundo a tradição, existiria, em Santo Amaro, pelo menos desde 1757, ano da inauguração da igreja da Purificação.

MACUMBA – Nome genérico, popularesco, e de cunho às vezes pejorativo, com que se designam as religiões afro-brasileiras, notadamente a umbanda e o candomblé.

MADAGASCAR – República situada no oceano Índico, na grande ilha de mesmo nome, separada do continente africano pelo canal de Moçambique, com capital em Antananarivo. Foi povoada, em épocas remotas, por povos originários da Polinésia, mais tarde miscigenados com africanos. Atualmente, as populações negras concentram-se sobretudo nas regiões costeiras.

MADALENA REINBOLT – Tapeceira e pintora nascida em Vitória da Conquista, BA, em 1919, e falecida em 1977. Por volta de 1950, começou a dedicar-se à pintura, passando, no final da década seguinte, a expressar-se principalmente por meio da tapeçaria. Seus trabalhos, muito valorizados no mercado de arte, evocam reminiscências rurais mescladas a informações urbanas.

MADRE JOANINA DA SAGRADA FACE – Nome adotado por Maria José de Sampaio, religiosa nascida em Diamantina, MG, em 1902, e falecida em 1982. Desenvolveu importante obra social em Niterói, RJ, tendo sido a responsável pela criação do Orfanato Santo Antônio, inaugurado em 1951, e por sua ampliação.

MÃE ANINHA – Nome pelo qual ficou conhecida Eugênia Anna dos Santos, ialorixá nascida em Salvador, BA, em 1869, e falecida na mesma cidade em 1938. Dotada de grande poder de liderança, procurou fortalecer a religião dos orixás e garantir condições para seu livre exercício. Para tanto, reorganizou os nagôs na Bahia e no Rio de Janeiro. Instituidora, em sua comunidade, do corpo de obás (cargos para os quais até hoje são escolhidas pessoas de grande prestígio social), contribuiu decisivamente, com essa e outras iniciativas, para o início da desestigmatização da religião e da cultura dos negros no Brasil. Em 1936, foi um dos esteios do Segundo Congresso Afro-Brasileiro, realizado em Salvador.

MÃE LUZIA – Nome pelo qual foi conhecida Francisca Luzia da Silva, parteira e líder comunitária nascida e falecida em Macapá, AP, onde viveu de 1854 a 1954. Nascida escrava, por seus conhecimentos tradicionais tornou-se figura legendária na região, sendo sua casa frequentada por artistas, intelectuais e políticos. Responsável pelo parto de gerações de conterrâneos de todas as classes sociais, seu nome foi dado à maternidade principal e à Rede de Parteiras Tradicionais do Amapá, criada em 1996.

MÃE MENININHA DO GANTOIS – Nome com que se tornou célebre Maria Escolástica da Conceição Nazaré, ialorixá nascida e falecida em Salvador, BA, onde viveu de 1894 a 1986. Iniciada aos 8 anos de idade e assumindo a chefia do terreiro do Gantois em 1922, permaneceu no posto durante 64 anos, granjeando, por seu carisma e popularidade, admiração e respeito para si e para a religião dos orixás.

MÃE PRETA – No Brasil colonial, escrava encarregada de cuidar dos filhos da família patriarcal, por sua proximidade e pelo papel maternal que desempenhava. Era, em geral, muito respeitada e querida pelas crianças e jovens da família.

MÃE SENHORA – Nome pelo qual foi consagrada a ialorixá Maria Bibiana do Espírito Santo, nascida em 1900 em Salvador, BA, e falecida na mesma cidade em 1967. De 1939 até sua morte, exerceu com grande sabedoria e autoridade o cargo de sacerdotisa-chefe do Ilê Axé Oponjá. Em 1952 recebeu, do alafim (rei) de Oyó, o título de *ìyá-nàsó* (primeira sacerdotisa da corte), como reconhecimento pelo brilho com que manteve o culto de Xangô na Diáspora. Em 13 de maio de 1965, no estádio do Maracanã, no Rio de Janeiro, diante de milhares de fiéis da religião dos orixás, foi agraciada com o título de "Mãe preta do Brasil".

MÃE STELLA DE OXÓSSI – Nome com que se tornou conhecida Maria Stella de Azevedo, ialorixá nascida em Salvador, BA, em 1925. Destacou-se a partir de 1975 como uma das grandes mães de santo baianas, projetando-se na dimensão de Mãe Aninha e de Mãe Senhora. Em 1993, publicou o livro *Meu tempo é agora* e, em fins de 1999, durante as comemorações pelos seus 60 anos de iniciação, recebeu das mãos do ministro da Cultura a Medalha da Ordem do Mérito Cultural, conferida pela presidência da República, como reconhecimento por sua luta em defesa da identidade negra do Brasil.

MÃE-PEQUENA – Sacerdotisa substituta da ialorixá. Masculino: pai-pequeno.

MAESTRO CARIOCA – Nome artístico de Ivan Paulo da Silva, chefe de orquestra, compositor, arranjador e instrumentista brasileiro nascido em Taubaté, SP, em 1910, e falecido no Rio de Janeiro, RJ, em 1991. Trombonista, integrou a geração de músicos que, na década de 1940, traçou os caminhos da música popular orquestral do Brasil. É de sua autoria o famoso prefixo do antigo noticiário radiofônico *Repórter Esso*.

MAESTRO CIPÓ – Nome pelo qual foi conhecido o músico brasileiro Orlando Costa, nascido em São Paulo, em 1922, e falecido na cidade do Rio de Janeiro em 1992. Saxofonista virtuoso, foi também compositor, arranjador e chefe de orquestra dos mais prestigiados. Compôs trilhas sonoras para o cinema e, na televisão, teve atuação destacada nos anos 1970. É autor de melodias e orquestrações de *jingles* e trilhas publicitárias que marcaram época.

MAHOMMAH BAQUAQUA – Aventureiro e viajante nascido em 1824 no atual Benin, na África Ocidental. Escravizado em 1844, veio para o Brasil como cativo. Depois de viajar por vários países, ainda na condição de escravo e, mais tarde, livre, em 1854, narrou ao abolicionista Samuel Moore sua história, publicada no Brasil em 1988, pela editora da Universidade de São Paulo, sob o título *Biografia e narrativa do ex-escravo afro-brasileiro Mahommah Baquaqua*. Trata-se de texto particularmente valioso pelo que informa, na primeira pessoa, sobre as condições de vida dos escravos no Brasil entre 1840 e 1850.

MAJESTADE – Cognome pelo qual foi conhecido Jorge da Silva, radialista nascido e falecido na cidade do Rio de Janeiro, onde viveu de 1924 a 1971. Locutor de voz possante e aveludada, além de ter uma dicção exemplar, no início da década de 1960, depois de atuar nas principais rádios cariocas, tornou-se, na TV Excelsior, o primeiro negro apresentador de jornalismo na televisão brasileira.

MAJOR BOLÃO – Nome pelo qual passou à história Luiz Ignácio Azevedo, militar brasileiro participante do movimento revolucionário de 1824 eclodido em Recife. Foi executado barbaramente no Ceará, tendo, segundo relatos da época, "os miolos da cabeça atirados aos cães".

MAJOR ESPÍRITO SANTO – Militar brasileiro participante da Sabinada. Comandante de tropas rebeladas na localidade conhecida como Gervásio, no interior baiano, lá foi morto em 1838, em choque com o Exército imperial.

MAJOR SANTA EUFRÁSIA – Militar ativo na Bahia do século 19, comandou o batalhão "Leais à Pátria", integrado apenas por soldados negros. Participante do movimento conhecido como Sabinada, é citado por Manuel Querino como um dos baianos proeminentes de seu tempo.

MALÊ – Nome derivado do iorubá *ìmale*, "muçulmano", pelo qual eram conhecidos no Brasil os negros seguidores do islamismo, especialmente os haućás e nagôs.

MALAUÍ – República localizada no leste africano, entre Tanzânia, Moçambique e Zâmbia, com capital em Lilongue. Os principais grupos étnicos que o compõem são os nianjas, iaos e angonis.

MALGAXE – Denominação aplicada aos nacionais de Madagascar e a tudo que diz respeito à cultura do país. Por exemplo, "literatura negro-africana e malgaxe".

MALI [1] – Grande império da Idade Média africana localizado entre os cursos superiores dos rios Níger e Senegal. Resultado da conquista e anexação do antigo Gana, em 1240, por Sundiata, grande líder do povo mandinga, o Império do Mali tornou-se legendário sobretudo sob o reinado de Kanku Mussá, e só perdeu a hegemonia do rico comércio sudanês em 1468 para os antigos vassalos do reino songai de Gao. É em geral mencionado como Antigo Mali, para diferenciar-se da atual República do Mali.

MALI [2] – República da África Ocidental, com capital em Bamako. Os principais grupos étnicos que compõem sua população são os bambaras, os peúles e os senufos. Sua história até a chegada dos europeus está ligada à dos grandes reinos da curva do rio Níger: Gana, Mali e Songai.

MALUNGO – Nome, significando "companheiro" ou "camarada", com que os escravos provenientes do Congo ou de Angola tratavam seus companheiros de infortúnio no navio negreiro.

MANA-CHICA – Dança afro-brasileira da região de Campos, RJ.

MANDINGAS – Grupo de povos da África Ocidental falantes de línguas aparentadas, pertencentes ao grande grupo linguístico mandê, como bambaras, mandinkas, diúlas etc. Os construtores do grande Império do Mali, no século 13, foram mandingas.

MANGUEIRA – Comunidade carioca localizada nos morros de Mangueira, Telégrafo e adjacências. Em seu seio, em 1928, nasceu a escola de samba Estação Primeira de Mangueira, nela destacando-se grandes artistas, como o compositor Cartola e o cantor Jamelão (José Bispo Clementino dos Santos, 1913-2008). A partir dos anos 1980, sediou um bem-sucedido projeto de educação pelo esporte, patrocinado por empresas estrangeiras. Em 1997, Bill Clinton, o então presidente dos Estados Unidos, conheceu esse projeto em visita à Vila Olímpica da Mangueira.

MANICONGO – Denominação dada pelos portugueses a cada um dos reis do Congo, lá chamados *muene-e-kongo*.

MANOEL CALAFATE – Líder malê na Bahia. De origem nagô, liberto e calafate de profissão, era alufá, tendo falecido provavelmente devido a ferimento recebido logo no início do levante de 1835. Já idoso, era chamado por seus seguidores de "Pai Manoel".

MANOEL DIAS DE OLIVEIRA [1] – Compositor e regente nascido e falecido em São José del Rei, atual Tiradentes, MG, onde viveu de 1735 a 1803. Um dos mestres da música colonial mineira, é autor de vasta e apreciada obra em música sacra, com soluções bastante ousadas do ponto de vista técnico.

MANOEL DIAS DE OLIVEIRA [2] – Pintor nascido em Santana do Macacu, RJ, em 1763, e falecido em Campos, RJ, em 1837. Ex-escravo e ourives de profissão, estudou, a expensas de protetores, em Portugal e depois na Itália. Voltando a Portugal, depois de obter reconhecimento dos grandes mestres italianos, lá ficou ironicamente conhecido como o "Brasiliense" ou "Romano". Em 1800, após retornar em definitivo ao Brasil, foi nomeado mestre de desenho e figura, tornando-se, assim, o primeiro professor público de Artes em nosso país. Retratista e pintor religioso, suas inúmeras obras estão principalmente nas igrejas de Nossa Senhora Mãe dos Homens e Nossa Senhora do Carmo da Lapa do Desterro, no Instituto Histórico e Geográfico Brasileiro e no Museu Nacional de Belas-Artes, todos na cidade do Rio de Janeiro.

MANOEL INÁCIO CANABRAVA – Revolucionário baiano participante da Sabinada, foi morto pelo Exército imperial em 1838, tendo seu corpo vilipendiado pelos soldados legalistas.

MANOEL VICTOR DE JESUS – Pintor e arquiteto brasileiro atuante em São José del Rei, hoje Tiradentes, MG, onde faleceu em 1828. Membro da Irmandade de Nossa Senhora do Rosário dos Pretos, em cuja capela foi sepultado, é autor das pinturas das abóbadas das igrejas Matriz de Vitoriano Veloso e Nossa Senhora das Mercês, ambas em Minas Gerais.

MANUEL CONGO – Líder de um quilombo organizado antes de 1838 nas matas de Santa Catarina, no município de Vassouras, RJ. O reduto foi destruído em 1839 por tropas federais e o líder, enforcado em 6 de setembro daquele ano.

MANUEL DA COSTA ATAÍDE – Pintor nascido em Mariana, MG, em 1762, e falecido na mesma cidade em 1837. Considerado o principal pintor do Barroco mineiro, colaborou na criação das imagens dos Passos da Paixão, na igreja do Bom Jesus de Matosinhos, e pintou o teto da igreja de São Francisco de Assis, em Ouro Preto, entre outras obras.

MANUEL DA CUNHA – Pintor nascido e falecido no Rio de Janeiro, onde viveu de 1737 a 1809. Escravo alforriado, estudou em Lisboa e, ao regressar ao Rio de Janeiro, dedicou-se à pintura religiosa, ao retratismo e à escultura, além de manter em casa uma concorrida classe de pintura. É autor de obras murais conservadas em várias igrejas cariocas, principalmente na de Nossa Senhora da Boa Morte, onde seu corpo foi sepultado.

MANUEL DE ASSIS MASCARENHAS – Político e diplomata nascido provavelmente em Goiás, em 1805, e falecido no Rio de Janeiro, RJ, em 1867. Filho legitimado do marquês de São João de Palma, fidalgo vindo para o Brasil na comitiva de d. João VI, bacharelou-se em Leis em Coimbra e foi, seguidamente, encarregado de negócios em Berlim, desembargador da Relação do Rio de Janeiro e presidente das províncias do Rio Grande do Norte e de Sergipe.

MANUEL FAUSTINO – Nome abreviado de Manuel Faustino dos Santos Lira, revolucionário baiano nascido e falecido em Salvador, onde viveu de 1782 a 1799. Ex-escravo, trabalhando como alfaiate e vivendo em casa da madrinha Maria Francisca da Conceição e Aragão, foi, com apenas 16 anos de idade, um dos principais envolvidos na Conjuração Baiana de 1798, a Revolução dos Alfaiates. Enforcado em praça pública, seu corpo foi esquartejado e exposto em vários pontos da capital baiana.

MANUEL FELICIANO PEREIRA DE CARVALHO – Médico nascido e falecido na cidade do Rio de Janeiro, onde viveu de 1806 a 1867. Catedrático da Faculdade de Medicina, foi presidente da Academia Imperial de Medicina e o primeiro cirurgião brasileiro a fazer uso da anestesia moderna, surgida por volta de 1840 nos Estados Unidos. Foi também general de brigada e cirurgião-mor do Exército. Segundo o escritor Francisco de Assis Barbosa, tinha grande semelhança física com o escritor Lima Barreto, de quem se supõe ter sido bisavô, por força de união com a africana Maria da Conceição, escrava de sua família.

MANUEL FLORÊNCIO DO ESPÍRITO SANTO – Educador baiano no século 19. Publicou *Rudimentos gramaticais da língua portuguesa*, além de livros de matemática.

MANUEL FRIANDES – Mestre arquiteto brasileiro nascido em 1823 e atuante na Bahia, onde faleceu em 1904. Integrante da comunidade malê de Salvador, era homem de grandes recursos econômicos, tendo, inclusive, viajado à Europa. Foi responsável por projetos e pela execução, na capital baiana, de obras como a da igreja da Ordem Terceira de São Francisco e a da igreja da Lapinha, além das construções do Hospital da Beneficência Portuguesa, da estação da Companhia Carris Elétricos, do mercado da Praça do Ouro, do viaduto Bandeira de Melo e da ponte da Conceição, na cidade de Nazaré. Foi também capitão da Guarda Nacional, vereador e membro de diversas irmandades e instituições beneficentes.

MANUEL JOSÉ GOMES – Músico nascido no atual município de Santana do Parnaíba, SP, em 1792, e falecido em Campinas, SP, em 1868. Filho da liberta Antônia Maria e de pai desconhecido, foi, por sua vez, genitor do compositor Carlos Gomes e do violinista Santana Gomes, tendo exercido decisiva influência na instrução musical de ambos. Deixou vasta obra, especialmente em música sacra, escrita a partir de 1810.

MANUEL JOSÉ VELASCO – Mestre-carpinteiro nascido no Rio de Janeiro, filho de mãe africana "de nação mina". A partir de 1784, executou as obras dos novos altares da igreja de Santa Ifigênia do Rosário dos Pretos, em Ouro Preto, MG.

MANUEL MAURÍCIO REBOUÇAS – Médico nascido na Bahia e falecido em 1866. Irmão de Antônio Pereira Rebouças e tio do abolicionista André Rebouças. Após participar da Guerra da Independência na Bahia (1822-1823), foi estudar na França, onde se formou em Medicina.

MANUEL PADEIRO – Líder de quilombo erguido na serra dos Tapes, no atual município de Pelotas, RS, e destruído em 1835.

MANUEL QUERINO – Escritor, jornalista e historiador nascido em Santo Amaro, BA, em 1851, e falecido em Salvador em 1923. Órfão aos 4 anos de idade, aos 17 alistou-se no Exército, servindo como cabo de esquadra no Rio de Janeiro até 1870, ano de sua baixa. De volta à Bahia, trabalhou como pintor e decorador, ao mesmo tempo que estudava Francês e Português. Um dos fundadores do Liceu de Artes e Ofícios de Salvador, matriculou-se na Escola de Belas-Artes, onde se diplomou como desenhista em 1882, seguindo depois o curso de Arquitetura. Artista com várias medalhas em concursos e exposições, foi professor de Desenho Geométrico e publicou dois manuais de desenho em 1903. Liberal e abolicionista, fez parte da Sociedade Libertadora Sete de Setembro e assinou o Manifesto Republicano de 1870. Jornalista, fundou os periódicos *A Província* e *O Trabalho*, por meio dos quais defendeu seus ideais políticos. Líder de sua classe, elegeu-se para a Câmara Municipal, onde lutou em vão contra a situação dominante, retirando-se após o término do mandato. Modesto funcionário da Secretaria de Agricultura, acabou por dedicar-se, a partir de sua experiência pessoal e com firme perspectiva de militância, a construir a obra que o projetou como pioneiro dos estudos africanos no Brasil. É autor, entre outros livros, de *A raça africana e seus costumes* (1916) e *O colono preto como fator de civilização* (1918).

MANUEL RIBEIRO DA ROCHA – Sacerdote católico brasileiro. Estudou Direito Eclesiástico na Universidade de Coimbra, em Portugal, e publicou em Lisboa, em 1758, *Etíope resgatado, empenhado, sustentado, corrigido, instruído e liberado*, texto precursor do abolicionismo no Brasil, no qual defendia o fim do tráfico e a liberdade dos filhos recém-nascidos de mãe escrava.

MANUEL RODRIGUES GRAÇA – Mestre-carpinteiro atuante em Minas Gerais no século 18. É autor de obras de arte realizadas nas igrejas de São José dos Pardos, Mercês e Perdões, em Ouro Preto, naquele estado. Em 1773, ocupava o cargo de mestre das obras da Casa da Junta e Real Fazenda.

MANUEL VITORINO – Político nascido na Bahia, em 1853, e falecido no Rio de Janeiro em 1902. Formado em Medicina, após a República foi o primeiro governador de seu estado natal. Em 1892 foi senador e, em 1894, vice-presidente da República, assumindo a presidência quando da enfermidade de Prudente de Morais, de novembro de 1896 até março seguinte, período em que adquiriu, para a República, o palácio do Catete.

MARABAIXO – Manifestação festiva, de cunho religioso, praticada pela população negra do Amapá.

MARACATU – Folguedo afro-pernambucano. Consiste num cortejo que canta e dança toadas tradicionais, ao ritmo de pequena orquestra de percussão, tendo à frente personagens fixas, como rei, rainha, príncipes, damas, embaixadores, dançarinos e índios. Resultado de antiga dança dramática e vestígio dos séquitos dos "reis de congos" da época imperial, o folguedo apresenta hoje variantes, como o maracatu-de-orquestra, na qual intervêm instrumentos como trombones e saxofones.

MARANHÃO – Estado brasileiro localizado na parte ocidental da região Nordeste. No século 18, os portos africanos de Santiago, Bissau e Cacheu, na antiga Guiné Portuguesa, foram os principais fornecedores de escravos para a antiga província, notadamente indivíduos balantas, felupes e mandingas. Concentrando expressiva população negra, sobretudo na capital, o estado conserva fortes e diversificados traços civilizatórios africanos, em especial na religiosidade de seu povo, pontuada de importantes influências daomeanas. Em 2000, o governo federal havia identificado 172 comunidades remanescentes de quilombos no território maranhense.

MARCAS DE ESCRAVOS – Uma das mais terríveis práticas da escravidão era marcar a ferro quente o corpo dos cativos com sinais indicativos de pertencimento a determinado proprietário. Essas marcas eram feitas em partes visíveis do corpo – no ombro, nos braços e até no rosto.

MARCHA CONTRA A FARSA DA ABOLIÇÃO – Nome que recebeu a passeata parcialmente realizada no dia 11 de maio de 1988, na avenida Presidente Vargas, no Rio de Janeiro, pelo transcurso dos cem anos da Lei Áurea. Organizada por entidades do movimento negro, reuniu cerca de 5 mil manifestantes, inibidos por tropas do Exército nas imediações do monumento ao Duque de Caxias.

MARCHA ZUMBI DOS PALMARES CONTRA O RACISMO, PELA CIDADANIA E A VIDA – Evento realizado em Brasília em 20 de novembro de 1995. Foi organizado pelo movimento negro, tendo como motivo a celebração dos 300 anos da morte do líder palmarino.

MARCÍLIO DIAS – Marinheiro nascido em Rio Grande, RS, em 1838, e falecido em 1865. Combatente da Guerra do Paraguai, morreu a bordo da corveta Parnaíba, no rio Paraná, durante a batalha naval do Riachuelo. Por sua bravura, é considerado herói da Marinha nacional, tendo seu busto em bronze em várias cidades do Brasil.

MARCOLINO JOSÉ DIAS – Militar brasileiro baseado na Bahia no século 19. Organizou a segunda companhia dos Zuavos Baianos. Na Guerra do Paraguai, teve a honrosa incumbência de fincar a bandeira brasileira quando da tomada do forte de Curuzu, em 1866. Recebeu a patente de capitão e o título de cavaleiro da Ordem do Cruzeiro, a mais alta do Império. É também referido como Marcolino Dias dos Santos.

MARCOS COELHO NETO – Nome comum a dois músicos do Barroco mineiro, pai e filho, nascidos e falecidos em Vila Rica, atual Ouro Preto, MG. O primeiro (*c.* 1735-1806), ex-escravo, foi executante de trompa e clarim e autor de uma *Ladainha das trompas*. O segundo (*c.* 1760-1823), compositor, regente, instrumentista e um dos mestres da música colonial mineira, foi chamado em 1785 para reger as três óperas e os dois dramas reais apresentados por ocasião do casamento de d. João VI com dona Carlota Joaquina.

MARECHAL JOÃO BATISTA DE MATOS – Militar brasileiro nascido e falecido no Rio de Janeiro, onde viveu de 1900 a 1969. Filho de modesto funcionário da Estrada de Ferro Central do Brasil, galgou no Exército brasileiro as mais altas posições, até alcançar o posto de marechal, tornando-se o único afro-brasileiro nessa condição em seu tempo.

MARIA ARAÚJO – Nome abreviado de Maria Madalena do Espírito Santo Araújo. Mística nascida em Juazeiro, CE, em 1863, também referida como Beata Maria do Egito. Pobre e analfabeta, tornou-se conhecida em 1889 por conta da notícia de que várias hóstias que lhe foram dadas, em comunhão, pelo legendário padre Cícero Romão Batista, teriam sangrado em sua boca. A partir daí, passou a ser assediada, revelando ter visões místicas desde a infância. Seu caso tornou-se rumoroso, merecendo a intervenção e a condenação das autoridades eclesiásticas, que o julgaram invencionice popular. Sua saga, encerrada com seu falecimento, em 1914, foi, entretanto, eternizada na literatura: os textos teatrais *Beata Maria do Egito*, de Raquel de Queiroz, e *Corpo místico*, de Osvaldo Barroso, além de vários poemas de cordel, têm-na como protagonista.

MARIA BRANDÃO DOS REIS – Ativista política nascida em Rio das Contas, MG, em 1900, e falecida em Salvador, BA, em 1974. Na década de 1920, influenciada pela saga da Coluna Prestes, transferiu residência para Salvador, de onde irradiou sua militância, oferecendo apoio material a todos os necessitados, organizando suas reivindicações e conseguindo, inclusive, intermediar a concessão de bolsas de estudo e material escolar. Em 1950, obteve do Partido Comunista Brasileiro (PCB) o Prêmio Campeã da Paz; contudo, preterida, por suposto racismo, em uma viagem a Moscou, acabou rompendo com a organização. Após abril de 1964, foi alvo de repressão por parte da ditadura militar que tomou o poder no Brasil.

MARIA FIRMINA – Escritora e educadora nascida em São Luís, MA, e falecida em Guimarães, no mesmo estado, em 1917. Nessa cidade, onde foi criada, ingressou por concurso no magistério público, em 1847, e lecionou até 1881. Com *Úrsula*, livro de 1859, Maria Firmina dos Reis tornou-se, cronologicamente, a primeira mulher brasileira a ter um romance publicado. Foi considerada um exemplo de erudição em seu tempo e seu meio.

MARIA SALOMÉ DA SILVA SANTOS – Musicista e educadora nascida e falecida em Pelotas, RS, onde viveu de 1873 a 1951. Filha de Manuel da Silva Santos ou Manuel Conceição, fundador do club Abolicionista, na década de 1930 tornou-se a primeira mulher organista e a única negra, no século 20, a tocar no órgão da catedral de sua importante cidade. Além disso, desenvolveu trabalho voluntário no Asilo São Benedito, fundado por Luciana Araújo, dedicando-se à educação de meninas lá abrigadas, quase todas negras.

MARIA SOLDADO – Apelido de Maria José Bezerra, enfermeira brasileira nascida em Limeira, SP, em 1885, e falecida em 1958. Em 1932, integrando a Legião Negra do Brasil, prestou serviços médicos e combateu na Revolução Constitucionalista, o que lhe valeu o apelido. No final da vida, vendia doces e salgados na porta do Hospital das Clínicas, na cidade de São Paulo.

MARIANA CRIOULA – Líder escrava em Vassouras, RJ, no século 19. Fugitiva de uma fazenda na localidade de Pati do Alferes, uniu-se ao grupo de insurretos liderados por Manuel Congo, tornando-se, segundo a tradição, "rainha" do quilombo por ele chefiado, destruído em 1839. No processo que culminou com o enforcamento do quilombola, Mariana foi absolvida.

MARICÁ – Localidade na Região dos Lagos fluminense, hoje município. Em 1838, época do tráfico ilegal, foi capturado, com 289 africanos, próximo ao porto local, o navio Flor de Luanda, conduzido pelo H. M. S. Rover, seu captor, até o Rio de Janeiro.

MARILENE FELINTO – Escritora e jornalista nascida em Recife, PE, em 1957, e radicada na cidade de São Paulo desde os 12 anos de idade. Graduada em Letras, foi professora de Inglês e Português, em nível universitário. Destacando-se, inicialmente, por sua independência em textos publicados no jornal *Folha de S.Paulo*, mais tarde ganhou notoriedade e reconhecimento também como ficcionista, tendo seu romance *As mulheres de Tijucopapo* traduzido para vários idiomas.

MARIMBA – Espécie de xilofone da tradição africana nas Américas. O nome provém do quimbundo, uma das línguas de Angola.

MARINA SILVA – Nome pelo qual se fez conhecida Maria Osmarina Marina Silva Vaz de Lima, parlamentar nascida no Seringal Bagaço, em Rio Branco, AC, em 1958. Professora formada pela Universidade Federal do Acre e militante do Partido dos Trabalhadores, foi, a partir de 1989, seguidamente vereadora, deputada estadual e senadora da República, eleita em 1995 para um mandato de oito anos. Em 2003 assumiu o Ministério do Meio Ambiente no governo Lula; e nas eleições de 2010 concorria à sucessão presidencial, colocando-se em terceiro lugar entre nove candidatos.

MÁRIO DE ANDRADE – Nome abreviado de Mário Raul de Morais Andrade, escritor nascido em São Paulo, SP, em 1893, e falecido na mesma cidade em 1945. Diplomado pelo Conservatório Dramático Musical de São Paulo, nele foi, mais tarde, catedrático de História da Música e Estética. Ficcionista, poeta e ensaísta, foi um dos maiores impulsionadores e renovadores da vida cultural e do pensamento brasileiros na primeira metade do século 20. Homem público, criou o Departamento de Cultura da Prefeitura de São Paulo, dirigiu o Instituto de Artes da antiga Universidade do

Distrito Federal e orientou a organização do que hoje constitui o Instituto Nacional do Patrimônio Histórico e Artístico Nacional. Um dos formuladores do Modernismo brasileiro, escreveu *Amar, verbo intransitivo* (romance, 1927), *Macunaíma* (romance, 1928) e *Música do Brasil* (ensaios, 1941), entre inúmeros outros títulos.

MÁRIO DE MORAES – Jornalista e escritor nascido no Rio de Janeiro, RJ, em 1925. Filho do célebre advogado Evaristo de Moraes, em 1955 foi agraciado com o Prêmio Esso de Reportagem. Foi também diretor de jornalismo da Rede Globo de Televisão.

MÁRIO GUSMÃO – Ator nascido em Cachoeira, BA, em 1928, e falecido em Salvador, capital do mesmo estado, em 1996. Em fins da década de 1950, enfrentando o preconceito e depois de resultados brilhantes nos exames, tornou-se o primeiro estudante negro da Escola de Teatro da Universidade Federal da Bahia (UFBA). No cinema, participou de *Deus e o Diabo na terra do sol* e *O dragão da maldade contra o santo guerreiro*, dirigidos por Glauber Rocha, além de *Dona Flor e seus dois maridos*, de Cacá Diegues, e *Chico Rei*, de Walter Lima Jr. No teatro, atuou em 26 montagens e, na televisão, participou de novelas e casos especiais em emissoras do eixo Rio–São Paulo, embora nunca tenha residido fora da Bahia.

MARTAGÃO GESTEIRA – Médico nascido em Conceição de Almeida, BA, em 1884, e falecido em Salvador, BA, em 1954. Diplomado pela Faculdade de Medicina da Bahia em 1908, foi diretor, no Rio de Janeiro, do Instituto de Puericultura e do Departamento Nacional da Criança, destacando-se por sua administração humanitária e inovadora. Em seu estado natal, fundou a Liga Baiana contra a Mortalidade Infantil. Verdadeiro benemérito da humanidade, sua memória está perpetuada na denominação de hospitais e logradouros públicos.

MARTINHO DA VILA – Nome artístico de Martinho José Ferreira, compositor e cantor nascido em Duas Barras, RJ, em 1938. Sambista com sucesso em disco desde 1969, construiu sólida carreira profissional e conquistou o respeito da comunidade afro-brasileira com seu posicionamento sobre a questão negra, e principalmente pelas ligações que estabeleceu entre a cultura brasileira e as africanas de expressão portuguesa. É também escritor, com vários livros publicados a partir de 1986.

MARTINHO PEREIRA DE BRITO – Artesão brasileiro falecido na cidade do Rio de Janeiro, já bastante idoso, em 1830. Discípulo de Mestre Valentim, foi um dos maiores toreutas (cinzeladores em metal, marfim e madeira) do Brasil. Foi o criador de inúmeros lampadários que até hoje adornam igrejas coloniais do Rio de Janeiro, como o Mosteiro de São Bento. Também militar, foi comandante do Regimento dos Pardos (Quarto Regimento de Milicianos), pelo qual foi reformado como sargento-mor. Era avô materno do editor e escritor Paula Brito, em quem instilou o gosto pelos livros.

MARTINIANO DO BONFIM – Babalaô nascido e falecido na Bahia (1858-1943). Nascido livre, com 14 anos acompanhou seu pai, ex-escravo, no retorno a Lagos, Nigéria, onde trabalhou como marceneiro. Por volta de 1883, retorna à Bahia portando altos títulos sacerdotais da tradição dos orixás e torna-se uma das personalidades mais respeitadas da comunidade afro-baiana. Em 1935, no Ilê Axé Opô Afonjá, sugere a Mãe Aninha a criação do corpo dos obás de Xangô, integrado por amigos e protetores do terreiro.

MARTINICA – Departamento de ultramar da França localizado no arquipélago das Antilhas, com capital em Fort-de-France. Em 2000, sua população somava cerca de 90% de afrodescendentes.

MÁSCARA – Instrumento para tortura de escravos. Feita em geral de folha de flandres, tapava a boca da vítima, impedindo-a de comer ou beber.

MATA DO TIÇÃO – Comunidade remanescente de quilombo em Jaboticatubas, MG.

MATAMBA – Região de Angola onde floresceu, no século 17, o reino de mesmo nome. Celebrizada pela resistência de Nzinga Mbandi, a rainha Ginga, a região foi também sede de um dos maiores mercados de escravos em toda a África.

MATHEUS CRUZ – Mestre mecânico nascido em Santo Amaro da Purificação, BA, em 1853, e falecido em Salvador em 1939. Com vida profissional iniciada aos 8 anos de idade, mais tarde, de posse de atestado de capacitação assinado por Johns Hopkins – provavelmente o banqueiro e filantropo americano, fundador da universidade que leva seu nome –, viajou a Glasgow, Escócia, como maquinista do vapor inglês Sandgrigham. De volta, projetou e montou engenhos de açúcar e destilação, além de oficinas para reformas de locomotivas em várias cidades. Em Salvador, entre outras tarefas, foi o responsável pela montagem das caldeiras dos antigos Elevador Lacerda e Plano Inclinado Gonçalves. Em 1931 foi indicado para o Conselho Consultivo do Estado, tendo falecido, repentinamente, aos 86 anos e em plena atividade.

MATIAS DÔMBI – Combatente palmarino aprisionado e solto em seguida, em 1678, pelas autoridades coloniais, para que transmitisse a Ganga Zumba um ultimato do governador de Pernambuco.

MATILDE RIBEIRO – Militante afro-brasileira nascida em Flórida Paulista, SP, em 1960. Graduada pela Faculdade de Serviço Social da Pontifícia Universidade Católica de São Paulo, ficou conhecida por seu trabalho no Centro de Estudos sobre Trabalho e Desigualdades (Ceert) e no Sindicato dos Metalúrgicos do ABC paulista. Depois de se destacar em sua especialidade, ministrando aulas e publicando importantes textos sobre gênero, raça, meio ambiente e políticas públicas, foi chamada a integrar o governo do presidente Lula, à frente da Secretaria Especial de Políticas de Promoção da Igualdade Racial, órgão com *status* de ministério. Em 2008 deixou o cargo, sob forte pressão da mídia, num ambiente controverso, sendo substituída por Edson Santos.

MATO GROSSO E MATO GROSSO DO SUL – Estados do Centro-Oeste brasileiro. Com sua história intimamente ligada ao ciclo do ouro e ao episódio da penetração do interior pelas bandeiras, o atual território mato-grossense (do qual foi desmembrada, em 1979, a parte que hoje constitui o estado de Mato Grosso do Sul) atraiu, no século 19, levas de mineradores, entre os quais, certamente, trabalhadores negros. Em 2000, o governo federal havia identificado em Mato Grosso, nos municípios de Vila Bela e Nossa Senhora do Livramento, duas comunidades remanescentes de quilombos; e, em Mato Grosso do Sul, mais seis delas, nos municípios de Jaguari, Corguinho, Camapuã, Maracaju e na capital, Campo Grande.

MAURA MOREIRA – Cantora lírica nascida em Belo Horizonte, MG, em 1933. Criada por família abastada, estudou no Conservatório Mineiro de Música, onde aperfeiçoou seus dotes naturais de soprano. Em 1957, em concurso realizado pela Pró-Arte de Teresópolis, RJ, obteve bolsa para estudar em Viena, Áustria, lá se diplomando pela Academia de Música e Arte Dramática. Em 1959, foi contratada pela Ópera de Ulm, na Alemanha, e, após concluir o curso em Viena, apresentou-se em óperas, recitais e concertos em vários países europeus e também em Washington, DC, nos Estados Unidos. Em 1961, passou a integrar o elenco permanente da Ópera de Colônia, na Alemanha, tendo gravado vários discos, inclusive com obras de compositores alemães, e se apresentado em turnês pela América do Sul. Encerrou sua brilhante carreira profissional na década de 1980.

MAURÍCIO LUZ – Cantor lírico nascido na cidade do Rio de Janeiro em 1966. Graduado em Canto pela Escola de Música da Universidade Federal do Rio de Janeiro, em 1986 estreou como solista no Teatro Municipal do Rio de Janeiro na ópera *Porgy and Bess*. Por suas atuações como Bartolo em *As bodas de Fígaro*, de Mozart, e Zuniga na *Carmen*, de Bizet, foi eleito pela crítica especializada como a "revelação lírica de 1994". Em 1996 destacou-se como o rei na *Aída*, de Verdi.

MAURINO ARAÚJO – Escultor brasileiro nascido em Rio Casca, MG, em 1949, e radicado na capital do estado, Belo Horizonte. Suas esculturas em madeira policromada, representando anjos e figuras humanas que evocam o Barroco, têm alta cotação no mercado de arte. Participou, com destaque, da mostra brasileira no II Festival Mundial de Artes e Cultura Negra e Africana (Festac), realizado em 1977 em Lagos, Nigéria.

MAURITÂNIA – República islâmica da África Ocidental, com capital em Nouakchott. Sua população negra inclui, principalmente, indivíduos uolofes, tucolores, soninqueses e peúles. Sua história pré-colonial liga-se à do antigo Gana, cuja capital se localizava no que é hoje seu território. O primeiro sequestro com fins escravistas de negros africanos por europeus teria ocorrido na atual costa mauritana por volta de 1442.

MAXWELL PORPHÍRIO ASSUMPÇÃO – Advogado e professor de Inglês nascido em Salvador, Bahia, no século 19, e falecido antes de 1933. Membro da família Alakija, de origem iorubana, na década de 1920, orgulhoso de sua condição africana, manifestou-se veementemente, pela imprensa, contra o projeto de lei que visava proibir a imigração de negros para o Brasil. Colocou-se, também, contra o racismo na seleção de aprendizes pela Marinha de Guerra, pleiteando sempre a integração dos não brancos na sociedade.

MAYOMBE – Região litorânea na atual República do Congo. Na época colonial, foi grande exportadora de gêneros, madeiras, marfim, cobre, prata e também de escravos.

MEDICINA TRADICIONAL – A medicina tradicional africana, expressa na aceitação da unidade entre corpo e espírito, desenvolveu, ao longo dos séculos, ações terapêuticas eficazes, que incluem o uso de antídotos, cataplasmas, cauterizações, dietas alimentares, emplastros, fricções, fumigações, inalações, infusões, loções, sangrias etc., métodos de cura bastante difundidos nas "rezas" e "benzeduras" conhecidas em muitas comunidades rurais brasileiras.

MELANINA – Pigmento responsável pela cor da pele, dos pelos e dos olhos de pessoas e animais. A concentração ou a dispersão desse pigmento nas células é que determina a cor mais escura ou mais clara dos grupos humanos.

MENDIGOS ESCRAVOS – Mendigo é o indivíduo que vive da caridade pública. Durante a escravidão, era comum que escravos fisicamente incapazes, mutilados, cegos ou pestilentos fossem adquiridos e então explorados como mendigos. Pela lógica perversa do capital, quanto mais visível e horripilante fosse a doença ou o defeito físico, mais valia o escravo, por ser supostamente mais lucrativo.

MERCADO – Local público, em recinto fechado ou ao ar livre, onde se vendem ou trocam bens e mercadorias. Ponto de reunião e permuta, e elemento de aglutinação comunitária, o mercado tem grande importância nas civilizações africanas, no continente de origem e nas Américas. No Brasil, lugares como o Mercado Modelo, o Mercado das Sete Portas e a feira de Água de Meninos, em Salvador, BA, assim como o Mercadão de Madureira, na zona suburbana da cidade do Rio de Janeiro, revestem-se de significado para a população negra. Neste último, à época deste *Dicionário*, a concentração de estabelecimentos comerciais criados para atender à demanda dos cultos de origem africana era espantosa, com algumas lojas oferecendo, além de artesanato sofisticado, artigos importados da África.

MERCEDES BAPTISTA – Nome artístico de Mercedes Ignácia da Silva Krieger, bailarina e coreógrafa brasileira nascida em Campos, RJ, em 1921. Em 1948, tornou-se a primeira negra a integrar o corpo de baile do Teatro Municipal do Rio de Janeiro. Nesse mesmo ano, a bailarina afro-americana Katherine Dunham lhe concede uma bolsa de estudos e Mercedes segue para os Estados Unidos. Mais tarde, forma sua própria companhia, com a qual viaja a vários países. Na década de 1970, dedica-se especialmente ao ensino, no Teatro Municipal do Rio de Janeiro e nos Estados Unidos, no Connecticut College, no Harlem Dance Theater e no Clark Center de Nova York. Precursora da dança afro no Brasil, celebrizou-se como a maior autoridade mundial em danças afro-brasileiras.

MESSIANISMO NEGRO – Messianismo é a crença profética na vinda de um messias, de um regenerador e salvador da humanidade ou de um povo. Roger Bastide, no livro *Religiões africanas no Brasil*, dedica-se ao estudo de alguns fatos que considera evidências da existência de crenças messiânicas entre os negros brasileiros e cita como líderes: José da Silva Oliveira, religioso que tentou introduzir normas do metodismo entre os negros de São Paulo, com o objetivo de combater o racismo por meio da ascensão econômica e social da comunidade; beato Zé Lourenço, que, depois da morte do legendário padre Cícero, tornou-se chefe de um grupo de fiéis; Antônio Resende, que, no início do século 20, na serra do Salitre, MG, se considerava a encarnação de Santo Antônio; e João de Camargo, fundador de uma igreja em Sorocaba, SP, em 1904.

MESTIÇAGEM – Resultado da miscigenação. No Brasil e nas Américas, os mestiços recebem, em atenção às suas fenotipia e suposta porcentagem de sangue africano, denominações como mulato, zambo, cafuzo etc. Nas cidades interioranas do Brasil pré-republicano, era prática corrente os negros e mestiços ricos mandarem buscar, nos grandes centros, homens brancos e alfabetizados para casar com suas filhas e, assim, "limpar o sangue" da futura descendência. Em outra linha de pensamento, percebe-se que o mito da democracia racial disseminou a ideia de que, no Brasil, a discussão da identidade negra careceria de sentido, por ser este um país essencialmente mestiço. Essa ideia, entretanto, muito discrimina aqueles indivíduos de características físicas indelevelmente africanas, além de anuviar a percepção social sobre o racismo brasileiro, dificultando políticas públicas que resgatem os afrodescendentes, pretos e mulatos, dos bolsões de miséria e barrando seu acesso às esferas privilegiadas da sociedade.

MESTRE ABDIAS – Nome artístico de Abdias do Sacramento Nobre, artesão brasileiro nascido em 1910, em Salvador, Bahia, cidade onde faleceu em 1990. Especializado em tecelagem de panos da costa, adereço fundamental do traje de baiana, tem alguns exemplares de seus trabalhos expostos no Museu Nacional do Rio de Janeiro.

MESTRE BIMBA – Cognome do capoeirista brasileiro Manoel dos Reis Machado nascido em Salvador, BA, em 1900, e falecido em Goiânia, GO, em 1974. Ao introduzir na capoeira tradicional diversas inovações, criou, na década de 1930, a modalidade conhecida como "capoeira regional baiana" e fundou a primeira escola especializada. Em 1935, conseguiu registro como professor de Educação Física, dando o passo decisivo para que a capoeira, antes reprimida, ganhasse *status* de desporto. Foi homenageado pela Universidade Federal da Bahia com a concessão póstuma do título de doutor *honoris causa*.

MESTRE CAIÇARA – Nome pelo qual foi conhecido Antônio Conceição Morais, mestre de capoeira nascido em Cachoeiro de São Félix, BA, em 1924, e falecido em Salvador em 1997. Discípulo do legendário Aberrê, era membro do Conselho de Mestres da Associação Brasileira de Capoeira Angola.

MESTRE DIDI – Nome pelo qual se fez conhecido Deoscóredes Maximiliano dos Santos, chefe religioso e artista plástico nascido em Salvador, BA, em 1917. Filho biológico da ialorixá Mãe Senhora e descendente direto de africanos de Ketu, destacou-se como alto dignitário do culto aos ancestrais nagôs na Bahia. É também autor de importantes livros sobre a tradição de seus antepassados iorubás em terra brasileira, como *Contos negros da Bahia* e *O iorubá tal qual se fala*; este, publicado em 1950, vem a ser o primeiro manual com vocabulário dessa língua editado no Brasil. A partir da década de 1960, fez diversas viagens à Nigéria e ao Benin para cumprir obrigações religiosas. Em 1998 recebeu da presidência da República a medalha "Direitos Humanos, um Novo Nome da Liberdade".

MESTRE PASTINHA – Nome pelo qual se celebrizou o capoeirista brasileiro Vicente Joaquim Ferreira Pastinha, nascido e falecido em Salvador, BA, onde viveu de 1889 a 1981. Em 1910, criou a primeira escola de capoeira do Brasil e, em 1966, integrou a delegação brasileira presente ao primeiro Festival Mundial de Arte Negra em Dacar, Senegal. Ex-praticante de futebol e esgrima, foi considerado o mais perfeito entre os lutadores da modalidade conhecida como "capoeira angola".

MESTRE VALENTIM – Nome pelo qual se celebrizou o escultor e arquiteto brasileiro Valentim da Fonseca e Silva, nascido em Serro Frio, MG, em 1750, e falecido na cidade do Rio de Janeiro em 1813. O maior de sua arte no Brasil colonial, depois de Aleijadinho, era filho de um português e de uma negra brasileira. Toda a sua produção de talhas e imagens de santos encontra-se na cidade do Rio de Janeiro, em igrejas como as da Boa Morte, do Mosteiro de São Bento, da Ordem Terceira do Carmo e de São Francisco de Paula. E toda a arquitetura e a decoração do Passeio Público no Rio de Janeiro, do portão às esculturas, são obra do seu talento.

MESTRE-ESCOLA – Professor de primeiras letras. No Brasil do século 19, muitos dos mais respeitados desses professores eram de origem africana. E, nessa época, o preparo de um moço era julgado pelo nome do mestre com o qual se dera o seu aprendizado.

MIGUEL SANTANA – Nome abreviado de Miguel Arcanjo Barradas Santiago de Santana, empresário brasileiro nascido e falecido em Salvador, BA, onde viveu de 1896 a 1974. Neto de avós africanas, uma de nação tapa e outra originária da atual Gana, já adolescente era detentor de altos cargos na hierarquia religiosa afro-baiana. Foi ogã da Casa Branca, obá de Xangô do Axé Opô Afonjá (Obá Aré), além de membro de irmandades católicas e integrante da comunidade malê. Na vida profissional, depois de ter sido estivador e líder sindical, dedicou-se ao comércio marítimo, inclusive em âmbito internacional, como sucessor de João de Adão, filho de seu tio e padrinho Adão da Conceição Costa. O grande prestígio de que gozou fez de sua figura uma das personalidades mais importantes da sociedade baiana em seu tempo. Em 1996, a Universidade Federal da Bahia publicou um depoimento autobiográfico em livro organizado por José Guilherme da Cunha Castro.

MIGUEL TORRES – Nome artístico de Miguel dos Anjos Santana Torres, músico brasileiro nascido e falecido na Bahia, onde viveu de 1837 a 1907. Compositor principalmente de marchas militares, mestre de banda e oficleidista, foi um dos mais respeitados músicos baianos de seu tempo.

MILTON GONÇALVES – Ator nascido em Monte Santo, MG, em 1934. Conhecido desde o final dos anos 1950, no Teatro de Arena de São Paulo, participou de importantes montagens como as de *Arena conta Zumbi* e *A mandrágora*. Ator de múltiplos recursos, e certamente um dos maiores do Brasil em sua arte, foi várias vezes premiado em cinema, como por sua interpretação em *A rainha diaba*, de 1974. Na televisão, distinguiu-se na Rede Globo nas funções de ator e diretor de telenovelas e programas especiais. Em 2002, por seu desempenho na montagem de *Conduzindo Miss Daisy*, dividiu o Prêmio Shell de Teatro, na categoria de melhor ator, com o veterano Paulo Autran.

MILTON NASCIMENTO – Cantor e compositor nascido na cidade do Rio de Janeiro, em 1942, e radicado, desde a infância, em Minas Gerais. Seu estilo incorpora elementos da cultura mineira ao pop, o que lhe valeu o reconhecimento por parte da crítica internacional e de importantes músicos norte-americanos. À época deste *Dicionário*, depois de mais de 40 anos de carreira, mantinha-se, ainda, entre os quatro mais prestigiosos "cantautores" da música popular brasileira.

MILTON SANTOS – Geógrafo nascido em Brotas de Macaúbas, BA, em 1926, criado em Salvador e falecido na cidade de São Paulo em 2001. Foi professor da Sorbonne e da Universidade de Colúmbia, em Nova York, professor emérito de Geografia Humana da Universidade de São Paulo, professor visitante da Universidade de Stanford e professor das universidades de Paris, Toronto e Dar es Salaam. Em 1994, recebeu o Prêmio Vautrin Lud, o Nobel da Geografia. Em 1996, já detentor de 12 títulos de doutor *honoris causa* de importantes universidades estrangeiras e com mais de 40 livros publicados, foi homenageado na USP com o seminário "A natureza do espaço: técnica, tempo, razão e emoção em Milton Santos". Em sua obra, serviu-se da geografia para analisar, do ponto de vista multidisciplinar, todos os aspectos da relação do homem com o mundo.

MINA – Nome atribuído, no Brasil, a cada um dos escravos sudaneses de várias etnias embarcados na costa situada a leste do castelo de São Jorge da Mina ou Elmina, ou seja, na Costa dos Escravos. Assim, quase sempre associado ao etnônimo específico, o vocábulo passou a designar todo negro não banto, como em "mina-jeje", "mina-nagô", "mina-fânti" etc. Por extensão, o termo qualifica, no Maranhão, os cultos de origem africana praticados nas "casas de mina".

MINAS GERAIS – Estado do Sudeste brasileiro. A descoberta do ouro no final do século 17 e a consequente criação, em 1709, da capitania de São Paulo e Minas de Ouro levaram à região avultada mão de obra escrava. Traços da cultura desses trabalhadores, sobretudo originários do segmento civilizatório banto (muito embora no ciclo do ouro a região tenha igualmente recebido influxo da cultura mina-jeje, do antigo Daomé), são ainda hoje vivos em todo o estado e expressos em tradições e folguedos de africanidade indiscutível, como a congada, o moçambique etc. A história da escravidão registra a presença, na província, de cerca de 120 núcleos quilombolas, como os dos líderes Ambrósio e Careca, os de São Gonçalo, Santos Fortes, Um dos Braços da Perdição e Sambabaia, além dos localizados em Andaial, Bambuí, Campo Grande, Ibituruna, Morro de Angola, Parnaíba e Sapucaí. Em 2000, o governo federal identificava, em Minas Gerais, 66 comunidades remanescentes de quilombos. A de Porto Coris, no município de Leme do Prado, foi oficialmente reconhecida em 1998.

MINORIA – Termo que define, dentro de um grupo social, cada um dos subgrupos considerados diferentes do majoritário e dominante, em razão de características étnicas, culturais etc. No Brasil, pela pouca representatividade política – geradora de desvantagens e de exclusão –, os afrodescendentes são considerados "minoria", embora constituam cerca de metade da população nacional.

MISCIGENAÇÃO – Contato sexual fecundo entre indivíduos de origens étnicas diferentes. Talvez pelo fato de os primeiros portugueses chegados ao Brasil, na época colonial, terem vindo sem mulheres, o contato sexual parece ter-se aqui verificado, sem maiores impedimentos, entre colonizadores lusitanos e índias e, depois, entre senhores brancos e escravas negras. Observe-se ainda que, no Brasil, com a popularização do vocábulo "miscigenação", adotado como uma das palavras-chave do mito da "democracia racial" brasileira, procurou-se, talvez, poetizar e ocultar a violência sexual a que, de modo geral, foi submetida, durante o período escravista, a mulher negra, quase sempre usada como simples força de trabalho e objeto de prazer.

MISSA AFRO – Missa católica em cuja celebração se utilizam elementos da herança cultural africana. Desde a 25.ª Assembleia-Geral da Conferência Nacional dos Bispos do Brasil, e com reforço dos concílios de Medellín e Puebla, as missas celebradas em algumas igrejas católicas brasileiras vêm procurando motivar as populações afrodescendentes por intermédio de cantos, gestos, ritmos, instrumentos musicais, trajes e oferendas da tradição africana incorporados aos rituais. Tais práticas seguem uma orientação do papa João Paulo II, segundo a qual a verdadeira evangelização deve refletir a história, a cultura e o cotidiano do povo, para ajudá-lo a se reconhecer, aceitar e autovalorizar, livre de qualquer sentimento de inferioridade racial.

MNUCDR – Sigla do Movimento Negro Unificado Contra a Discriminação Racial, entidade antecessora do atual Movimento Negro Unificado (MNU) fundada em 18 de junho de 1978 na cidade de São Paulo, SP.

MOACIR SANTOS – Maestro, arranjador, compositor e saxofonista nascido em Flores do Pajeú, PE, em 1926, e falecido em Pasadena, Califórnia, Estados Unidos em 2006. Órfão antes dos 3 anos de idade, aos 14 anos já era músico de banda em sua localidade natal e, aos 18, depois de ter atuado na Rádio Clube de Pernambuco, mudou-se para João Pessoa, PB, onde chegou a sargento-músico da Polícia Militar. Em 1948, transferiu-se para o Rio de Janeiro, onde ingressou na Rádio Nacional como saxofonista, sendo, três anos depois, promovido a arranjador e regente, ao lado de nomes como Radamés Gnatalli, Leo Peracchi, Lirio Panicalli etc., quase todos de origem italiana. Paralelamente ao trabalho no rádio, compôs trilhas sonoras para filmes como *Seara vermelha*, *Ganga Zumba*, *Os fuzis* e *O beijo*, representantes do chamado Cinema Novo brasileiro. E, depois de aperfeiçoar-se com grandes mestres e de ter sido professor de músicos famosos, em 1967 radicou-se nos Estados Unidos, onde gravou discos-solo, deu aulas e compôs trilhas para cinema, construindo uma sólida reputação como compositor, arranjador e professor. Segundo a crítica, produziu, nos anos 1960-1970, a música popular mais sofisticada e ao mesmo tempo mais enraizada nas tradições afro-brasileiras. Em 2001 foi homenageado, no Brasil, com o lançamento do CD duplo *Ouro negro*, que contempla boa parte de sua obra, e, em 2005, com o DVD de mesmo nome.

MOBILIDADE SOCIAL – Movimento de um indivíduo ou grupo em meio à hierarquia de uma sociedade, caracterizado pelo maior ou menor acesso a ocupações, educação, prosperidade e poder. A luta das entidades do movimento negro caracteriza-se pela busca de mobilidade social ascendente para todo o povo negro, independentemente da ascensão individual.

MOÇAMBIQUE – República da África Oriental, com capital em Maputo. Os principais grupos étnicos que compõem sua população são os xonas, os xanganes, os senas, os nianjas, os macuas e os macondes. Na época da escravidão, a viagem de um navio negreiro de Moçambique para o Brasil durava quase o dobro daquelas feitas a partir do litoral atlântico do continente africano. Entretanto, durante o período em que Angola esteve ocupada pelos holandeses, no século 17, o Brasil, principalmente o Rio de Janeiro, recebeu contingentes significativos de trabalhadores procedentes dessa região, da chamada Contracosta.

MOCAMBO [1] – O mesmo que quilombo, "esconderijo de escravos, no meio do mato, miserável".

MOCAMBO [2] – Povoado sergipano localizado no município de Porto da Folha, a 190 quilômetros de Aracaju, à beira do rio São Francisco. Habitado por cerca de 100 famílias, em 1997 teve seus 2.100 hectares de terra reconhecidos pelo governo federal como área remanescente de antigo quilombo.

MODELOS NEGRAS – A partir da segunda metade da década de 1960, com a crescente utilização de modelos e manequins negras em desfiles de moda, muitas mulheres de origem africana, como a inglesa Naomi Campbell (1970-) e a sudanesa Alek Wek (1977-), contribuíram para a desestigmatização do padrão africano de beleza feminina, fato que se refletiu também no Brasil.

MONCORVO E LIMA – Nome parlamentar de Álvaro Tibério de Moncorvo e Lima, político nascido na Vila de Cachoeira, BA, em 1816, e falecido na cidade da Bahia, atual Salvador, em 1868. Formado em Direito pela Faculdade de Olinda, foi presidente da província da Bahia, interina e efetivamente, entre 1855 e 1856. Em 1861 e 1867 elegeu-se deputado geral.

MONEME – Sigla do Movimento Negro da Igreja Metodista, entidade participante do 3.º Congresso de Cultura Negra das Américas, realizado na Pontifícia Universidade Católica de São Paulo em 1982.

MONJOLOS – Denominação de certo contingente de negros escravizados no Brasil. Trata-se de um dos nomes por que foram conhecidos os bateques ou tios, localizados na atual República do Congo. No Brasil colonial, o termo empregado para designá-los era preferencialmente "angicos", mas na segunda metade do século 19 passaram a ser conhecidos como "monjolos".

MONOMOTAPA – Denominação dada pelos portugueses ao soberano de um antigo império da África Oriental, no atual Zimbábue, e, por extensão, ao próprio império.

MONTEIRO LOPES – Nome abreviado de Manuel da Mota Monteiro Lopes, parlamentar nascido provavelmente em Recife, em cerca de 1870, e falecido no Rio de Janeiro em 1916. Eleito deputado federal em 1909, depois de ter cumprido mandato no Conselho Municipal da capital da República, foi figura bastante popular no Rio de Janeiro do princípio do século 20. Na Câmara dos Deputados, revelou-se um parlamentar destacado por sua dedicação a causas dos trabalhadores, em particular dos marinheiros e dos servidores públicos mais humildes. Votando favoravelmente à anistia dos envolvidos na Revolta da Chibata, demonstrou em sua fala, como em outras intervenções, segundo observadores da época, um considerável conhecimento de história e de teoria do Direito.

MONUMENTO A ZUMBI DOS PALMARES – Memorial inaugurado na cidade do Rio de Janeiro em 1986. Localiza-se na avenida Presidente Vargas, na área da antiga Praça Onze. Sua construção se deu durante o primeiro governo estadual de Leonel Brizola, em cumprimento à Lei n. 698, de 13 de dezembro de 1983, de autoria do deputado afrodescendente José Miguel (1932-2001). Consiste em uma reprodução em bronze, com três metros de altura, de uma escultura iorubana representando a cabeça de um rei ou divindade de Ilê-Ifé – o que, apesar do positivo conteúdo simbólico, representa uma incongruência, do ponto de vista histórico, já que a cultura dos iorubás só chegou maciçamente ao Brasil dois séculos depois de Zumbi.

MOQUECA – Guisado ou caldeirada, de peixe, camarões ou mesmo carne, da culinária afro-brasileira. A origem do prato e do vocábulo é angolana: a "moqueca" indígena consiste em peixe cozido envolto em folha de bananeira.

MOVIMENTO BRASILEIRO CONTRA O PRECONCEITO RACIAL – Entidade do movimento negro criada na cidade do Rio de Janeiro em 1935.

MOVIMENTO NEGRO – Nome genérico dado, no Brasil, ao conjunto de entidades privadas empenhadas na luta pelos direitos de cidadania da população afrodescendente. Numa visão mais restrita, a expressão diz respeito às organizações nascidas a partir do final da década de 1960 que se incluem dentro dessa denominação. As diferenças entre essas e as organizações anteriores seriam, entre outras, sua continuidade temporal e o fato de compartilharem uma agenda internacional, graças, hoje, à popularização das viagens aéreas e ao progresso dos meios de comunicação, particularmente da internet. No sentido amplo, entretanto, o movimento negro existe desde as confrarias e sociedades de auxílio mútuo constituídas, ainda na época escravista, com a finalidade de propiciar a alforria de seus membros, e passa por entidades como a Frente Negra Brasileira, fundada em São Paulo em 1931, e pelas diversas organizações criadas em todo o Brasil, da década de 1930 até a ditadura de 1964.

MPR – Sigla do Movimento pelas Reparações dos Afrodescendentes. Criado em 1993, apresentou, em sessão especial do Congresso Nacional, em 1995, proposta para a elaboração de um projeto de lei sobre o assunto "Reparações", que redundou no Estatuto da Igualdade Racial, instituído em 20 de julho de 2010 pela Lei Federal n. 12.288.

MUCAMA – Escrava doméstica. O termo é angolano, derivando do quimbundo *mukama*, "concubina", "escrava amante do seu senhor".

MULATO – Mestiço de branco e negro, em qualquer grau de mestiçagem. Ao contrário do que ocorreu nos tempos coloniais, quando, em geral, os mulatos procuravam destacar-se da população negra, aproximando-se dos brancos, no século 20, em todas as Américas, houve reversão dessa tendência, com parcela significativa desse segmento incorporando-se à grande comunidade dos afrodescendentes na luta contra o preconceito e a discriminação.

MULEMBA – Denominação angolana da árvore no Brasil conhecida como figueira-brava. Em algumas regiões paulistas esta é a denominação do tambor quinjengue, certamente em alusão à madeira de que é feito.

MULHER NEGRA – Durante a escravidão, o papel desempenhado pelas mulheres negras foi extremamente importante. Na África, em geral, cabia a elas a tarefa de cultivar a terra, o que lhes conferia a dura responsabilidade de manutenção e sobrevivência do grupo, tanto no tocante à obtenção de alimentos como nos cuidados maternos. No Brasil e nas Américas, elas desempenharam, entre outras funções, as de amas de leite, mucamas, criadas para todo serviço e ganhadeiras, modalidade em que muitas se destacaram por seu tino empresarial, chegando a amealhar fortuna como negociantes e constituir famílias numerosas. E, além de trabalhadoras e em menor número que os homens, elas constituíram, durante séculos, com suas canções de ninar, histórias e danças, o único elo entre a realidade da escravidão e o continente de origem. Sem esse elo, a herança negra, sustentáculo cultural da vida dos africanos e descendentes nas Américas, estaria irremediavelmente perdida. Do ponto de vista político, muitas delas foram também ativas militantes contra o escravismo. E no Brasil moderno, desde a década de 1950, as organizações de mulheres negras são muito atuantes nos movimentos políticos.

MUNGUNZÁ – Mingau de milho da tradição afro-brasileira; canjica. O nome é de origem angolana, proveniente do quimbundo *mukunza*.

MUNHAMBANA – Designação brasileira do escravo proveniente de Inhambane, Moçambique.

MUNIZ SODRÉ – Nome abreviado de Muniz Sodré de Araújo Cabral, teórico da comunicação e escritor nascido em São Gonçalo dos Campos, BA, em 1942. Mestre em Sociologia da Informação e da Comunicação pela Sorbonne, é doutor em Letras pela Universidade Federal do Rio de Janeiro, onde se tornou professor-titular e, mais tarde, coordenou o Programa de Pós-Graduação em Comunicação e Cultura. É autor, entre diversos outros livros, de *A verdade seduzida: por um conceito de culturano Brasil* (1983), *O terreiro e a cidade: a formação social negro-brasileira* (1988), *Claros e escuros: identidade, povo e mídia no Brasil* (1999), *Antropológica do espelho: uma teoria da comunicação linear em rede* (2002), *O império do grotesco* (com Raquel Paiva, 2002) e *Mestre Bimba – corpo de mandinga* (2002). Uma das maiores autoridades brasileiras em teoria da comunicação e um dos mais respeitados pensadores brasileiros contemporâneos, desde 1977 é um dos obás de Xangô do Ilê Axé Opô Afonjá, com o título de Ossi Obá Aressá. Em 2003, tomou posse como membro do Conselho de Desenvolvimento Econômico e Social, instituído pelo governo Lula; e em 2005 assumiu a presidência da Fundação Biblioteca Nacional.

MÚSICA AFRICANA – Ao contrário da música ocidental, em geral concebida como "a arte de combinar os sons de modo a agradar o ouvido", a música africana tradicional é feita para marcar o dia a dia e cada momento da existência coletiva, não podendo ser isolada de seu contexto. É por meio da música que o indivíduo africano celebra suas solenidades, pratica sua religião, realiza seu trabalho, faz a guerra, chora seus mortos e extravasa sua alegria de viver. Pela invocação dos espíritos ancestrais, a música africana tradicional estabelece um elo entre os vivos e os mortos; e a cada etapa da vida humana faz-se corresponder um tipo de música. Antes de uma criança nascer, entoam-se cânticos propiciatórios para que a mãe tenha um parto feliz. Na infância, a criança vai ser educada e socializada por intermédio de grande quantidade de cantigas para dançar, brincar e contar histórias. Muito disso se perdeu, como as "cantigas de contar", método de ensino matemático infantil usado antes do advento da escola moderna. Mas, ainda hoje, em muitos ritos, como os da puberdade e os de casamento, a música tem papel fundamental. Durante a escravidão, no Brasil e nas Américas, os cânticos religiosos e de trabalho, além das canções de ninar, às vezes em contato com a música dos índios e quase sempre sob influência de formas musicais europeias, foram dando origem aos diversos gêneros de música folclórica ou popular, como é o caso do coco, do maracatu, do samba etc.

MÚSICA DE BARBEIROS – Expressão outrora aplicada, nas grandes cidades coloniais brasileiras, aos conjuntos musicais integrados por escravos de ganho que exerciam como atividade principal o ofício de barbeiros, também chamados de "bandas de barbeiros" ou, na Bahia, "ternos de barbeiros".

MÚSICA SETECENTISTA MINEIRA – O ciclo do ouro e a criação da capitania das Minas Gerais motivaram os mulatos locais a buscar posições independentes na nova sociedade, provocando sua ascensão pela prática de várias atividades e, notadamente, pela música. Graças ao ouro e aos diamantes, no século 18, músicos afrodescendentes, como Lobo de Mesquita, Marcos Coelho Neto e Francisco Gomes da Rocha, tiveram oportunidade de aperfeiçoar suas técnicas e elaborar um conjunto de obra que conduziu a música mineira a um destaque sem precedentes.

MÚSICOS NEGROS NO BRASIL – A presença de músicos negros no Brasil remonta ao século 17, quando era comum, por ocasião das procissões e festas católicas, escravos ou libertos saírem às ruas tocando seus instrumentos africanos. Também por esse tempo, nas fazendas, organizavam-se as primeiras bandas de música e, nas igrejas, ensinavam-se a escravos noções elementares de teoria musical e execução de instrumentos. De grande relevância, nessa época, foi a criação, pelos padres jesuítas, de um importante conservatório na Fazenda de Santa Cruz, para a formação de músicos escravos, mantido em atividade por dom João VI e dom Pedro I. Em âmbito mais espontâneo, no século 18, segundo alguns observadores, cada casa de refeições nas ruas centrais da cidade do Rio de Janeiro mantinha, obrigatoriamente, à porta, como chamariz, um tocador de rabeca, não raro um escravo cego. No século 19, além das orquestras das fazendas, muitas delas organizadas com fins lucrativos ou integradas por escravos de ganho, formavam-se espontaneamente nas cidades, sobretudo no Rio de Janeiro e em Salvador, as legendárias bandas de barbeiros. Por essa época, a própria casa imperial brasileira mantinha, na Quinta da Boa Vista, a chamada "Orquestra dos Pretos de São Cristóvão", integrada por músicos formados na Fazenda de Santa Cruz. E esse conjunto parece ter sido a semente de onde se originaram as bandas militares, de tão grata tradição na música brasileira, entre as quais a mais célebre e mais duradoura é a Banda do Corpo de Bombeiros, em plena atividade desde 1896. Depois de todo um período de consolidação da música popular brasileira, no qual brilham inúmeros talentos afrodescendentes, nos anos 1930, com o Estado Novo, o ensino de música é incrementado nas escolas da rede pública de ensino. Formam-se, então, na antiga capital da República, bandas escolares famosas, como as das escolas técnicas Visconde de Mauá e Ferreira Viana, e afirmam-se a do Instituto João Alfredo e a da legendária "Escola Quinze" (Instituto Profissional Quinze de Novembro), criadas no século 19. Constituídos em internatos profissionalizantes, destinados a menores necessitados, esses conjuntos, assim como as bandas de corporações militares, sempre contaram com percentual significativo de aprendizes e músicos negros, muitos deles mais tarde tornados grandes instrumentistas, tanto no campo popular como no erudito. Alguns dos maiores instrumentistas afro-brasileiros, contudo, embora pobres, desenvolveram seu talento no ambiente familiar ou como autodidatas. Todos esses instrumentistas, arranjadores, regentes e chefes de orquestra afrodescendentes, instruídos em casa ou na escola, foram os principais responsáveis pela linguagem que dominou a vida musical brasileira da década de 1930 à de 1960, no disco, no rádio, no cinema, nos bailes, nos *shows* e na nascente televisão, como vimos no verbete "BANDAS MILITARES".

N

NAÇÃO – Designação da origem dos africanos trazidos para as Américas como escravos. Estabelecida, geralmente, a partir do nome da região de onde provinham ou do porto onde eram embarcados, ela quase nunca esclarece a real identidade étnica desses africanos. Assim, por exemplo, sob a simples denominação "angola" podem-se encontrar indivíduos dos ambundos, luandas, luangos, dembos, jingas, bangalas, songos, libolos (rebolos) etc. O uso do vocábulo estendeu-se para qualificar as comprovadas ou supostas origens de cada linha ritual dentro dos cultos afro-brasileiros. Exemplo: a nação ketu, a nação angola etc. "De nação" é expressão usada para designar determinada linha de culto tida como africana, em relação a outra já abrasileirada.

NAGÔ – Nome pelo qual se tornaram conhecidos no Brasil os africanos do grupo iorubá.

NAGOAS – Denominação de uma malta de capoeiras que dominou, com suas arruaças e conflitos, a periferia do centro velho da cidade do Rio de Janeiro nas últimas décadas da Monarquia. Sua designação parece estar relacionada à forte presença de praticantes de tradições iorubanas (nagôs) na área mais tarde conhecida como Pequena África.

NAGÔ-TEDÔ – Antigo lugar na cidade de Salvador, BA, no alto da subida do Alvo, onde se concentravam os negros nagôs.

NANÃ BURUCU – Divindade feminina cultuada na mina, no candomblé e na umbanda.

NAPATA – Cidade-Estado da Antiguidade, na região da Núbia. Foi a capital de origem dos faraós negros da 25.ª dinastia que reinaram no Egito por volta do ano 600 a.C.

NASCIMENTO RAFAEL – Herói da Guerra dos Farrapos no século 19. Companheiro do revolucionário italiano Giuseppe Garibaldi no célebre conflito gaúcho, é referido como "o mouro de Garibaldi".

NATIVIDADE SALDANHA – Poeta nascido em Santo Amaro de Jaboatão, PE, em 1796, e falecido em 1830. Filho de um padre com uma afromestiça, bacharelou-se em Leis pela Universidade de Coimbra e participou do movimento revolucionário conhecido como Confederação do Equador, em 1824. Fracassado o movimento, buscou exílio em vários países, para ser finalmente acolhido na Colômbia, onde viveu seus últimos dias. Publicou *Poemas oferecidos aos amantes do Brasil* (Coimbra, 1822), e após sua morte teve editada outra coletânea de poemas.

NATURALISTAS ESCRAVOS – Naturalista é o indivíduo habitualmente dedicado ao estudo de plantas, animais ou minerais. Os primeiros naturalistas do Brasil foram escravos e libertos que, no século 19, em geral a serviço de cientistas estrangeiros, trabalharam na classificação da flora e da fauna brasileiras. Antes de regressarem a seus países, muitos desses cientistas alforriaram os escravos assim ocupados, os quais, livres, prosseguiram nesse trabalho especializado.

NAVIO NEGREIRO – A viagem marítima dos africanos escravizados em direção às Américas foi sempre um trágico acontecimento, agravado pelas péssimas condições de viagem nos navios negreiros ou tumbeiros. Os espaços em que os transportadores amontoavam a carga humana, nos porões das embarcações, constituíam espécies de prateleiras de menos de um metro de altura. Deitados lado a lado, nus e acorrentados, ali mesmo recebiam sua parca alimentação e satisfaziam suas necessidades fisiológicas, sendo vez por outra levados ao convés superior para respirar ar puro e desentorpecer os músculos. Alimentação insuficiente e muitas vezes deteriorada, água quente, suja e racionada completavam o quadro, gerador de mortes frequentes e degenerescência física. O trajeto de um navio negreiro de Angola até Pernambuco demorava em média 35 dias e, até o Rio de Janeiro, 50 dias. Após a proibição do tráfico, o policiamento realizado pela Inglaterra, em pleno oceano, fazia que muitos comandantes de navios, ao serem abordados, procurassem livrar-se da carga comprometedora jogando-a ao mar.

NEGRINHO DO PASTOREIO – Mito religioso do Sul do Brasil e dos pampas uruguaios. Sua lenda conta que um menino escravo perdeu a tropa que pastoreava e, por isso, foi torturado até a morte. De acordo com a tradição, santificado por Nossa Senhora, o menino ajuda a encontrar objetos perdidos, recebendo, em troca, oferendas de velas.

NÉGRITUDE – Termo surgido na língua francesa, na década de 1930, para significar a circunstância de se pertencer à grande coletividade dos africanos e afrodescendentes e, ainda, a consciência de pertencer a essa coletividade e a atitude de reivindicar-se como tal. A ideologia da *Négritude*, pregada por intelectuais africanos, caribenhos e norte-americanos, assenta-se na afirmação da identidade africana, no entendimento de que os negros do continente africano e da Diáspora devem lutar por seus direitos fundamentais, e de que os negros do mundo inteiro têm compromisso ideológico uns com os outros.

NEGRO – Denominação genérica do indivíduo de pele escura e cabelo encarapinhado e, em especial, dos habitantes da África profunda e seus descendentes; descendente de africano, em qualquer grau de mestiçagem, desde que essa origem possa ser identificada pela aparência ou assumida pelo próprio indivíduo.

NEGRO ANTÔNIO – Herói escravo da guerra luso-brasileira contra os holandeses em 1625. Segundo a tradição, teria combatido os invasores atirando-lhes pedras do alto de um jenipapeiro. O rei Filipe III, informado pelo governador da colônia sobre a coragem e bravura de Negro Antônio, concedeu-lhe a liberdade a expensas dos cofres públicos. Após a guerra, o rei fez erguer um forte no local da árvore, onde o herói havia resistido às forças holandesas, homenageando-o depois com a nomeação para comandante do estabelecimento, batizado como fortaleza de Santo Antônio.

NEGRO BERNARDINO – Personagem da história da escravidão na província de São Paulo no século 19. Líder do quilombo da Rocinha, formado nas décadas finais do escravismo, próximo à fazenda Sete Quedas, na atual divisa entre Campinas e Indaiatuba, criou fama como matador remunerado, tendo sido, em diversas ocasiões, contratado por escravos para exercer vingança, assassinando feitores cruéis. Sua comunidade, considerada uma das mais importantes na resistência à escravidão na província, ganhou destaque por ser um quilombo itinerante. Duramente perseguido, deslocou-se por diversas localidades da região.

NEGRO TOMÁS – Personagem da história da escravidão no Brasil falecido em Olinda, PE, em 1868. Condenado à pena de morte por ter assassinado o proprietário que mandara açoitá-lo e um homem que impedira sua fuga, teve a defendê-lo o jovem estudante de Direito Joaquim Nabuco (1849-1910), membro da elite pernambucana que, a partir desse episódio, se tornaria conhecido como um dos maiores abolicionistas brasileiros.

NEGRO-AÇO – Indivíduo negro portador de albinismo, anomalia genética responsável pela ausência de melanina na pele e nos pelos do corpo.

NELSON CARNEIRO – Parlamentar e jornalista nascido em Salvador, BA, em 1910, e falecido no Rio de Janeiro, RJ, em 1996. Com carreira iniciada em 1945, foi, por quase 50 anos, um dos parlamentares mais atuantes do país. É de sua autoria a lei que, em 1977, instituiu no Brasil o divórcio conjugal, uma conquista alcançada depois de 30 anos de embate com a Igreja Católica. Em 1990, como senador e presidente do Congresso Nacional, assumiu por dois dias a presidência da

República, em substituição ao então presidente José Sarney.

NELSON MANDELA – Político sul-africano nascido em 1918 e falecido em 5 de dezembro de 2013. Formado em Direito, depois de abrir o primeiro escritório de advogados negros em seu país e tornar-se um dos líderes do partido político denominado Congresso Nacional Africano (CNA), dedicou-se plenamente à luta contra o *apartheid*, a política de segregação racial vigente em seu país. Preso em 1962 e condenado à prisão perpétua em 1964, foi libertado em 1990, depois de intensa campanha mundial. Em 1994, abolido o *apartheid*, foi eleito presidente da República, governando até 1999. Seu nome e sua figura constituem referência altamente positiva para os afrodescendentes em todo o mundo.

NELSON PRUDÊNCIO – Atleta nascido em Lins, SP, em 1944. Um dos grandes nomes brasileiros na modalidade de salto triplo, em 1968, nas Olimpíadas do México, bateu o recorde de Adhemar Ferreira da Silva, conquistando a medalha de prata. Naquele mesmo ano, foi eleito pela Athletics Foundation, de Los Angeles, o maior atleta da América Latina. Nas Olimpíadas de 1972, em Munique, foi um dos poucos brasileiros premiados, conquistando a medalha de bronze; nos Jogos Pan-Americanos, de 1967 e 1971, já havia conquistado a medalha de prata.

NETANIEL DANTAS – Pseudônimo de Osmar Marcelino Dantas, escritor brasileiro nascido por volta de 1925 no Rio de Janeiro (três fontes que oferecem seus dados biográficos mostram anos de nascimento diferentes, entre 1924 e 1930). Formado pela Faculdade de Filosofia da Universidade do Brasil, foi professor de Geografia e História. É autor, entre outras obras, de *Velas desatadas* (1960), volume de contos laureado com o Prêmio Fábio Prado em São Paulo; e de *Ifigênia está no fundo do corredor*, de 1969.

NÍGER [1] – Rio da África Ocidental. Nasce a poucos quilômetros do Atlântico, na fronteira entre Serra Leoa e Guiné, com o nome de Djolibá. De lá, encaminha-se para o deserto, a nordeste, atravessando o Mali e o Níger e servindo de fronteira natural entre esses países e o Benin. Deságua no golfo da Guiné, no maior delta do continente africano.

NÍGER [2] – República localizada no noroeste africano, com capital em Niamei. Os principais povos que habitam seu território são hauçás, songais e peúles.

NIGÉRIA – República da África Ocidental, com capital em Abuja. Os principais grupos étnicos que compõem essa enorme população são hauçás, iorubás, ibos, peúles, ibibios, canuris, edos e twis. Os conflitos ocorridos em seu território a partir do século 18 trouxeram para o Brasil, notadamente para a Bahia, grandes levas de escravos embarcados na região. Após a grande revolta baiana de 1835, o governo imperial brasileiro promoveu intensa repressão aos africanos procedentes do golfo da Guiné, o que desencadeou todo um movimento de retorno ao continente de origem, tanto por parte de africanos como de descendentes de antigos escravos, em um refluxo que só cessou nos primeiros anos do século 19. A comunidade de retornados, da mesma forma que a dos Ajudá no Benin, vive num bairro próprio, o Brazilian Quarter, em Lagos, onde mantém associações de várias naturezas, religiosas, políticas e de lazer; e onde nomes de família luso-brasileiros, como Almeida, Marques, Silva, Sousa, Xavier etc., são normalmente vistos em logradouros públicos.

NILO – Rio africano, um dos mais longos do mundo. Tem como fontes o Nilo Branco e o Nilo Azul. O primeiro nasce acima do lago Vitória, em Uganda, e o segundo no lago Tana, na Etiópia. Em Cartum, no Sudão, os dois se encontram, prosseguindo na direção norte através do Egito, até desembocar no Mediterrâneo, por um grande delta, com cerca de 185 quilômetros de largura.

NILO PEÇANHA – Político brasileiro nascido em Campos, RJ, em 1867, e falecido na cidade do Rio de Janeiro em 1924. Bacharel em Direito, foi seguidamente deputado, senador e presidente da província fluminense. No governo de Afonso Pena, foi eleito vice-presidente da República e, com o falecimento deste, assumiu a mais alta magistratura do país, governando de 1909 a 1910. Depois, foi novamente presidente da província do Rio de Janeiro e, mais tarde, ministro das Relações Exteriores do governo de Venceslau Brás. Quando jovem advogado, pugnou pela emancipação dos escravos.

NILZE CARVALHO – Nome artístico de Albenise de Carvalho Ricardo, musicista brasileira nascida em Nova Iguaçu, RJ, em 1969. Descoberta aos 6 anos de idade como executante de cavaquinho no gênero choro, logo passou a se apresentar em programas de rádio e televisão. Aos 11 anos, já como bandolinista, iniciava carreira discográfica, realizando, três anos mais tarde, sua primeira turnê internacional, tendo se exibido em teatros na Itália, Espanha, França e Suíça. Apresentou-se também em Los Angeles, Nova York e Las Vegas, além de cumprir temporadas no Japão de 1991 a 1997. Nos anos seguintes tocou profissionalmente na China, Austrália e Argentina. A partir de 2002, destacou-se também como cantora.

NOBRES ESCRAVIZADOS – Além da ficção literária, a figura do "nobre escravo", como Chico Rei, tem base histórica, especialmente em alguns casos de potentados africanos que aportaram no Brasil como desterrados políticos. No século 16, por exemplo, nas campanhas portuguesas em Angola, muitos régulos e altos dignitários foram trazidos para cá nessa condição, como foi o caso do jaga Kabuku Ka Ndonga, prisioneiro da rainha Ginga e por ela entregue aos portugueses. Mais tarde, a história registrou a saga de Agotimé, rainha-mãe do Daomé, escravizada no Brasil entre os séculos 18 e 19.

NOMES AFRICANOS – O ato de dar nome a uma criança reveste-se, na tradição africana, de procedimentos muito especiais, com toda uma série de fatores influenciando a escolha do nome de um recém-nascido: o período do dia em que ocorreu o nascimento; o dia da semana ou dia de feira; os acontecimentos e circunstâncias ligados à criança, aos seus pais, à sua família extensa ou mesmo à sua comunidade nacional, no momento do nascimento; se é primogênito ou o primeiro de seu sexo; se é gêmeo e, assim sendo, se nasceu primeiro ou por último; e, ainda, em caso de gêmeos, se são ambos do mesmo sexo ou não etc. No Ocidente, em geral, as pessoas recebem três nomes, sendo um o prenome e os outros dois os representativos das ascendências materna e paterna. Na tradição africana, as pessoas também recebem, usualmente, mais de um nome, no entanto isso se dá dentro de uma lógica diferente. Um nome é o do nascimento; um segundo e até um terceiro, que podem se somar ao primeiro, são recebidos em ritos de passagem e de acréscimo de força vital, como a chegada da idade adulta, a iniciação religiosa ou a investidura como chefe ou governante. Reflita-se, então, no que representava, para um africano escravizado, receber um nome português ou brasileiro, imposto à força e sem nenhum significado relevante.

NÓS DO MORRO – Escola e grupo teatral criados na comunidade do Vidigal, na cidade do Rio de Janeiro, na década de 1980. A partir de 1998, tornou-se uma espécie de celeiro, propiciando a jovens atores afrodescendentes, juntamente com outros de diversas origens étnicas, o impulso inicial em suas carreiras na TV, no teatro e no cinema. Seu trabalho obteve o reconhecimento da Organização das Nações Unidas (ONU).

NOSSA SENHORA APARECIDA – Santa católica, padroeira do Brasil, representada como uma madona negra. O início do seu culto data de 1717, ano em que foi encontrada no rio Paraíba do Sul, no atual estado de São Paulo, uma imagem escurecida da santa de cerca de 40 centímetros. O fato de a imagem ter aparecido com essa cor escura e em pleno domínio da ordem escravista foi certamente interpretado pela população como um sinal profético, uma espécie de revelação.

NOSSA SENHORA DO ROSÁRIO – Santa católica, objeto de devoção de comunidades negras em todo o Brasil. Seu culto, comumente associado, desde a época colonial, ao de São Benedito, fez surgir tradições expressas em folguedos ritualizados, como congadas, taieiras etc. A devoção aos dois santos remonta à Angola do século 17, mesmo antes da canonização de São Benedito, em 1807.

NÚBIA – Região do nordeste da África, hoje pertencente em grande parte à República Democrática do Sudão. Na Antiguidade, seus habitantes alternaram momentos de aliança e hostilidade com o Egito faraônico, pelo qual foram, durante algum tempo, colonizados. Em outro momento histórico, os núbios de Napata tomaram o Egito, lá constituindo a 25.ª dinastia.

NÚCLEO DE ESTUDOS NEGROS – Entidade com sede em Florianópolis, SC. Publicou, em 1997, uma coletânea de artigos reunidos sob o título *As ideias racistas, os negros e a educação*.

NUNES GARCIA – Nome pelo qual foi conhecido José Maurício Nunes Garcia Júnior, médico-cirurgião e professor nascido e falecido na cidade do Rio de Janeiro, onde viveu de 1808 a 1884. Filho do célebre padre José Maurício, até 1828 usou o nome de batismo, José Apolinário Nunes Garcia, adotando depois, legalmente, o nome paterno. Estudou Música com o pai e Desenho com Jean-Baptiste Debret. Também músico e compositor, dedicou-se a estudos sobre a fisiologia da voz e foi o primeiro brasileiro nato a conquistar, por concurso, a cátedra de Anatomia da Academia Imperial de Medicina. Deixou publicadas obras técnicas de Medicina e *Mauricianas*, coleção de peças musicais dedicada ao pai e editada por Paula Brito em 1851.

NUNES PEREIRA – Etnólogo brasileiro nascido no Maranhão, em 1893, e falecido na cidade do Rio de Janeiro em 1985. É autor, entre outras, de *A Casa das Minas; culto dos voduns jeje no Maranhão*, obra clássica sobre a secular comunidade religiosa maranhense da qual sua mãe fazia parte.

NUPÊS – Povo da África Ocidental escravizado no Brasil. O Reino Nupê, anexado pelos ingleses na Nigéria em 1885, localizava-se entre os rios Níger e Kaduna.

NZINGA MBANDI – Nome angolano da governante conhecida em Portugal e no Brasil como "rainha Ginga", soberana dos reinos de Ndongo e Matamba, na atual Angola, onde viveu entre cerca de 1582 e 1663. Sucedendo seu irmão a partir de 1624 na liderança dos ambundos, durante longo tempo, das terras altas de Matamba, resistiu às investidas dos portugueses ao Ndongo. Em 1640, recebeu ajuda dos holandeses que capturaram Luanda; e, na década seguinte, com a retomada da importante cidade por uma expedição enviada do Rio de Janeiro, assinou sua rendição em 1656. Governante firme e hábil na negociação política, sua luta incessante contra os conquistadores europeus consagrou-a como a grande heroína do povo angolano, símbolo da resistência daquele país ao colonialismo.

NZINGA, COLETIVO DE MULHERES NEGRAS – Entidade do movimento negro fundada em 1986 em Belo Horizonte, MG. Desenvolvendo principalmente ações na área da saúde, seu nome evoca a figura da legendária soberana angolana Nzinga Mbandi, a rainha Ginga.

O

OBALUAIÊ – Orixá iorubano da varíola, moléstia que pode dominar ou disseminar.

OBATALÁ – Orixá superior iorubano, criador da Terra e dos seres humanos.

ODO ADÃO – Médico brasileiro nascido em Uberaba, MG, em 1935. Órfão de pai aos 4 anos, exerceu humildes ocupações rurais até chegar a faxineiro do hospital da Beneficência Portuguesa, em sua cidade natal. No início dos anos 1960, formou-se em Medicina, especializando-se em Cirurgia Plástica, ramo no qual é um dos mais conceituados profissionais em todo o mundo. Fora da especialidade que o consagrou, preside em Uberaba uma obra social no hospital Hélio Angotti, instituição de referência no combate ao câncer no país.

ODU – Na tradição iorubana, cada um dos signos a que está ligado o destino de cada pessoa, coletividade, local, circunstância etc. Determina-se mediante consulta ao oráculo Ifá.

ODUDUÁ – Grande orixá iorubano, ora masculino ora feminino, um dos princípios da Criação. O nome é também o do herói fundador do povo iorubá, a ele relacionado.

OFÍCIOS DE NEGROS – Durante a escravidão e após a abolição, além das ocupações pesadas e subalternas, como as de carregadores, estivadores, lavadeiras, cocheiros, barqueiros, remadores, marinheiros etc., ocupadas por negros nas principais cidades, outros ofícios e artes, alguns requerendo especialização, foram típicos de africanos e descendentes. Entre esses ofícios contam-se os de confeccionadores e vendedores ambulantes de doces e iguarias, barbeiros, fabricantes e vendedores de vassouras e espanadores, fabricantes de fogareiros de barro e destruidores de formigueiros – esse requerendo algum conhecimento científico, embora empírico. No Brasil e nas Américas, até o século 20, muitos negros destacaram-se também, entre outros ofícios, como professores de primeiras letras.

OGUM – Orixá iorubano do ferro, patrono de todos os que habitualmente usam instrumentos ou ferramentas feitos desse metal, como ferreiros, caçadores, guerreiros, barbeiros, entalhadores etc.

OLAVO BILAC – Nome abreviado de Olavo Brás Martins dos Guimarães Bilac, poeta brasileiro nascido no Rio de Janeiro, em 1865, e falecido na mesma cidade em 1918. O maior poeta da fase parnasiana, foi eleito "O príncipe dos poetas brasileiros". Está incluído numa relação de "pretos e mulatos" ilustres elaborada por José Honório Rodrigues.

OLÍMPIO CAMPOS – Sacerdote católico e político brasileiro nascido em Itabaianinha, SE, em 1853, e falecido provavelmente no Rio de Janeiro em 1906. Presidente da província de Sergipe de 1899 a 1902 e, em seguida, senador da República, depois de se destacar como monarquista e conservador ferrenho, morreu assassinado por questões políticas.

OLODUM – Grupo cultural fundado na comunidade do Pelourinho, Salvador, BA, em 1979. Criado como simples agremiação carnavalesca, transformou-se numa organização múltipla, envolvida em diversas áreas da cultura e desenvolvendo grandes e bem-sucedidos projetos políticos e sociais em benefício da comunidade afro-baiana. O grupo musical que o representa, criado e dirigido pelo percussionista Neguinho do Samba (1955--2009), tem forte representatividade internacional na categoria *world music*, tendo participado, em 1996, de um videoclipe do cantor Michael Jackson, dirigido pelo cineasta Spike Lee, com locações na favela de Santa Marta, Rio de Janeiro, RJ, e no Pelourinho, em Salvador, BA.

OLORUM – Segundo a tradição iorubana, uma das representações ou denominações do Ser Supremo.

ORFEU DA CONCEIÇÃO – Peça teatral em versos de autoria do poeta carioca Vinicius de Moraes. Trata-se de versão do mito grego de Orfeu, ambientada no universo afro-carioca. Foi encenada pela primeira vez em 1956, no Teatro Municipal do Rio de Janeiro, com elenco composto exclusivamente por atores negros, e assim vem sendo montada ao longo dos anos. Em 1959, a obra serviu de base ao filme *Orfeu negro*, do diretor francês Marcel Camus, premiado no Festival de Cannes e filmado no Brasil com elenco negro. No carnaval carioca de 1998, uma adaptação do texto foi levada à avenida pela escola de samba Viradouro; durante o desfile, foram ambientadas cenas que integrariam o filme, sobre o mesmo tema, dirigido pelo cineasta Cacá Diegues e lançado em 1999.

ORIGEM AFRICANA DA HUMANIDADE – Segundo a moderna ciência, a origem da humanidade deu-se no desfiladeiro de Olduvai, que atravessa a zona central da planície do Serengeti, na Tanzânia atual. E há cerca de 50 mil anos ancestrais dos atuais bosquímanos, hoje confinados à região do deserto de Kalahari, começaram a migrar, em ondas sucessivas e em direções distintas, sofrendo inevitáveis mutações biológicas, chegando à Austrália, à Ásia Central, depois ao oeste da Europa e, finalmente, à América.

ORIXÁ – Na tradição iorubana, cada uma das entidades sobrenaturais, forças da natureza emanadas de Olorum ou Olofim, que guiam a consciência dos seres vivos e protegem as atividades de manutenção da comunidade. Algumas vezes representando ancestrais divinizados, os orixás manifestam-se por intermédio do que se reconhece como "qualidades" ou aspectos. Assim, Oxum Pandá e Oxum Abalô são "qualidades" do orixá Oxum, indicando essas especificações uma passagem da mitologia do orixá em que determinada característica se revelou ou fazendo referência a um local onde ele teria vivido ou por onde tivesse passado. Esse tipo de distinção é visto, também, em santos católicos, como a Mãe de Jesus, invocada como Nossa Senhora da Apresentação, da Conceição, do Desterro etc.

ORLANDO SILVA – Cantor brasileiro nascido e falecido no Rio de Janeiro, onde viveu de 1915 a 1978. Cognominado "O cantor das multidões", foi no Brasil o primeiro artista a ter público massivo em suas apresentações. E foi também um pioneiro na técnica de emissão vocal, na época em que o sistema de gravação fonográfica, ainda mecânico, exigia dos cantores vozes muito possantes ou grande esforço no cantar.

ORLANDO SILVA [de Jesus Jr.] – Político nascido em 1971 em Salvador, BA. Ex-líder estudantil, foi o titular do Ministério dos Esportes de 2006 a 2011. Em sua gestão, foram realizados os Jogos Pan-Americanos de 2007, no Rio de Janeiro.

ORQUESTRA AFRO-BRASILEIRA – Conjunto orquestral e vocal fundado em 1942, no Rio de Janeiro, pelo músico Abigail Moura. Surgida no mesmo contexto histórico do Teatro Experimental do Negro e da companhia de dança Brasiliana, a partir de 1945 passou a ser integrada somente por músicos negros. Com uma estrutura à base de percussão, sopros, coral e, ocasionalmente, piano, dedicava-se a um repertório de cânticos rituais e outros tipos de música da tradição afro-brasileira ou nela inspirada. Utilizando trajes e instrumentos sacralizados, a orquestra executava, antes de cada récita, rituais de purificação e propiciação. Sua proposta de trabalho foi vista por Abdias Nascimento como uma tentativa de abrir caminho a outra etapa da música afro-brasileira, com a integração e a assimilação dos recursos sonoros fornecidos por instrumentos "até então estranhos à África, mas não ao Brasil". Apresentando-se em espaços públicos, como os auditórios da Associação Brasileira de Imprensa e do Ministério da Educação, em 1964 a orquestra realizava, no palácio da Cultura, o seu centésimo concerto. A partir daí e por força das novas diretrizes que se impunham à sociedade brasileira, as apresentações foram ficando mais esporádicas, até o falecimento de seu criador e líder, em 1970.

ORQUESTRA DOS PRETOS DE SÃO CRISTÓVÃO – Banda de música integrada por escravos e mantida por d. Pedro I para animação das festas na Quinta Imperial.

ORUMILÁ – Orixá iorubano da adivinhação, detentor de todo o conhecimento e de toda a sabedoria dos odus, signos que regem a vida individual e das comunidades.

OSMAR BARBOSA – Professor e escritor nascido em 1915, no Espírito Santo, e falecido na cidade do Rio de Janeiro em 1998. Foi autor de obras didáticas, entre as quais uma *História da literatura de língua portuguesa*.

OSSÃIM – Orixá iorubano, dono das folhas litúrgicas e medicinais.

OSVALDÃO – Nome pelo qual foi conhecido Osvaldo Orlando da Costa, líder guerrilheiro brasileiro nascido em Passa Quatro, MG, em cerca de 1942, e falecido em 1974. Engenheiro formado na antiga Tchecoslováquia, para onde fora como bolsista nos anos 1960, ao retornar ao Brasil ingressou na luta armada contra a ditadura militar. Com um suposto curso de guerrilha na China, aliado a uma compleição física invejável – era um negro de quase dois metros de altura – e a um preparo de atleta, é envolvido numa aura de lenda, segundo a qual teria o dom da imortalidade. Após sua execução, em São Domingos, MT, num episódio da chamada Guerrilha do Araguaia (1972-1975), sua cabeça – revelando uma prática que remonta ao Brasil colonial – foi decepada a fim de ser exibida à população e de enterrar definitivamente o mito.

OSVALDO CABRAL – Compositor erudito brasileiro nascido em Itaperoá, BA, em 1900. No Rio de Janeiro, estudou Teoria Musical com João Otaviano e Composição com Francisco Braga. Regente da Banda Sinfônica do Corpo de Fuzileiros Navais por 37 anos, é autor de 160 marchas militares, do poema sinfônico *Riachuelo*, das óperas *Glória* e *Siloé*, além de obras referentes à ancestralidade africana, como a cantata *Lamento de Castro Alves* e as peças para orquestra *Samba de rico* e *Dança brasileira*.

OTACÍLIO NUNES – Educador nascido em Embu, SP, em 1887, e falecido em 1915. Professor de Música e de Português, além de quase todas as outras disciplinas no Colégio Salesiano de Santa Rosa, em Niterói, RJ, morreu heroicamente em um naufrágio na baía de Guanabara, depois de conseguir salvar vários alunos do colégio, de volta da festa do jubileu sacerdotal do cardeal Arcoverde, em 26 de outubro de 1915.

OTÁVIO ARAÚJO – Pintor brasileiro nascido em Terra Roxa, SP, em 1926. Aos 7 anos de idade, mudou-se com a família para a capital paulista, onde, apesar de pobre, conseguiu estudar, além das disciplinas convencionais, Pintura e Desenho. Aos 20 anos, realizou no Rio de Janeiro sua primeira exposição. Depois, investiu em viagens à Europa e foi assistente de Cândido Portinari entre 1952 e 1957. Após uma viagem à então União Soviética, onde viveu por oito anos, abandonou o estilo expressionista para construir uma apreciada obra de características surrealistas.

OVIMBUNDOS – Povo banto do sul de Angola, falante do idioma umbundo e seus dialetos. Constitui o mais numeroso grupo étnico angolano, compreendendo 15 subgrupos principais: bienos, bailundos, seles, sumbes, ambuins, quissanjes, lumbos, dombes, hanhas, gandas, huambos, sambos, cacondas, xicumas e quiacas. No Brasil, os ovimbundos foram geralmente conhecidos como "benguelas", em alusão ao porto de seu embarque como escravos, Benguela.

OXALÁ – Nome pelo qual é mais conhecido, no Brasil, o orixá iorubano Obatalá, emanação direta de Olorum.

OXÓSSI – Orixá iorubano da caça e dos caçadores.

OXUM – Orixá iorubano das águas doces, da riqueza, da beleza e do amor.

OXUMARÊ – Orixá jeje-iorubano do arco-íris. Assim como Xapanã e Nanã Burucu, é uma divindade jeje que os iorubás incorporaram ao seu panteão.

OYÁ – Orixá iorubano, nume tutelar do rio Níger, mais conhecida no Brasil pelo nome de Iansã.

OYÓ – Fundada, segundo a tradição, por Òron Míyòn (Oraniã), filho de Odudua, a antiga cidade-Estado de Oyó foi a capital política dos iorubás, ao lado de Ifé, a capital religiosa, ambas governadas pelo alafim (rei) de Oyó. Historicamente, a fundação do Estado, cuja capital situava-se no interior da atual Nigéria, a 324 quilômetros da costa, teria ocorrido no fim do século 14 ou no início do século seguinte. No auge do seu poder, até o século 16, Oyó constituiu a maior e mais avançada civilização da África Ocidental. Mais tarde, a cidade transferiu-se para outro local e seu nome estendeu-se à unidade política de que faz parte o Estado de Oyó, cuja capital, entretanto, é a cidade de Ibadan.

P

PACÍFICO LICUTAN – Líder malê na Bahia. Escravo de origem nagô, alufá (sacerdote) e trabalhando como enrolador de fumo, na ocasião do Levante de 1835 encontrava-se na prisão, em garantia de dívidas contraídas por seu dono. Forte e audacioso, portou-se com altivez durante os interrogatórios, mas foi tomado de profunda depressão em razão do insucesso do movimento. Foi condenado a mil chibatadas em praça pública.

PADRE EUTYCHIO PEREIRA DA ROCHA – Sacerdote e educador baiano nascido no século 19. Fundou em seu estado um colégio de instrução secundária. No Pará, na década de 1870, foi diretor do Convento das Carmelitas e militou no jornalismo político, além de fundar lojas maçônicas, como a Harmonia do Bem, em razão do que enfrentou séria oposição do bispo da província. A grafia de seu prenome é, em algumas fontes, atualizada na forma "Eutíquio".

PADRE JOAQUIM VIEGAS DE MENEZES – Editor e tipógrafo (1778-1841) nascido na então Vila Rica, MG. Com doutorado em Coimbra, Portugal, é tido como o pai da imprensa mineira, tendo sido o fabricante de um dos primeiros prelos conhecidos no Brasil. Nele, em 1806, imprimiu um opúsculo de 14 páginas, ilustrado, com um poema de Diogo Vasconcelos. Em 1823, imprimiu *O Compilador Mineiro*, o primeiro jornal de Minas Gerais.

PADRE JOSÉ JOAQUIM LUCAS – Inventor brasileiro. Na década de 1930, vigário de Inhaúma, na cidade do Rio de Janeiro, inventou uma máquina de escrever partituras musicais. A história eclesiástica registra, nos anos 1950, um "monsenhor José Joaquim Lucas", procurador da Mitra Arquiepiscopal do Rio de Janeiro.

PADRE JOSÉ MAURÍCIO – Nome com que se tornou célebre o sacerdote, compositor e instrumentista José Maurício Nunes Garcia, nascido em Cachoeira do Campo, MG, em 1767, e criado na cidade do Rio de Janeiro, onde faleceu em 1830. Primeiro mestre de capela nomeado por d. João VI, autodidata que estudava febrilmente partituras de mestres como Haydn e outros, compôs missas e outros ofícios religiosos com grande talento e sensibilidade. Numa época em que a vida musical gravitava em torno da Igreja e do teatro, firmou-se como o maior vulto da música religiosa brasileira em todos os tempos. Criou a notável *Missa de réquiem*, encomendada para os funerais de dona Maria I, rainha de Portugal, em 1816. Compôs também óperas, aberturas etc. e, como mestre, procurando desligar-se do ensino europeu, para trabalhar com liberdade, criou seu próprio método de *pianoforte*, nome pelo qual era conhecido o piano à sua época.

PADRE VICTOR – Nome com que se fez conhecido o religioso Francisco Paulo Victor (1827-1905), nascido em Campanha, MG, e falecido em Três Pontas, no mesmo estado. Filho de escrava, foi, em 1851, o primeiro negro a ser ordenado sacerdote no Brasil. Fundador de um dos mais prestigiados colégios do sul de Minas, destacou-se como grande educador. Popular e reverenciado pela obra de caridade que realizou, à época deste *Dicionário* tinha o seu processo de canonização estudado pelo Vaticano, tendo sido considerado "Venerável" pelo papa Bento XVI.

PADRÕES ESTÉTICOS – Diante de padrões segundo os quais a maioria dos africanos e seus descendentes, comparados à maior parte dos europeus, seria desprovida de beleza física e até mesmo desagradável na aparência, a indústria da estética criou, ao longo dos tempos, procedimentos "embelezadores" que vão do alisamento dos cabelos e do clareamento da pele até cirurgias de "correção" do chamado "nariz negroide", como as relatadas em uma das edições do boletim do Centro de Estudos do hospital dos Servidores do Estado, no Rio de Janeiro, em 1970. Entretanto, os parâmetros de avaliação estética variam no tempo e no espaço. Assim, em muitas sociedades africanas, por exemplo, a cor de pele e a tessitura de cabelos dos europeus são, pelos padrões locais, consideradas estranhas, feias, repugnantes e associadas à morte.

PAGODE – Termo que, originariamente designando divertimento, patuscada, ganhou no Rio de Janeiro a acepção de "reunião de sambistas" e, a partir da década de 1980, passou a denominar um estilo de interpretação do samba, gênero de canção popular.

PAI ADÃO – Nome pelo qual foi conhecido Filipe Sabino da Costa, babalorixá do terreiro do Sítio da Água Fria, tradicional comunidade religiosa em Recife, PE. Nascido em 1877 e falecido em 1936, era filho de Sabino da Costa, africano de Lagos. Em 1906, viajando em navios cargueiros, foi à Nigéria aperfeiçoar-se nos preceitos da religião dos orixás. Respeitado e estimado, a seu enterro estiveram presentes mais de duas mil pessoas. Por seus grandes conhecimentos dos fundamentos rituais e seu domínio da língua iorubá, é unanimemente considerado a maior personalidade da história das religiões africanas em Pernambuco.

PAI FRANCISCO – Personagem do bumba meu boi maranhense. Negro escravo, para satisfazer a um desejo de grávida da mulher, Catirina (ou Catita), mata o boi do patrão e dá a ela o fígado assado. Preso e torturado, negocia sua liberdade e é finalmente solto, entre cânticos festivos.

PAI JOÃO – Personagem da tradição brasileira, símbolo do velho escravo negro, sofredor, submisso e resignado.

PAI DE SANTO – No Brasil, termo que designa o principal sacerdote de um terreiro de umbanda ou candomblé. O termo é uma tradução incorreta do iorubá *babalorisa*, "sacerdote do culto aos orixás", fusão dos vocábulos *baba*, "pai", e *oloorisa*, "seguidor do culto". A tradução mais apropriada seria, então, "padre (*pater* > padre > pai) dos fiéis dos orixás", e não "pai de santo".

PAJEÚ – Revolucionário nascido em Pernambuco e falecido em Canudos, BA, em 1897. Um dos líderes militares da Guerra de Canudos, foi hábil estrategista, derrotando várias vezes, com táticas de guerrilha, as forças federais.

PALIMÉRCIO DE RESENDE – Militar brasileiro nascido no Rio Grande do Sul, em 1880, e falecido em São Paulo em 1939. Iniciou carreira militar em 1896 e, na Escola Militar da Praia Vermelha (RJ), completou o curso de Engenharia Militar e o de Ciências Físicas e Matemáticas. Em 1928, já no posto de coronel, assume a chefia do Estado-Maior da 2.ª Região Militar, em São Paulo. Deflagrada a Revolução Constitucionalista de 1932, destaca-se como um dos comandantes das forças revolucionárias. Derrotado o movimento, abriga-se no exílio, mas, anistiado, volta ao Brasil e torna a conspirar contra Getúlio Vargas, num movimento afinal não deflagrado.

PALMARES – Comunidade de escravos fugidos formada na serra da Barriga, capitania de Pernambuco, entre o cabo Santo Agostinho e o rio São Francisco, a partir do fim do século 16. Por volta de 1630, Palmares, reunindo vários aldeamentos, já teria cerca de três mil aquilombados, desenvolvendo uma agricultura avançada para os padrões locais e da época, plantando cana-de-açúcar, milho, feijão, mandioca, batata e legumes; fabricando artefatos de palha, manteiga e vinho; criando galinhas e porcos; e desenvolvendo uma organizada atividade metalúrgica, necessária à sua subsistência e defesa. A chegada dos holandeses a Pernambuco, naquele mesmo ano, e as guerras que essa presença motivou facilitaram a fuga de mais pessoas para Palmares. Em consequência, a comunidade foi se fortalecendo e se transformando em uma ameaça real e perigosa ao poder colonial. Em face dessa situação, a repressão tomou corpo. De 1596 a 1716, ano da destruição da resistência quilombola na região, os palmarinos suportaram investidas de 66 expedições coloniais, tanto de portugueses como de holandeses, e em 31 vezes tomaram a iniciativa do ataque. Durante sua longa existência, Palmares teve vários chefes, sendo Ganga Zumba e Zumbi os mais importantes e conhecidos. Em 1677, depois de sérias perdas suportadas pelos palmarinos, Ganga Zumba, então o principal dirigente, negocia a paz com as autoridades coloniais e abandona a serra com seus seguidores, provocando uma séria dissidência e o início da liderança de Zumbi. Em 1680, no arraial de Cucaú, próximo ao litoral, onde se estabelecera, Ganga Zumba morre envenenado. E a repressão a Palmares, cada vez mais cruenta, conta com a participação de milhares de soldados, de milícias patrocinadas pelos senhores de terras e até mesmo de combatentes mercenários. Quinze anos mais tarde, o líder Zumbi – após 17 anos de combate, em que se destacou como um dos maiores generais da história –, atraiçoado por um de seus comandados, morre durante a expedição repressora de Domingos Jorge Velho. Após Zumbi, caem seus sucessores Camuanga (desaparecido em 1699) e Mouza do Palmar (1716). Mas em 1725 ainda há tropas militares na serra da Barriga, antecipando a ocupação oficial do território, que se dá, afinal, em 1736. A experiência palmarina foi a maior e mais longa contestação à ordem escravista em todo mundo e em todos os tempos. Por extensão – e mesmo por ter sido Palmares um reduto que abrigava negros, índios e brancos pobres –, a saga de Zumbi constitui um rico episódio da luta contra o racismo. Por esse motivo, o dia de seu martírio, 20 de novembro, foi escolhido como "Dia Nacional da Consciência Negra".

PALMARINO – Qualificativo de tudo que se refira ou se relacione à comunidade quilombola de Palmares.

PAN-AFRICANISMO – Doutrina nascida nos Estados Unidos no final do século 19. Exprimindo reivindicações dos negros norte-americanos e caribenhos, tinha como foco o continente africano, entendido como a pátria de que a escravidão os privou. Depois das ações altamente polemizadas do líder Marcus Garvey e da realização de quatro congressos pan-africanos entre 1919 e 1927, a doutrina consolidou-se de forma mais consequente, baseada na igualdade etnorracial e na luta contra o colonialismo. Após o quinto congresso, realizado na Inglaterra em 1945, a doutrina se estrutura como movimento, pela atuação de líderes africanos como Jomo Kenyatta, Sékou Touré, Kwame Nkrumah e Julius Nyerere, até a onda independentista que toma a África nos anos 1960. A partir daí, vários eventos e iniciativas de cunho pan-africanista realizam-se em diversas partes do mundo, incluindo o Brasil, onde, na década de 1980, a cidade de São Paulo sedia, sob a liderança de Abdias Nascimento, o Terceiro Congresso de Cultura Negra nas Américas.

PANAMÁ – República da América Central. Sua população declarada inclui 14% de negros e 62% de mestiços, números que sugerem a maior população de origem africana nessa porção do continente. Na década de 1990, os afrodescendentes estavam basicamente concentrados, ao longo da costa atlântica, em cidades como Portobelo, Palenque, Cuango, Playa Chiquita, Palmira, Porto Armuelles e Santa Isabel.

PANO DA COSTA – Espécie de xale comprido que integra o antigo traje das mulheres africanas e crioulas na Bahia; o mesmo que *alaká* e pano de alacá. Antes feito com tecido importado da África Ocidental, mais tarde passou a ser inteiramente manufaturado no Brasil.

PAPA-MEL – Em Alagoas, à época da escravidão, nome dado ao negro fugido, em estado de cimarronagem, em alusão ao fato de que, nas matas, alimentava-se basicamente de mel silvestre. Muitos desses foram, aliás, engajados na Guerra dos Cabanos, ocorrida na região entre 1832 e 1850 (que não se confunde com a Cabanagem paraense, de 1835 a 1840), constituindo a milícia conhecida como "guarda negra papa-mel".

PAPEL – Nome usado, nos registros brasileiros do tráfico de escravos, para designar o povo pepel, da África Ocidental, aparentado aos uolofes, sereres e diolas. Ver *UOLOFE*.

PARÁ – Estado da região Norte do Brasil. A partir do século 17, integrado à capitania do Maranhão, o Pará desenvolveu, com o auxílio do braço negro, lavouras de café, arroz, fumo, cana, cacau e algodão. Em 2000, o governo federal havia identificado no estado 57 comunidades remanescentes de quilombos, principalmente nos municípios de Oriximiná, Óbidos e Cametá.

PARAÍBA – Estado do Nordeste brasileiro. Sua história colonial desenvolve-se no mesmo contexto açucareiro de Pernambuco, e seu populário guarda bem vivas algumas tradições de origem africana. Em 2000, a Fundação Cultural Palmares identificava, no estado, 13 comunidades remanescentes de quilombos localizadas especialmente nos municípios de Alagoa Grande, Santa Luzia e Triunfo.

PARANÁ – Estado da federação brasileira localizado ao norte da região Sul. A força da imigração europeia na região, a partir de 1853, criou a ilusão da ausência do elemento negro na formação da população paranaense. Entretanto, como informa o *Dicionário histórico-biográfico paranaense*, editado em Curitiba em 1991, pretos e pardos livres constituíram, pelo menos desde o século 18, presença marcante, somando 25,2% da população em 1798, 34,8% em 1816, e 29,8% em 1830. Em 2000, no município de Pinhão, identificava-se como remanescente de um quilombo a comunidade de Paiol da Telha.

PARTIDO-ALTO – Uma das formas do samba carioca. No passado, a expressão denominava uma espécie de samba instrumental e ocasionalmente vocal feito para dançar e cantar. Modernamente, é o samba interpretado à moda de cantoria ou desafio, em roda, com estrofes improvisadas por solistas sobre um estribilho ou refrão coral.

PASSAPORTES DE ESCRAVOS – O passaporte é o salvo-conduto, o documento de identidade do indivíduo em trânsito. Durante a época escravista, tal espécie de documento era usada no tráfico interno, como uma nota fiscal de mercadoria, nele se especificando a nacionalidade, a ocupação e a idade do portador.

PATÁPIO SILVA – Músico brasileiro nascido em Itaocara, RJ, em 1880, e falecido em Florianópolis, SC, em 1907. Criado em Cataguases, MG, onde se iniciou como flautista, por volta de 1898 vai para Campos, RJ, onde se torna mestre de banda. Em 1901, no Rio de Janeiro, mas ainda acumulando a atividade musical com as profissões de barbeiro e tipógrafo, é aprovado em concurso para o Instituto Nacional de Música (INM), atual Escola de Música da Universidade Federal do Rio de Janeiro. Concluindo em apenas dois anos o curso de seis, a partir daí se destaca como o maior virtuose brasileiro de flauta. Em 1907, depois de injustamente preterido para a cátedra de Flauta do INM, Patápio, que foi também um dos pioneiros da música gravada no Brasil, morre com apenas 27 anos de idade.

PATRÍCIO TEIXEIRA – Cantor e violonista nascido e falecido na cidade do Rio de Janeiro, onde viveu de 1893 a 1972. Nascido na Praça Onze, sem conhecer pai nem mãe, iniciou carreira fonográfica por volta de 1918, construindo a partir daí extensa discografia. Criador de *Casinha pequenina* (1927) e *Não tenho lágrimas* (1937), entre outros sucessos, de 1926 em diante dedicou-se ao ensino do violão, tendo sido professor de várias gerações de filhos das elites cariocas.

PAULA BRITO – Editor, jornalista e escritor brasileiro nascido e falecido no Rio de Janeiro, cidade onde viveu de 1809 a 1861, e da qual foi o iniciador do movimento editorial. Sua tipografia e livraria, na atual Praça Tiradentes, na qual Machado de Assis trabalhou, foi o ponto de encontro dos principais intelectuais da época. Fundou cinco jornais, entre eles *O Homem de Cor* (1833), o primeiro jornal brasileiro dedicado à luta contra o preconceito racial. Sua obra publicada em livro, inclusive postumamente, compreende mais de 20 títulos, dentro dos vários gêneros em que escreveu. Descobridor de talentos, alavancou a carreira literária de boa parte dos escritores fluminenses de seu tempo, como Teixeira e Sousa e o próprio Machado de Assis. Piedoso com os pobres, os quais assistia com alimentos e agasalhos, sua morte comoveu a população da cidade.

PAULINHO DA VIOLA – Nome artístico de Paulo César Batista de Faria, compositor, cantor e instrumentista brasileiro nascido na cidade do Rio de Janeiro, RJ, em 1942. Em virtude de suas ligações com o choro, foi, a partir dos anos 1960, um dos grandes revitalizadores do samba tradicional, em termos melódicos e harmônicos. Em 1970, com a produção do LP *Velha-Guarda da Portela*, foi o responsável pelo lançamento desse importante conjunto de samba tradicional.

PAULINO SACRAMENTO – Pistonista, compositor e regente brasileiro nascido em Niterói, RJ, em 1880, e falecido na cidade do Rio de Janeiro em 1926. Produziu partituras para revistas, operetas e burletas, sendo parceiro de Artur Azevedo, Bastos Tigre e outros comediógrafos. Foi regente da Companhia Nacional de Operetas e Melodramas, no Teatro São Pedro; da orquestra e do coro do Teatro Carlos Gomes e outros, situando-se, ao lado de Chiquinha Gonzaga, como um dos regentes mais atuantes no teatro de revista carioca na década de 1920. Um dos músicos mais destacados do seu tempo, é autor de peças famosas do repertório de bandas militares e do estilo de interpretação e composição conhecido como "choro".

PAULO DA PORTELA – Nome pelo qual se fez conhecido Paulo Benjamin de Oliveira, sambista nascido e falecido no Rio de Janeiro, RJ, onde viveu de 1901 a 1949. Uma das maiores personalidades do mundo do samba, foi, como compositor e dirigente, grande defensor e propagador da cultura negra em sua época. Movimentando-se entre as fronteiras que separavam as classes mais favorecidas da sua e, assim, levando políticos, artistas e intelectuais burgueses até o mundo do samba e conduzindo as escolas até as proximidades do poder, foi um dos maiores motivadores do processo de aceitação dessa expressão artística pela cultura dominante.

PAULO GONÇALVES – Pseudônimo de Francisco de Paula Gonçalves, dramaturgo, poeta e jornalista nascido e falecido em Santos, SP, onde viveu de 1897 a 1927. Com a peça *1830*, encenada pela primeira vez em 1923 no Teatro Apolo, em São Paulo, é considerado o precursor do teatro de tema histórico no Brasil. Era filho de mãe negra e de pai português.

PAULO LAURO – Político brasileiro nascido em Descalvado, SP, em 1907, e falecido na capital do estado em 1983. Bacharel em Direito, foi prefeito da cidade de São Paulo no biênio 1947-1948 e deputado federal em três legislaturas, nos anos 1950 e 1960.

PAULO LEMINSKI – Escritor brasileiro nascido e falecido em Curitiba, PR, onde viveu de 1945 a 1989. Poeta ligado ao grupo concretista de São Paulo, destacou-se, entre 1976 e 1987, como autor prolífico e criativo, publicando, além de coletâneas de seus poemas, traduções de poetas estrangeiros e biografias. Com ancestrais poloneses e negros, reivindicava-se como afrodescendente. Em 2013, em um fenômeno inesperado, a coletânea *Toda Poesia*, com sua produção poética completa, liderava as vendas nas principais livrarias do país, superando *best-sellers* estrangeiros da literatura de massa.

PAULO LINS – Escritor nascido no Rio de Janeiro, RJ, em 1958. Informante da antropóloga Alba Zaluar em um projeto sobre criminalidade nas classes populares, motivado por esse trabalho e baseado em sua vivência de favelado, escreveu o aplaudido romance *Cidade de Deus*, publicado em 1997 e transformado em filme em 2002, com grande sucesso de crítica e público. A partir daí, passou a ser requisitado como colaborador em diversas produções cinematográficas e de televisão. Em 2012, lançou o romance *Desde que o samba é samba*.

PAULO MOURA – Músico nascido em 1932, em São José do Rio Preto, SP, e radicado no Rio de Janeiro, cidade onde faleceu em 2010. Clarinetista, começou a tocar com o pai, carpinteiro e mestre de banda, aos 12 anos de idade, nos clubes da comunidade negra de sua cidade natal. Aos 18, já no Rio de Janeiro, atuou como primeiro saxofonista em importantes conjuntos orquestrais. Em 1957, depois de ter viajado ao México e aos Estados Unidos, tornou-se nacionalmente conhecido com a gravação do *Motu perpetuo* de Paganini, na primeira vez em que essa dificílima peça era interpretada por um instrumento de sopro. Quatro anos depois, obteve o primeiro lugar como solista de clarineta no concurso para admissão à Orquestra Sinfônica do Teatro Municipal do Rio, na qual permaneceu até 1977. Alternando momentos de sua brilhante carreira entre o erudito e o popular, Paulo Moura destacou-se pela participação em espetáculos e concertos, gravando discos e criando arranjos e trilhas sonoras, tendo-se tornado, em cerca de 40 anos de trabalho e estudo, um dos músicos mais respeitados do Brasil.

PAULO SILVA – Nome artístico de José Paulo da Silva, professor de Música e compositor erudito nascido em Niterói, RJ, em 1892, e falecido na cidade do Rio de Janeiro em 1967. Na antiga Escola Profissional XV de Novembro, iniciou-se na música como executante de bombardino, sendo promovido a mestre-aluno da banda de música e depois efetivado na regência do conjunto com apenas 16 anos de idade. Anos depois, ingressa no Instituto Nacional de Música, hoje Escola de Música da Universidade Federal do Rio de Janeiro (UFRJ), onde, diplomado em Trombone, além de Teoria, Solfejo, Harmonia, Contraponto e Fuga, em 1921 conquista, por concurso de provas, o cargo de livre-docente. Também estudante de Medicina, é forçado a abandonar o curso por motivos de saúde e, em 1929, ingressa na Faculdade de Direito, onde, depois de bacharelar-se, doutora-se em 1935, mesmo ano em que, no Instituto de Música, conquista a cátedra de Contraponto e Fuga, em memorável concurso de provas e títulos, com nota dez. Responsável pela formação de alguns dos melhores músicos brasileiros, é autor de importantes livros de teoria musical, como *Manual de harmonia* (1932), *Curso de contraponto* (1933), *Manual de fuga* (1935) e *Linguagem da música* (1954). Legou à posteridade, igualmente, vasta obra de composição, entre música orquestral, de câmara, instrumental e vocal.

PEDRA DO SAL – Sítio histórico localizado no bairro carioca da Saúde, nas proximidades da atual Praça Mauá, no centro da cidade do Rio de Janeiro. Tendo abrigado, a partir da década de 1870, o núcleo da comunidade baiana em terra carioca, tornou-se o polo irradiador de fortes expressões como os ranchos carnavalescos, ancestrais das escolas de samba.

PEDRO ALEXANDRINO BORGES – Pintor brasileiro nascido em São Paulo, SP, em 1864, e falecido na mesma cidade em 1942. Ingressou na Academia Imperial de Belas-Artes em 1887, tendo se dedicado ao gênero natureza-morta. Foi agraciado com as medalhas de ouro (1922) e de honra (1939) no Salão Nacional.

PEDRO KILKERRY – Nome literário de Pedro Militão Kilkerry, poeta brasileiro nascido e falecido em Salvador, BA, onde viveu entre 1885 e 1917. Filho de pai irlandês e de mãe negra, possuía formação clássica, trabalhando como tradutor de grego e latim. Sua poesia, de cunho modernista, publicada apenas em jornais e revistas, é, conforme os críticos, bastante avançada em relação ao contexto literário de seu tempo.

PEDRO LESSA – Jurista e político nascido em Serro, MG, em 1859, e falecido no Rio de Janeiro, RJ, em 1921. Formado pela Faculdade de Direito de São Paulo, onde, mais tarde, se tornou professor, foi chefe de polícia e deputado constituinte no estado. Nomeado ministro do Supremo Tribunal Federal em 1907 e membro da Academia Brasileira de Letras três anos depois, destacou-se no campo da Filosofia do Direito, legando à posteridade vasta obra escrita.

PEIA – Instrumento para tortura de escravos. Constava de uma espécie de algema que prendia o escravo por uma das pernas.

PELÉ – Pseudônimo de Edson Arantes do Nascimento, jogador brasileiro de futebol nascido em Três Corações, MG, em 1940. Estreou no Santos Futebol Clube, do litoral paulista, em agosto de 1956, conhecendo ascensão rápida e gloriosa. No ano seguinte, fazia seu primeiro jogo pela seleção brasileira. A partir daí, foi campeão 32 vezes, inclusive tricampeão mundial (1958, 1962 e 1970) e bicampeão mundial de clubes, além de 11 vezes artilheiro do campeonato paulista, marcando ao todo 1.284 gols numa carreira profissional encerrada no Cosmos de Nova York em 1977. Depois de se consagrar como o maior jogador de futebol do século 20 e encetar bem-sucedida carreira empresarial, foi chamado a integrar, como ministro extraordinário dos Esportes, o primeiro governo do presidente Fernando Henrique Cardoso, ocupando o cargo de 1995 a 1998.

PELOTAS – Município do estado do Rio Grande do Sul. A ocupação da região vem de meados do século 18 com as primeiras fazendas de criação de gado. Ganhando impulso com a expansão da indústria do charque, a partir de 1779 seu desenvolvimento foi fator decisivo para retirar do isolamento o extremo sul do país. No século 19, nos campos de criação e nas charqueadas da então Vila de São Francisco de Paula, a presença do elemento negro sobrepujava quantitativamente a do branco. Em 1848 denunciou-se, na região, o plano de uma insurreição envolvendo cerca de 200 "negros minas".

PELOURINHO – Coluna de pedra ou poste de madeira em que, na época colonial, os condenados, em geral negros e escravos, eram expostos à execração pública ou submetidos a castigos. Na cidade do Rio de Janeiro, o pelourinho esteve em vários lugares, da atual Praça Quinze à esquina da avenida Presidente Vargas com a rua dos Andradas. Em Salvador, BA, o Largo do Pelourinho, no centro histórico da cidade, considerado pela Organização das Nações Unidas para a Educação, a Ciência e a Cultura (Unesco) patrimônio da humanidade, é, à época desta obra, uma referência da cultura afro-baiana.

PENA BRANCA E XAVANTINHO – Dupla formada pelos músicos José Ramiro Sobrinho, o Pena Branca (1939-2010), e Ranulfo Ramiro da Silva, o Xavantinho (1942-1999), irmãos nascidos e criados em Uberlândia, MG, e radicados em São Paulo. Ex-trabalhadores rurais, destacaram-se, a partir de 1980, como dupla de cantores instrumentistas profundamente ligada às tradições dos violeiros do Centro-Oeste e do Leste brasileiros. Fugindo ao padrão comercial vigente no gênero a que se dedicou, a dupla conquistou respeito e acumulou premiações importantes, tendo mesmo se exibido no exterior.

PENTECOSTALISMO – Movimento religioso segundo o qual o fenômeno de falar línguas estranhas, por interferência do Espírito Santo, tal como ocorrido com os apóstolos de Jesus no dia de Pentecostes, pode ser experimentado por seus fiéis por intermédio do batismo. Teria surgido, formalmente, em Los Angeles, nos Estados Unidos, em 1906, em uma das reuniões promovidas pelo pastor negro William Joseph Seymour.

PEQUENA ÁFRICA – Expressão consagrada pelo escritor Roberto Moura no livro *Tia Ciata e a Pequena África da Praça Onze* (Funarte, 1983). A expressão denomina a base territorial da comunidade baiana do Rio de Janeiro estabelecida, a partir dos anos 1870, na região que se estendia dos arredores da antiga Praça Onze até as proximidades da atual Praça Mauá. Compreendendo as antigas localidades e freguesias de Cidade Nova, Santana, Santo Cristo, Saúde e Gamboa, e constituindo-se em importante polo concentrador de múltiplas expressões da cultura afro-brasileira, da música à religião, a Pequena África foi o berço onde nasceu o samba em sua forma urbana e onde se estabeleceram os primeiros candomblés baianos no território carioca e fluminense.

PERC PAN – Sigla do Panorama Percussivo Mundial, evento realizado em Salvador, BA, a partir de 1993. Idealizado, desenvolvido e produzido pela socióloga Elisabeth Cayres, sob a direção artística dos músicos Naná Vasconcelos e Gilberto Gil, sua criação teve por objetivo reunir mestres de percussão de diferentes culturas e formações. Entretanto, desde seu início, o Percpan tem sido uma grande vitrine da percussão africana e afro-originada.

PERMÍNIO LEITE – Nome abreviado de Malaquias Permínio Leite, educador nascido na Bahia no século 19. Foi, segundo Manuel Querino, mestre-escola de reconhecido valor e desenhista premiado.

PERNAMBUCO – Estado do Nordeste brasileiro, com capital em Recife. Núcleo principal do ciclo da cana-de-açúcar no Brasil, a presença do trabalhador africano deixou marcas profundas na história e na cultura do estado e de seus vizinhos, como Alagoas e Paraíba. Em 1823, a cidade do Recife foi palco de insurreições de negros, inspiradas, ao que consta, na Revolução Haitiana e consideradas, por Gilberto Freyre, os menos conhecidos dos movimentos de rebeldia escrava no Brasil. Em 2002, o governo federal identificava, no território pernambucano, 15 comunidades remanescentes de quilombos, sobretudo nos municípios de Garanhuns, Salgadinho e Petrolina.

PERU – República da América do Sul, com capital em Lima. Apesar de as estatísticas em geral não informarem o porcentual negro de sua população (os mestiços somam 32%), a cultura litorânea do país é expressamente marcada pela africanidade. Conforme o contrato ajustado em julho de 1696, entre o Conselho das Índias e a Companhia Real de Guiné, dos 30 mil negros então trazidos para a América espanhola, corresponderam ao atual Peru 12 mil escravos. Desses, apenas um sexto foi empregado em serviços domésticos nas cidades, sendo a maioria destacada para as rudes tarefas do campo, sujeita a toda sorte de castigos e condições indignas de trabalho e de vida. O tráfico legal de escravos perdurou até 1793, e a escravatura foi abolida em 1855. Clássico repositório da história e dos costumes nacionais, escrito por Ricardo Palma e publicado em 1872, o livro *Tradiciones peruanas* consigna inúmeros acontecimentos, práticas e nomes referentes ao povo negro no Peru.

PERYLO D'OLIVEIRA – Poeta nascido em Araruna, PB, por volta de 1900. Considerado por vários críticos um dos grandes poetas brasileiros da primeira geração modernista, morreu aos 26 anos, vítima de tuberculose. É autor de *Canções que a vida me ensinou* (1925) e *Caminho cheio de sol*.

PETRONILHO DE BRITO – Jogador de futebol nascido em São Paulo, SP, em 1904, e falecido em 1984. Centroavante revelado no Esporte Clube Sírio, foi campeão brasileiro pelo selecionado paulista e integrou várias vezes a seleção nacional. Nos anos 1930, contratado a peso de ouro pelo clube argentino San Lorenzo de Almagro, no qual, entre outros, recebeu o cognome de "El Maestro", tornava-se um dos primeiros futebolistas brasileiros a brilhar no exterior.

PEÚLES – Povo da África Ocidental, também mencionado como peul, fulâni, fula e fulbé. Etnia dispersa por todos os países da África Ocidental e até por alguns da África Central, suas migrações deram origem a numerosas mestiçagens. A língua por eles falada cobre cerca de quatro mil quilômetros, da Mauritânia ao Chade, sendo igualmente corrente entre outras etnias.

PIGMEUS – Qualificativo aplicado a diversos povos habitantes das florestas tropicais africanas cujos indivíduos têm altura inferior a 1,50 metro, como os bambutis, que vivem no Congo-Kinshasa, em Camarões e na República Centro-Africana. Os pigmeus constituem, juntamente com os bosquímanos, as populações mais antigas do continente africano.

PIRAJÁ – Sítio histórico próximo a Salvador, BA, palco de grande levante de escravos ocorrido a 8 de março de 1828. Na rebelião, mais de 600 revoltosos, dos engenhos próximos, foram mortos, 350 foram presos e cerca de 200 conseguiram fugir, embrenhando-se nas matas.

PIXINGUINHA – Nome artístico de Alfredo da Rocha Viana Filho, saxofonista, flautista, compositor e arranjador nascido e falecido na cidade do Rio de Janeiro, onde viveu de 1898 a 1973. Instrumentista virtuose, compositor inspirado, além de arranjador de rara criatividade, destacou-se como um dos fundadores da moderna linguagem musical brasileira e um dos maiores nomes da música popular nacional no século 20. Perfeitamente identificado com sua ancestralidade, compôs e gravou canções de inspiração africana, como *Caruru*; *Pé de mulata*; *Samba de nego*; *Sai, Exu*; *Foi muamba*; *Bengo*; *Patrão, prenda seu gado*; *Cadê vira-mundo*; *Que querê*; *Xô, Kuringa*; *Mamãe Isabé*; *Iaô*; *Mulata baiana*; *Benguelê*; *Caboclo do mato* etc. Foi imortalizado pelo escritor Mário de Andrade como uma das personagens do romance *Macunaíma*; homenageado, em 1956, com seu nome na placa da rua em que morava, no subúrbio carioca; convidado para escrever a trilha do filme *Sol sobre a lama* em 1962 – aí nascendo uma prestigiosa parceria com o poeta Vinicius de Moraes. Aclamado como um dos pais da música e da nacionalidade brasileiras, Pixinguinha morreu dentro de uma igreja, às vésperas do carnaval de 1973.

PLÁCIDA DOS SANTOS – Atriz brasileira de variedades nascida em 1863 e falecida em 1940. Entre 1898 e 1901, depois de fazer sucesso em palcos cariocas, exibiu-se em Paris, inclusive no Folies Bergères, vestida de baiana, dançando e cantando maxixes e lundus, destacando-se como o primeiro artista brasileiro, depois de Caldas Barbosa, a levar a música popular brasileira à Europa.

PLANTATION – Termo inglês, sem exata tradução em português, usado para designar a grande propriedade agrícola em que a terra é cultivada, em geral, por trabalhadores residentes ou colonos.

PNUD – Sigla do Programa das Nações Unidas para o Desenvolvimento. É responsável, entre outras ações, pelo estudo e pela divulgação das estatísticas que comprovam as desigualdades entre negros e brancos no Brasil.

POMPÍLIO DA HORA – Docente universitário, José Pompílio da Hora nasceu em Salvador, BA, em 1917 e faleceu após 1982. Viveu de 1921 a 1943 em Nápoles, Itália, onde se formou em Direito e fez vários cursos complementares. De volta ao Brasil, fixou-se no Rio de Janeiro, onde foi professor de Latim, Grego, Filosofia e História dos colégios Pedro II, La-Fayette e Souza Marques, bem como de Direito Civil e Romano em diversas faculdades.

PORONGOS – Região dos pampas gaúchos no município de Pinheiro Machado. Nela, durante a Guerra dos Farrapos, no episódio conhecido como "Surpresa de Porongos", na noite de 14 de novembro de 1844, teria sido lançado à morte todo um batalhão de lanceiros negros, integrado por cerca de 600 a 700 escravos que lutavam ao lado dos farroupilhas em troca de alforria. O massacre teria sido ocasionado por uma ordem de desmobilização dada pelo general David Canabarro, possibilitando que os lanceiros fossem surpreendidos desarmados e durante o sono. A região foi tombada pelo governo federal, por iniciativa do Projeto Memorial dos Lanceiros Negros, para abrigar o Sítio Histórico dos Porongos.

PORTO-NOVO – Capital da República de Benin, no golfo da Guiné. Foi fundada no século 16 e seu crescimento econômico se deveu ao tráfico português de escravos. A cidade, que concentra o mais significativo patrimônio arquitetônico de origem luso-brasileira no golfo de Benin, é um dos exemplos marcantes da contribuição dos retornados ao continente africano após a escravidão nas Américas.

PORTO RICO – Estado livre associado aos Estados Unidos localizado no mar do Caribe, com capital em San Juan. Sua população afrodescendente representa cerca de 20% da população total.

PORTUGAL – País do sul da Europa, no extremo norte da Península Ibérica. Com os descobrimentos marítimos dos séculos 15 e 16, Portugal formou um grande império colonial, compreendendo o Brasil e partes dos continentes africano e asiático, com base na exploração do trabalho escravo. Na África, a presença portuguesa se concentra, primeiro, na costa atlântica. Já no século 15, expedições lusitanas chegam às ilhas Canárias, ao Marrocos e à Mauritânia, para logo atingir, sucessivamente, o cabo Bojador, o rio Senegal, Serra Leoa, a Costa da Mina, a linha do Equador e o rio Congo. No final do século, já havia estabelecimentos portugueses em Cabo Verde, São Tomé, na Costa da Mina e no Benin. Na costa oriental, aonde chegaram em 1498, os portugueses mantiveram seu domínio, a partir de Moçambique, do arquipélago Lamu até Sofala, por cerca de 200 anos, impondo-se a outros pretensos conquistadores, como árabes, turcos e holandeses.

PRAÇA ONZE – Antigo centro do carnaval das populações negras do Rio de Janeiro localizado na atual avenida Presidente Vargas, próximo à rua de Santana. Lá se exibiam, entre as décadas de 1930 e 1950, as escolas de samba e os ranchos carnavalescos, bem como se confraternizavam ou confrontavam, nas rodas de batucada e pernada, os sambistas descidos dos morros e subúrbios. Na opinião de estudiosos, a Praça Onze de Junho – nome oficial, em evocação à batalha naval do Riachuelo, episódio da Guerra do Paraguai – funcionava como um grande liquidificador, processando a matéria-prima da arte "selvagem" dos negros para ser consumida pelas camadas "civilizadas" da sociedade brasileira. Daí parece ter surgido a expressão "Pequena África", aplicada à região de sua localização. A praça foi deixando de existir oficialmente ao longo dos anos 1950 a 1960, mas permanece como símbolo da afro-brasilidade em terra carioca. Em seu lugar ergueu-se, na década de 1980, um monumento ao herói Zumbi dos Palmares e, em suas cercanias, foi construída a pista de desfile das escolas de samba, o Sambódromo carioca.

PRAIA GRANDE – Comunidade remanescente de quilombo localizada no município de Iporanga, SP.

PRATA – Forma como usualmente é referida, no masculino – "o Prata" –, a região do estuário formado pelos rios Paraná e Uruguai, fronteira entre as Repúblicas do Uruguai e da Argentina. O quase total desaparecimento da população negra nessa região é resultado, entre outras razões, de uma política que propiciou a absorção de todo um povo pela maciça migração de europeus ocorrida no século 19.

PRECONCEITO – Atitude desfavorável para com um grupo ou indivíduos que nele se inserem, baseada não em seus atributos reais mas em ideias preconcebidas. O preconceito racial é uma das molas propulsoras do racismo.

PRECONCEITO DE MARCA – Expressão criada pelo sociólogo Oracy Nogueira para caracterizar o preconceito antinegro existente no Brasil, em comparação ao dos Estados Unidos, que se caracterizaria como um preconceito "de origem". Segundo Nogueira, no Brasil o preconceito racial é tão mais intenso quanto mais escura for a pele do indivíduo objeto, atingindo mesmo pessoas negras de condição social mais elevada. Isso se dá em oposição ao que ocorre nos Estados Unidos, onde uma pessoa sem nenhuma característica negroide poderá ser discriminada desde que se saiba que ela teve um ascendente negro, mesmo longínquo.

PRETO COSME – Nome pelo qual foi mais conhecido Cosme Bento das Chagas, líder quilombola morto em Tocanguira, MA, em 1840. Após a morte de Manuel Francisco dos Anjos Ferreira, o Balaio, liderou a revolta conhecida como Balaiada. Intitulou-se "Tutor das Liberdades Bem-te-vis" ("bem-te-vi" era o nome popular da facção dos liberais maranhenses), cercou-se de aparatos de realeza e, no comando de três mil liderados, conferiu títulos nobiliárquicos e distribuiu postos militares. Morreu em combate com as tropas de duque de Caxias.

PRETOS VELHOS – Entidades da umbanda tidos como espíritos purificados de antigos escravos. São sempre exemplos de bondade, carinho e sabedoria, agindo como ancestrais protetores, aconselhando e admoestando, quando necessário.

PRIMITIVO MOACIR – Escritor e educador (1869-1942) nascido na Bahia. Professor primário, bacharelou-se em Direito e, na Câmara Federal, foi redator de debates. No governo de Rodrigues Alves, atuou como procurador dos Feitos da Saúde e colaborador de Osvaldo Cruz na defesa do saneamento urbano. Escreveu e publicou uma dezena de importantes obras sobre o ensino público, destacando-se assim como um dos principais historiadores da educação em nosso país.

PROFESSOR SOUZA MARQUES – Nome pelo qual foi conhecido José de Souza Marques, educador, líder religioso e político nascido e falecido no Rio de Janeiro, onde viveu de 1894 a 1974. Formado em Direito e Teologia, foi pastor da Igreja Batista e presidente da Ordem dos Ministros Batistas do Brasil. Professor, fundou no subúrbio carioca de Cascadura o Colégio Souza Marques, germe da Fundação Técnico-Educacional Souza Marques, estabelecimento de ensino universitário. Na década de 1960 foi deputado estadual no Rio de Janeiro em várias legislaturas.

PROGRAMA DE EVOLUÇÃO DEPOIS DE TREZE DE MAIO – Documento elaborado por André Rebouças para a Confederação Abolicionista propondo medidas para impedir a reescravização de africanos e seus descendentes no Brasil, "assegurando a sua libertação pela independência e pelo bem-estar; promovendo a educação e a instrução dos libertos; facilitando-lhes a aquisição da propriedade da terra em que trabalham, constituindo-os lavradores proprietários".

PROVÉRBIO – Frase formulada em geral por meio de imagens, encerrando um pensamento importante, quase sempre uma advertência. Nas culturas negro-africanas tradicionais, o uso de provérbios é prática indispensável no processo de educação e socialização da infância e da juventude. Nessas culturas, usado inclusive para esclarecer pontos obscuros em uma discussão, o provérbio constitui-se em valioso instrumento teórico para a compreensão da realidade.

PUBLICIDADE E PROPAGANDA – Modo de comunicação específica cujo objetivo principal é influenciar, convencer e persuadir. Na propaganda comercial, a intenção primordial é induzir o público supostamente identificado com o produto para a sua aquisição. Os recursos da propaganda se pautam pelas pesquisas de opinião pública, identificação do público-alvo com base na sua condição socioeconômica, bem como seus hábitos e atitudes de consumo etc., lançando-se mão de imagens e testemunhos de personalidades com quem se procura estabelecer a identificação do consumidor. No Brasil, embora exista na atualidade um reconhecimento do indivíduo negro como potencial consumidor de bens e produtos, ainda se verifica resistência quanto ao peso real da população afrodescendente na composição étnica e na cultura da nação brasileira, razão pela qual o negro aparece de forma tímida como alvo dessa pretendida identificação.

PVNC – Sigla de "Pré-Vestibular para Negros e Carentes", rede de ensino desenvolvida no estado do Rio de Janeiro que reúne dezenas de cursos e oferecendo cerca de mil vagas. À época da edição desta obra, a taxa de inscrição correspondia à doação de um quilo de alimento não perecível, e as mensalidades não ultrapassavam o valor referencial de R$ 30,00.

Q

QUELIMANE – Cidade portuária da atual República de Moçambique. Nos registros do tráfico no Brasil, o nome designa arbitrariamente os escravos lá embarcados, nessa e na forma "quilumana". Esta última parece ser a origem de "quero-mana", nome de uma dança do Sul do Brasil.

QUÊNIA – República da África Oriental, com capital em Nairóbi. O litoral do país já era conhecido desde a Antiguidade, destacando-se as cidades de Mombaça e Melinde no comércio através do oceano Índico.

QUETO – Forma aportuguesada para ketu, antigo reino da África Ocidental cujo território foi cortado em dois pela fronteira Nigéria-Benin, estabelecida pelo colonialismo europeu. O povo ketu é um subgrupo dos iorubás. Designa também uma das nações do candomblé baiano.

QUIBACA – Engenho do Recôncavo Baiano onde, em 1816, se travou a batalha final de um dos mais sangrentos episódios da série de levantes de negros na Bahia, incluídos no contexto da Revolta dos Malês.

QUIBEBE – Prato da culinária afro-brasileira: bobó de jerimum; papa de abóbora preparada de várias formas e servida com acompanhamentos diversos. O nome designa, também, o prato feito com mandioca cozida, picada, refogada e servida com muito ou pouco caldo; e, ainda, a garapa de rapadura ou açúcar com farinha.

QUIÇANJE – Instrumento musical à base de lâminas percutidas sobre uma caixa de ressonância. Disseminado pela África pelos povos bantos, foi bastante popular no Brasil antigo.

QUICONGO – Aportuguesamento de *kikongo*, denominação da língua dos congos ou bacongos.

QUÍLOA – Cidade marítima erguida na ilha de Kilwa Kisimani, na atual Tanzânia. Polo irradiador da civilização suaíle, foi, do século 12 até o 15, um centro mercantil de grande importância. No Brasil, os escravos embarcados na região foram conhecidos como "quiloas".

QUILOMBHOJE – Movimento literário e editorial surgido em São Paulo em 1978. Seus integrantes, tendo à frente o poeta Cuti, são responsáveis pela publicação dos *Cadernos negros*, série de coletâneas de poemas e textos em prosa que, em 2005, chegava ao 28.º volume.

QUILOMBO – Aldeamento de escravos fugidos. Em 1740, o governo colonial português definia como quilombo todo núcleo reunindo mais de cinco escravos fugidos, mesmo sem nenhum tipo de edificação. A partir dessa definição, constata-se que o Brasil colonial e imperial conheceu quilombos em praticamente todo o seu território. A existência desses núcleos comprova-se na Amazônia, inclusive em Macapá e na ilha de Marajó; em Mato Grosso, Sergipe, Bahia, Minas Gerais, Espírito Santo, Rio de Janeiro, São Paulo e Rio Grande do Sul. De variadas dimensões e estruturados em razão do número de seus habitantes, os quilombos se constituíam de simples agrupamentos armados até verdadeiras cidades com população de dez mil a 20 mil habitantes. Em princípio organizados basicamente para defesa, em muitas ocasiões, entretanto, premidos por necessidades vitais, seus componentes organizavam expedições de ataque a vilas e povoados vizinhos. Os quilombos que constituíam a comunidade de Palmares recebiam, em geral, o nome de seus líderes, da mesma forma que as aldeias de Angola, à época da dominação portuguesa.

QUILOMBO ABOLICIONISTA – Moderna expressão criada para designar, no Brasil, o tipo de reduto de escravos fugidos criado e mantido graças à ação política de lideranças abolicionistas na segunda metade do século 19. Foi o caso do quilombo do Jabaquara, em São Paulo, o do Leblon, no Rio de Janeiro, e outros, integrantes de uma imensa rede ligada à Confederação Abolicionista, criada em 1883 na capital do Império. Fundados por abolicionistas que não aprovavam ações radicais, esses núcleos podem ser vistos como uma forma de controle visando à não participação ativa dos escravos no processo de emancipação.

QUILOMBO DA CARLOTA – Aldeamento quilombola formado no século 18 na serra dos Parecis, em Mato Grosso. Inicialmente chamado quilombo do Piolho, em referência ao rio próximo ao qual se localizava, foi atacado em 1770, reconstruído e, por fim, subjugado em 1795, quando recebeu o nome oficial de Nova Aldeia Carlota.

QUILOMBO DE LUANDA – Reduto quilombola localizado nas imediações da cidade de Campos, RJ. Em 1880, seus habitantes teriam abandonado o núcleo e se entregado espontaneamente ao delegado Carlos de Lacerda, mais tarde um abolicionista exaltado.

QUILOMBO DE SANTA TERESA – Reduto quilombola, no arrabalde de mesmo nome, numa das regiões montanhosas da cidade do Rio de Janeiro. Foi destruído pelo brigadeiro Vidigal, em 1823, ocasião em que foram presos cerca de 200 aquilombados.

QUILOMBO DE SÃO BENEDITO DO CÉU – Comunidade quilombola existente, no século 19, nas matas de Turiaçu, MA. Abrigando cerca de uma centena de amocambados, levou grande inquietação a toda a comarca e ao povoado de Vila Nova d'Anadia, até ser destruído em 1867.

QUILOMBO DO AMBRÓSIO – No século 18, reduto localizado entre os atuais municípios mineiros de São Gotardo e Ibiá.

QUILOMBO DO AXUÍ – Quilombo outrora existente no Maranhão, na região então conhecida como Campos da Lagarteira. Uma vez divulgada a lenda de que o local era habitado por negros ricos, donos de imensas reservas de ouro, em 1794 o quilombo foi objeto de espalhafatosa expedição, arregimentando cerca de duas mil pessoas. Seu guia foi o escravo fugido Nicolau Toé, que, preso, espalhou o boato para livrar-se do castigo. Proclamando-se profundo conhecedor da região e das riquezas, foi nomeado capitão das milícias, com direito a fardamento. Descoberto, entretanto, o embuste e frustrada a expedição, Toé, africano de origem, foi condenado à prisão perpétua, cumprida na casa de seu senhor.

QUILOMBO DO BOMBA – Reduto quilombola existente entre os antigos municípios de Iguaçu e Estrela, na Baixada Fluminense, destruído em 1878. A denominação deve-se, provavelmente, ao nome ou apelido do líder. Observe-se a ocorrência, no quicongo, do antropônimo masculino Mboma.

QUILOMBO DO CAMPO GRANDE – Aldeamento organizado no mesmo local do Quilombo do Ambrósio, algum tempo após a destruição deste, e liderado por Zundu.

QUILOMBO DO CORCOVADO – Aldeamento de escravos fugidos localizado no alto do morro do Corcovado no Rio de Janeiro. Esses escravos realizavam incursões pelo atual bairro de Laranjeiras e adjacências, razão pela qual o reduto foi destruído por tropas imperiais em 1829.

QUILOMBO DO CRIS-SANTO – Reduto quilombola próximo ao rio Maracaçumé, no Maranhão. Formado por volta de 1810, foi destruído em 1853.

QUILOMBO DO CUMBE – Reduto quilombola localizado nas matas próximas ao atual município paraibano de Santa Rita entre a segunda metade do século 16 e a primeira do século 17. Destruído pelas forças de João Tavares de Castro, e em seu território floresceu, mais tarde, a Usina Santa Rita.

QUILOMBO DO JABAQUARA – Espécie de "quilombo abolicionista" existente nos arredores da cidade de São Paulo na segunda metade do século 19. Organizado em 1886 e aglutinando, já no ano seguinte, cerca de dez mil habitantes, teve como chefe Quintino de Lacerda.

QUILOMBO DO LEBLON – Quilombo abolicionista mantido na cidade do Rio de Janeiro, na segunda metade do século 19, pelo industrial português José de Seixas Magalhães, na parte alta do atual bairro da Gávea.

QUILOMBO DO QUARITERÊ – Aldeamento quilombola existente no século 18 em Mato Grosso, próximo à fronteira com a Bolívia. Foi liderado, segundo a tradição, pela "rainha" Teresa do Quariterê, personagem envolta em aura de lenda, e finalmente destruído em 1770.

QUILOMBO DO RIO DAS MORTES – O mesmo que quilombo do Ambrósio.

QUILOMBO DO TROMBETAS – Nome pelo qual ficou conhecido o aldeamento de quilombolas fundado às margens do rio Trombetas, no Pará, em 1821, pelo líder de nome Anastácio. O núcleo resistiu até 1858.

QUILOMBO DOS TRÊS BICOS – Reduto quilombola localizado nas proximidades da estrada Macaé-Cantagalo, no estado do Rio de Janeiro. Foi destruído em 1836.

QUILOMBO DO URUBU – Aldeamento quilombola localizado no Cabula, hoje bairro da periferia da cidade de Salvador, BA. Revoltado em 1826, destacou-se em sua luta a líder Zeferina, que teria enfrentado, de arco e flecha, as forças da repressão; quando presa, foi condenada a trabalhos forçados.

QUILOMBO REMANESCENTE – Comunidade remanescente de antigo quilombo; o mesmo que "quilombo contemporâneo".

QUILOMBOLA – Denominação do habitante de quilombo.

QUILOMBOS CONTEMPORÂNEOS – Denominação usada, no Brasil, para designar as comunidades negras rurais que agrupam descendentes de escravos, vivendo da cultura de subsistência e onde as manifestações culturais tenham forte vínculo com o passado. Aos remanescentes de antigas comunidades quilombolas que permaneçam ocupando suas terras, a Constituição Federal reconhece a propriedade delas, com direito a título definitivo.

QUILOMBOS NA AMAZÔNIA – Em 1790, um relatório militar dava conta da presença de negros aquilombados na Amazônia brasileira. Os negros somavam, àquela época, 15% da população da capitania do Grão-Pará, e os quilombos articulavam-se com a sociedade local por meio do comércio e de alianças políticas e, com os indígenas, por intermédio de uniões militares e maritais. No atual estado do Pará, a história registra quilombos em Alcobaça (hoje Tucuruí), Alenquer, Anajás (na ilha de Marajó), Cametá, Caxiú, Gurupi, Mocajuba e Óbidos. No antigo território do Amapá, registram-se os quilombos de Mazagão e Calçoene, no rio Oiapoque. Em 2000, o governo federal havia identificado nesse estado, como comunidade remanescente de quilombo, a de Rio da Perdição.

QUILUANJE – Nome de um dos aldeamentos de Palmares e, muito possivelmente, de um de seus chefes. Ngola-a-Kilwangi foi o nome de um importante soberano na Angola do século 15.

QUIMBANDA – Linha ritual derivada da umbanda. No Brasil antigo, o termo designava, como em Angola, o chefe religioso de alguns cultos bantos.

QUIMBUNDO – A língua dos ambundos ou bundos, povo de Angola, às vezes também mencionados como quimbundos.

QUINDIM – Doce da culinária afro-brasileira feito com gema de ovos, coco e açúcar.

QUINTINO DE LACERDA – Líder abolicionista nascido em Sergipe e falecido em São Paulo em 1898. Ex-escravo de um dos fundadores do quilombo abolicionista do Jabaquara, chefiou sua comunidade antes e depois da abolição. Bem relacionado com a elite dominante, foi vereador, inspetor de quarteirão e inspetor sanitário. Em 1893, durante a Revolta da Armada, comandou seu povo na defesa da cidade de Santos contra o ataque a ela dirigido pelo almirante Custódio de Melo, tendo sido, por seu feito, agraciado pelo presidente Floriano Peixoto com o título de major. Foi também líder de movimentos antigrevistas no porto de Santos, cuja massa trabalhadora era, na época, constituída basicamente de trabalhadores portugueses e espanhóis. Sua casa, no morro do Jabaquara, foi o núcleo principal da comunidade até sua morte, realizando-se em seu terreiro as festividades e celebrações de sua gente.

QUIOCO – Uma das formas aportuguesadas para *Tchokwe* (ou *Cokwe*), grupo étnico de Angola que deu escravos ao Brasil. Outras formas para o nome são: bajoque, xiboque, makioko etc.

QUISSAMA – Em Palmares, no século 16, nome comum a um quilombo localizado na serra do Cafuxi e a seu comandante. Observe-se que, na antiga Angola, Kisama era uma região formada por jurisdições sob a autoridade de diversos líderes, todos com o título de *kisama*, sendo o principal deles conhecido como *kafuxi*.

QUITANDÊ – No Brasil, termo de origem angolana que designa o feijão-verde que, descascado, é utilizado na feitura de sopas e outras iguarias.

QUITANDEIRA – Dona de quitanda. Essa atividade foi, durante a época da escravidão, uma das mais praticadas entre as negras de ganho e entre as livres ou libertas em busca de ascensão econômica. Quitandeiras foram, por exemplo, Justina Maria do Espírito Santo, mãe de José do Patrocínio, e Maria Patrícia, mãe de Francisco de Sales Torres Homem, visconde de Inhomirim. A palavra "quitanda" deriva do quimbundo, uma das línguas de Angola, significando "feira", "mercado", em alusão à *kitanda*, espécie de estrado de madeira utilizado para a exposição de mercadorias.

QUITUTE – Vocábulo da tradição afro-brasileira que designa uma iguaria delicada, um prato bem-feito.

QUIZOMBA – Forma portuguesa para o quimbundo *kizomba*, "festa", "festejo". O vocábulo, então em desuso, voltou a circular, com a grafia africana, a partir da atuação do cantor e compositor Martinho da Vila, divulgador, na década de 1980, da cultura angolana no Brasil. Em 1988, Martinho escreveu, para a escola de samba Unidos de Vila Isabel, o enredo *Kizomba, festa da raça*, de belo e forte conteúdo afro, com o qual a agremiação se sagrou a campeã do carnaval carioca no ano do centenário da abolição da escravatura no Brasil.

R

RAÇA BRASIL – Revista mensal brasileira, lançada em São Paulo em 1996. Bem cuidada e atraente, provocou grande impacto por fugir ao padrão das antigas publicações dirigidas ao povo negro, demonstrando na prática a existência de um mercado consumidor afro-brasileiro nas classes média e alta. Depois dela, a visibilidade dos negros nos meios de comunicação nacionais foi sensivelmente ampliada.

RACISMO – Doutrina formalizada na França, em meados do século 19, para afirmar a superioridade de determinados grupos étnicos, nacionais, linguísticos, religiosos etc. sobre outros. Por extensão, o termo passou a designar as ideias e práticas discriminatórias advindas dessa pretensa superioridade. O conceito de "superioridade racial" carece de base científica, já que o ser humano, em termos biológicos, é mais produto do ambiente cultural em que vive do que resultado de herança genética. No Brasil, à época deste *Dicionário*, vigoravam dezenas de textos legislativos de alcance federal, além de mais de 400 em âmbitos estadual e municipal, coibindo a prática do racismo.

RAFAEL – Personagem da história do Brasil nascido em Porto Alegre, RS, em 1791, e falecido no Rio de Janeiro, RJ, em 1889. Após distinguir-se por bravura no Sul do país, foi chamado para a capital do Império para ser pajem de d. Pedro I. Forçado a abdicar, em 1831, o imperador confiou-lhe a guarda e a vigilância de seu filho, o futuro d. Pedro II, a quem acompanhou até o fim da vida.

RAIMUNDO DA COSTA E SILVA – Pintor nascido e falecido no Rio de Janeiro no século 18. Suas principais obras integram o acervo das igrejas cariocas da Ordem Terceira do Carmo e de Nossa Senhora da Boa Morte.

RAIMUNDO SOUZA DANTAS – Jornalista, escritor e diplomata brasileiro nascido em Estância, SE, em 1923, e falecido no Rio de Janeiro, RJ, em 2002. Aos 19 anos mudou-se para o Rio, onde trabalhou como contínuo e, mais tarde, como redator em diversos jornais. Escritor, publicou, entre outros livros, *África difícil* (1964), além de obras de ficção como os romances *Sete palmos de terra* (1944) e *Solidão nos campos* (1945). Entre 1961 e 1964, por designação do presidente Jânio Quadros, de quem fora oficial de gabinete, serviu como embaixador do Brasil na República de Gana, tornando-se o primeiro negro brasileiro a ocupar tão destacada posição.

RAINHA GINGA – Personagem do folclore afro-brasileiro presente em encenações de congadas e outros autos. O nome remete à rainha angolana Nzinga Mbandi, que viveu entre os séculos 16 e 17.

RAP – Estilo musical em que um texto é declamado, rapidamente, sem melodia, sobre uma base rítmica e harmônica obtida por instrumentos eletrônicos. Nascido na década de 1970 em festas comunitárias de bairros negros da cidade de Nova York, dentro do contexto do *funk* e dando origem ao *hip-hop*, disseminou-se por todo mundo, chegando até o Brasil.

RAPADURA – Calda de açúcar mascavo endurecida em forma de tabletes ou tijolos. Era ingrediente básico na alimentação dos escravos dos engenhos.

RASTAFÁRI – Adepto do rastafarianismo, filosofia religiosa surgida como movimento político na Jamaica na década de 1930. Sua denominação homenageia o *ras* (príncipe) Tafari Makonnen, sagrado imperador da Etiópia, com o título dinástico de Hailé Selassié I, em 1930. Estreitamente ligado ao *reggae*, gênero musical plasmado em seu contexto, o rastafarianismo deve a ele, hoje, sua difusão em escala mundial.

RAUL JOVIANO DO AMARAL – Jornalista, advogado e militante negro (1914-1988) nascido em Campinas, SP. Foi presidente da União Negra Brasileira, redator de *Alvorada*, *A Voz da Raça*, *Novo Horizonte* e *Senzala*. Publicou *Os pretos do Rosário, história da Irmandade dos Homens Pretos em São Paulo* (1954), entre outras obras.

REBELIÃO DOS PARDOS – Nome pelo qual ficou conhecida a insurreição supostamente organizada em Brejo Grande, SE, em dezembro de 1827. Divulgado o boato de que os escravos mestiços planejavam exterminar todos os brancos no dia de Natal, as autoridades se puseram em alerta e nada ocorreu.

REBELIÕES DE ESCRAVOS – Exemplos eloquentes do não conformismo das vítimas e de sua atuação na negação, contestação e final destruição da ordem escravista, os movimentos insurrecionais de escravos ocorridos após 1800 tiveram como protótipo a Revolução Haitiana. No Brasil, são também particularmente notáveis os episódios que envolveram a Confederação de Palmares, em Pernambuco e Alagoas; a Revolta dos Malês, na Bahia; o movimento do Preto Cosme, no Maranhão; a insurreição de Manuel Congo, no Rio de Janeiro etc. Ao longo deste *Dicionário*, nos verbetes referentes aos vários países e às unidades da federação brasileira, encontram-se registrados outros fatos históricos relacionados a rebeliões de escravos.

REBOLO – Nome dado no Brasil ao indivíduo dos libolos, povo do grupo etnolinguístico dos ambundos, estabelecido ao sul do curso inferior do rio Cuanza, em Angola.

REBOUÇAS – Nome de uma ilustre família de músicos, natural da cidade de Maragojipe, BA, na qual se destacaram, entre outros: **José Pereira Rebouças** (1789-1843), maestro, violinista e compositor, primeiro músico brasileiro diplomado na Europa, mestre de Música do Seminário Episcopal da Bahia e regente da orquestra do Teatro São João; **Manuel Maria Rebouças** (1790-1847), trompista, clarinetista e professor; **Luís da França Pereira Rebouças** (1832-1853), pianista, professor e compositor; e **Eustáquio Rebouças da Cruz** (1837-1881), clarinetista. Além desses, **Alípio Pereira Rebouças** (1815-1881), instrumentista, regente, professor e compositor nascido na capital da Bahia, destacou-se como um dos primeiros músicos brasileiros executantes de saxofone.

RECÔNCAVO BAIANO – Região brasileira do estado da Bahia, ao redor da baía de Todos os Santos, onde se localizam a cidade de Salvador e mais 36 municípios, como Cachoeira, Itaparica, Maragojipe, Muritiba, Nazaré, Santo Amaro, São Félix etc. Desde o início da colonização, com a cana-de-açúcar e depois com o tabaco, a economia da região absorveu mão de obra escrava em larga escala, o que a tornou importante polo irradiador da cultura afro-baiana.

REGIMENTO DOS HENRIQUES – Denominação de cada uma das unidades militares do Exército brasileiro existentes na época pré-republicana em Pernambuco, Bahia, Rio de Janeiro e Minas Gerais, e integradas exclusivamente por negros crioulos livres. Regimentos de caçadores a pé, usando regularmente fardas brancas adornadas em vermelho, constituíam corpos militares admirados por seu garbo e elegância. Também referidos como Caçadores Henriques ou Terço dos Henriques, eram assim denominados em homenagem a Henrique Dias, herói das guerras holandesas.

REGIMENTOS DOS PARDOS – Unidades militares, também conhecidas como Terços dos Pardos, existentes nos séculos 18 e 19 em várias províncias brasileiras. Seus comandantes reportavam-se diretamente aos governadores das províncias, sendo em geral muito prestigiados pelo poder central, representado pelo vice-rei.

REGINALDO BESSA – Publicitário e músico nascido no Rio de Janeiro, RJ, em 1937. A partir de 1958, depois de gravar, como cantor, compositor e violonista, pela CBS argentina, e de trabalhar como redator de propaganda, estabeleceu-se como criador e produtor de *jingles* publicitários, tornando-se, no eixo Rio–São Paulo, o primeiro afrodescendente a conseguir destaque nessa área. Em 1976, licenciou-se em Música pela Universidade do Rio de Janeiro (Unirio).

REI CONGO – Personagem das congadas, o mesmo que "rei do congo". Os festejos de coroação dos "reis" e "rainhas" congos representam, desde a época colonial, uma tradição presente tanto no Brasil como na América hispânica. Aqui, deram origem a outras expressões, como a congada e o maracatu.

REI ZULU – Figura do imaginário brasileiro, estereótipo do potentado africano, gordo, imbecil e prepotente. Veio trazido, ao que parece, pelo cinema americano e, em 1950, tornou-se tema de carnaval graças a uma marchinha de autoria dos compositores Nássara e Antônio Almeida.

REINO DO CONGO – Estado constituído do povo bacongo, nos atuais territórios de Congo-Kinshasa e Angola e cujo apogeu se dá no final do século 15. Por esse tempo, o rei (chamado manicongo) tinha sob sua autoridade outros reinos cujos territórios se estendiam do atual Gabão até o atual território de Angola. Em 1482, os primeiros portugueses chegam à região. Poucos anos depois, com a devolução recíproca de reféns capturados tanto por portugueses quanto por forças locais, inauguram-se relações diplomáticas entre o Congo e Portugal. Aí, numa sucessão de acontecimentos, em que a Igreja Católica tem papel preponderante, em 1555 o Reino do Ndongo (atual Angola) proclama-se independente e a guerra é declarada. Na refrega, os governantes ainda vassalos passam a capturar prisioneiros e vendê-los, por conta própria, como escravos, incentivados, principalmente, pelos mercadores portugueses estabelecidos em São Tomé. A partir daí, o reino experimenta uma rápida decadência, o que é ainda mais acelerado pela invasão dos guerreiros jagas, em 1568. No fim do século 16, os portugueses, exercendo domínio sobre o manicongo, consideravam-se já senhores do reino. Mas as revoltas populares espoucavam, o que acabou levando à deposição do rei e à retirada dos portugueses para a vizinha região da futura Angola. Independente ainda por cerca de 200 anos, no século 17, o Reino do Congo finalmente sucumbe às investidas colonialistas, tendo, mais tarde, suas terras repartidas entre França, Bélgica e Portugal.

REIS E RAINHAS NEGROS – A história da escravidão registra a existência de líderes africanos, chefes no continente de origem que, nas Américas, continuaram a exercer sua liderança, à frente de comunidades insurgentes ou de grupos de trabalhadores, e receberam, por seu efetivo poder, obediência e reverência da parte de seus liderados. Atuando à frente de quilombos, grupos de trabalho, religiosos etc., a presença dessas lideranças, embora alegoricamente, sobreviveu até os dias atuais, como nas figuras dos reis e rainhas do maracatu pernambucano e das congadas do Sudeste.

RELIGIÕES AFRO-BRASILEIRAS – Os traços culturais e religiosos determinantes da africanidade no Brasil provêm, basicamente, de dois grandes grupos civilizatórios: o dos povos bantos, de Angola, Congo, Moçambique etc.; e o dos povos ditos sudaneses ou minas, como os iorubás, jejes e axantis. Dos bantos, o Brasil recebeu as vertentes praticadas sobretudo no Sudeste e que acabaram por ver prevalecer, no seu seio – depois de sincretizações com cultos indígenas, o catolicismo, o kardecismo e outras práticas –, a umbanda, em suas várias modalidades. Dos minas, principalmente daqueles do antigo Daomé e da Nigéria, nos chegaram as raízes do candomblé jeje-nagô e dos cultos aos voduns, difundidos a partir da Bahia, bem como da mina maranhense. Outras formas religiosas, entretanto, se constituíram por sincretizações e misturas de várias naturezas. Em todas elas, a partir de princípios filosóficos africanos em maior ou menor grau assimilados, cultuam-se divindades ligadas a natureza, antepassados, espíritos protetores de rios, cidades etc.

REPARAÇÕES – Denominação dada a uma iniciativa dos movimentos negros em vários países com o propósito de obter, para o conjunto das populações atingidas pelo escravismo europeu, indenização correspondente ao montante do prejuízo sofrido. A iniciativa se inspira na chamada Questão das Reparações de que foi objeto a Alemanha, pelo Tratado de Versalhes, em 1919, tendo como sujeito as nações atingidas pela Primeira Guerra Mundial.

REPÚBLICA CENTRO-AFRICANA – País localizado no centro da África, com capital em Bangui. A maioria da população pertence aos grupos étnicos dos bayas, bandas, bumbakas e azandes. Sua história pré-colonial foi basicamente moldada sob a influência dos povos da bacia do Congo e do vizinho Sudão, tendo sido seu território um dos mais violentamente despovoados pelo tráfico de escravos.

REPÚBLICA DEMOCRÁTICA DO CONGO – Denominação oficial do antigo Congo Belga, mais tarde Congo-Leopoldville e Zaire, com capital em Kinshasa. Localizado no centro-sul do continente africano, a história do país está intimamente relacionada à do Reino do Congo.

REPÚBLICA DO CONGO – Denominação oficial do antigo Congo Francês, país localizado no centro-oeste africano, com capital em Brazzaville. O território onde hoje se localiza o país foi, no século 16, sede dos Reinos de Luango e Cacongo, vassalos do grande Reino do Congo, cuja capital então se localizava no território da atual Angola.

REPÚBLICA DOMINICANA – País localizado no mar das Antilhas, com capital em Santo Domingo. Seu território compreende a parte oriental da ilha de Hispaniola, que divide com o Haiti, do qual outrora fez parte. Sua população declarada inclui 73% de mulatos e 16% de negros.

RESISTÊNCIA ESCRAVA – Durante todo o tempo em que perdurou a escravidão negra no Brasil e nas Américas, a ordem escravista encontrou oposição por parte dos cativos, e as formas mais frequentes de demonstrá-la foram fugas, revoltas, aquilombamentos, sabotagens, suicídios, abortamentos, o "amansa-senhor" e o assassinato puro e simples. Mas, assim como o controle dos senhores não se exerceu apenas pela força, a resistência escrava se deu também pelo emprego de estratégias pacíficas expressas em pequenos atos de desobediência, manipulação pessoal e afirmação cultural, bem como por atitudes dissimuladas ou mesmo reivindicações feitas por meio de negociação.

RETORNADOS – Nome dado pela historiografia da escravidão aos libertos e seus descendentes que, no século 19, migraram em massa do Brasil e de outras regiões das Américas, como Cuba, em sua maioria para os atuais Benin, Gana, Nigéria e Togo. Esse retorno deveu-se, primordialmente, à forte repressão que atingiu os negros libertos depois da Revolta dos Malês, na Bahia, e da Conspiração de La Escalera, em Cuba. Antes do final daquele século, o número de emigrados já passava de três mil. Além da África Ocidental, a região de Moçâmedes, no sul de Angola, também recebeu retornados do Brasil.

RETRATO AMERICANO – Espécie de reprodução fotográfica executada comercialmente no Brasil, com grande procura, nas últimas décadas do século 19. Usando pintura a óleo e creiom sobre a fotografia ampliada, o fotógrafo "embelezava" a fisionomia do retratado, arianizando-a, se fosse o caso, mediante o clareamento da tonalidade da pele e o alisamento dos cabelos.

REUNIÃO – Departamento ultramarino da França localizado no oceano Índico, a leste de Madagascar, com capital em Saint-Denis. Sua população inclui africanos e descendentes.

REVOLTA DA CHIBATA – Insurreição ocorrida no Rio de Janeiro, em 1910, sob a liderança do marinheiro negro João Cândido, em que se reivindicava o fim da prática de torturas, que remontava aos tempos da escravidão, e dos maus-tratos infligidos aos subalternos pela oficialidade nos navios da Marinha de Guerra brasileira. Os revoltosos tomaram os principais navios da frota, fundeados na baía de Guanabara, e lançaram um ultimato ao governo federal para que decretasse o fim das torturas. Com a concordância manifesta das autoridades e a promessa de anistia para os rebeldes, estes devolveram o comando dos navios. Entretanto, foram todos presos e encarcerados em masmorras, cujo chão era diariamente "lavado" com uma solução de cal virgem. Depois de 18 meses de cárcere, poucos sobreviveram, entre eles João Cândido. À época da Revolta da Chibata, nas guarnições dos navios de guerra brasileiros, 50% dos efetivos eram de pretos, 30% de mulatos, 10% de caboclos e 10% de "brancos ou quase brancos" (segundo Gilberto Freyre, em *Ordem e progresso*. Rio de Janeiro: José Olympio, 1974).

REVOLTA DE CARRANCAS – Sublevação de escravos ocorrida em maio de 1833 na freguesia de Carrancas, curato de São Tomé das Letras, em Minas Gerais. Seu principal líder foi o africano Ventura Mina, escravo tropeiro, com grande ascendência sobre sua comunidade, da qual recebia, ao que consta, honras de rei, como nobre que teria sido em sua terra natal. Assassinado o líder em confronto com milícias organizadas por proprietários da região, a revolta foi debelada, mas deixando um rastro de dezenas de mortos, incluindo 17 insurgentes condenados à forca, mais do que na Revolta dos Malês, dois anos depois.

REVOLTA DO QUEBRA-QUILOS – Insurreição ocorrida em 1874, no sertão da Paraíba, contra a adoção do sistema métrico decimal. Contou com a participação de grande contingente de escravos, e um de seus principais líderes foi o negro Manuel do Carmo.

REVOLTA DOS MALÊS – Rebelião escrava ocorrida em Salvador, BA, em janeiro de 1835, tendo como líderes principais os africanos Pacífico Licutan, Dan Dará e Manuel Calafate. Tratava-se, ao que consta, de uma revolta para a tomada do poder pelos negros muçulmanos, que mobilizariam primeiramente os escravos da capital e, depois, os do Recôncavo. Contudo, o levante foi abortado por suposta delação; assim, invadidas algumas casas por patrulhas militares, a luta se precipitou. Após o primeiro embate, os malês partiram para as ruas, onde as escaramuças se sucederam. Um grupo de revoltosos atacou, em vão, a cadeia, a fim de libertar o líder Pacífico Licutan, que se encontrava preso. Outro grupo seguiu para o bairro da Vitória; outro atacou o quartel de polícia do Largo da Lapa. Em Água de Meninos aconteceu o último confronto, findo o qual os sediciosos remanescentes rumaram para Itapagipe, onde foram finalmente derrotados por tropas de cavalaria do governo provincial. A essa insurreição, que deixou um saldo de dezenas de mortos e feridos, seguiu-se violenta repressão, semeando o terror e o pânico entre os negros da Bahia. Escoladas pelo recente exemplo dos negros do Haiti, as autoridades imperiais puniram os insurretos com pena capital, açoitamento, prisão e degredo, fazendo que o Islã Negro, no Brasil, sobrevivesse apenas em vagas práticas mescladas às de outras matrizes religiosas.

REVOLUÇÃO DOS ALFAIATES – Um dos nomes pelos quais é conhecida a revolta ocorrida em Salvador, BA, em 1798. Os revoltosos eram essencialmente negros e pobres, os quais, inspirados nos ideais da Revolução Francesa, pretendiam proclamar a República e abolir a escravidão, num momento em que os ecos da Revolução Haitiana chegavam ao Brasil. Dois de seus líderes, João de Deus e Manuel Faustino dos Santos Lira, eram alfaiates, daí o nome dado ao movimento. Tanto esses como Lucas Dantas e Luiz Gonzaga das Virgens, também articuladores da revolta, foram esquartejados em praça pública. O movimento é conhecido ainda como Conjuração Baiana e Revolta dos Búzios.

REVOLUÇÃO HAITIANA – Evento histórico, de consequências mundiais, ocorrido no final do século 18 na antiga colônia francesa de Saint Domingue, atual Haiti, localizada na parte ocidental da ilha Hispaniola. A principal causa da insurreição foi a rivalidade entre os três segmentos da população, o dos brancos, o dos negros e o dos mulatos – este formado e agigantado pela introdução maciça de africanos, entre os quais muitas mulheres, numa ilha em que os colonos brancos quase não dispunham de mulheres de sua condição étnica. As uniões de mulheres negras com homens brancos e, depois, os casamentos entre cônjuges mulatos ou de mulatos com negros determinaram a transferência de uma considerável porção de riqueza para as mãos das *gens de couleur* (pessoas "de cor"). Diante disso, a elite branca isolou-se completamente e, assim, a sociedade haitiana segmentou-se em três grupos bem definidos: cerca de 30 mil brancos; perto de 40 mil emancipados, em especial mulatos; e a massa de escravos. Entre os emancipados, contavam-se muitos mulatos endinheirados, os quais, em determinado momento, tiveram em suas mãos a porção mais considerável da produção econômica haitiana. Os escravos, por sua vez, viviam, como em todas as Américas, em condições sub-humanas. A luta política, açulada pelas conquistas da Revolução Francesa e da Independência norte-americana, se iniciou então entre os brancos e os emancipados, os primeiros gozando de todos os privilégios legais e os segundos possuindo alguns privilégios econômicos, mas muito pouco em relação à cidadania. Em 1791, a Convenção Nacional outorgou os direitos reclamados pelos emancipados; e nesse mesmo ano iniciou-se a violenta insurreição dos escravos, os quais, recebendo o apoio dos mulatos livres, dois anos depois conseguiam a abolição da escravatura. Finalmente, em 1795, a parte oriental da ilha, pertencente à Espanha, era cedida à França, o que fez aumentar a força e o poder dos negros. Sob a liderança de Toussaint L'Ouverture e Jean-Jacques Dessalines, a independência do Haiti é conquistada em 1804. Apesar dos acontecimentos que a sucederam, gerando instabilidade e crise, a Revolução Haitiana provou que a cadeia de dominação estabelecida pelo tráfico europeu de escravos podia ser rompida. Assim, a partir dela, em todo o continente americano, os escravos se tornaram mais ousados em suas reivindicações, e os senhores, mais temerosos. A Revolução Haitiana inspirou movimentos contra a escravidão em todas as Américas.

REVOLUÇÃO INDUSTRIAL – Nome pelo qual ficou conhecido o surto de desenvolvimento tecnológico verificado na Europa, a partir da Inglaterra, entre 1750 e 1850. Esse fenômeno, o maior responsável pelo fosso que separou a civilização africana da europeia, começou a ser gerado em meados do século 17, quando a Europa alterou e aperfeiçoou seus métodos de produzir riquezas, inserindo a maquinaria e demais equipamentos na sua produção industrial, enquanto a África continuou a fazê-lo segundo as técnicas tradicionais. O desenvolvimento europeu, no entanto, só foi possível com a exploração, pela Europa, dos outros três continentes conhecidos, apropriando-se do conhecimento científico básico asiático, do ouro e da prata americanos, e da mão de obra africana para a exploração do novo continente.

RICARDO ALEIXO – Poeta, músico, produtor cultural, artista plástico e editor, nascido em 1960 em Belo Horizonte, MG. Estreou em livro em 1992, com a coletânea de poemas *Festim*. A partir daí, publicou importante obra poética, dedicando-se também à curadoria de exposições e de festivais, como o Festival de Arte Negra (FAN), e à edição da revista *Roda – Arte e Cultura do Atlântico Negro*, pela Fundação Municipal de Cultura de Belo Horizonte. Seus poemas revelam forte afinidade com o movimento concretista e com a etnopoesia; e sua ação cultural integra a poesia com outras formas de arte, como o teatro, a música e a dança.

RIO DE JANEIRO [1] – Estado da federação brasileira. De 1763 a 1960, a cidade do Rio de Janeiro sediou, seguidamente, a capital da Colônia, do Império e da República, o que determinou o desenvolvimento econômico da região e atraiu grandes massas de população negra, tanto para o atual município da capital como para o vale do Paraíba, a Baixada Fluminense e outras regiões. No início do século 21, o governo federal já tinha identificadas 14 comunidades remanescentes de quilombos no estado, principalmente nos municípios de Parati, Macaé, Barra do Piraí, Mangaratiba, Campos, Cabo Frio, Vassouras, São Pedro da Aldeia, Valença e Angra dos Reis.

RIO DE JANEIRO [2] – Capital do estado do Rio de Janeiro. Em 1567, dois anos após sua fundação, a cidade recebia seus primeiros melhoramentos. Com o surto desenvolvimentista da cana-de-açúcar, quando o Brasil começa a importar escravos em massa, o governador Salvador de Sá assina com o maior traficante da região uma espécie de contrato de exclusividade para abastecer os proprietários fluminenses. No raiar do século 17, a cidade tinha cerca de 3.800 habitantes: cerca de três mil índios, 700 brancos e apenas cem africanos. Em 1618, começam a chegar escravos para trabalhar no serviço de carga e descarga de navios no porto da cidade, fazendo nascer, assim, a estiva do Rio de Janeiro, até hoje uma atividade predominantemente exercida por negros. Na primeira metade do século 17, já havia vários quilombos no Rio de Janeiro, bem próximos ao núcleo da cidade, nas matas do Desterro, hoje Santa Teresa. Mas, na verdade, a presença de negros no Rio de Janeiro só se intensifica com a descoberta do ouro e o início da exploração desse mineral na região das Minas Gerais, no final do século 17. No século seguinte, proprietários paulistas compram, no Rio, grandes lotes de cativos para trabalhar nas minas, o que desfalca a mão de obra fluminense. Então, proíbe-se a venda de escravos das fazendas e começam-se a importar negros, não só de Angola, como também da costa da Guiné e de Moçambique. É assim que, por volta de 1763, quando o Rio de Janeiro passa a ser a sede do governo colonial, em substituição à cidade da Bahia, atual Salvador, a população da cidade já soma 55% de pretos e mestiços, escravos ou não. Com uma população basicamente negra desde a segunda metade do século 17, na qual cerca de um quinto era de escravos, o Rio de Janeiro mostrava uma fisionomia bem africana, o que chamava a atenção dos viajantes que aqui chegavam. Foi aí que germinou, com os cortejos dos cucumbis, que vez por outra saíam às ruas, nas coroações dos reis congos que se realizavam no adro da igreja de Nossa Senhora da Lampadosa, e principalmente nas bandas de barbeiros, entre outras manifestações de arte e de lazer, a esfuziante cultura afro-carioca. Mas à parte essa fisionomia festiva e ruidosa das ruas centrais, no século 19, freguesias dos subúrbios abrigavam vastidões de terras incultas, com matas e serras que se apresentavam, assim, como locais propícios à formação de quilombos. Ainda hoje, o estudioso que resolver pesquisar no guia de ruas do Grande Rio vai encontrar diversos logradouros, entre morros, estradas etc., carregando a referência "quilombo".

RIO GRANDE DO NORTE – Estado do Nordeste brasileiro. Sua história econômica, também inserta no contexto do Brasil Holandês, está ligada à exploração do sal e da cana-de-açúcar e à pecuária. Até 2000, a Fundação Cultural Palmares havia identificado no estado 15 comunidades remanescentes de quilombos, como as de Boa Vista dos Negros, no município de Parelhas; Capoeira dos Negros, em Macaíba; Negros dos Arqueiros, em Pedro Avelino; e Negros do Riacho, em Currais Novos. Vultos importantes da intelectualidade potiguar foram a poetisa afro-brasileira Auta de Souza e seu irmão, o educador e escritor Henrique Castriciano.

RIO GRANDE DO SUL – Estado do extremo Sul do Brasil. Com o início da criação de gado em grande escala, a partir do final do século 17 o Rio Grande do Sul abasteceu de carne e animais de tração a região das Minas e, para tanto, usou exaustivamente o braço escravo. A partir de 1833, conhecem-se, na antiga província, núcleos quilombolas importantes, bem como registros de rebeliões e insurreições de algum vulto. O que mais marcou, entretanto, a reação do escravo gaúcho ao escravismo foram as fugas. Alcançando as regiões de colonização espanhola, os escravos fugitivos eram recebidos como homens livres, podendo empregar-se como assalariados. Muitos ex-escravos evadidos do Brasil integraram, por exemplo, os exércitos de Artigas em luta contra os luso-brasileiros que invadiram a Banda Oriental em 1820. No final do século 19, já proibido o tráfico, a província recebeu escravos vindos do Sudeste e do Nordeste para trabalhar nos canaviais, engenhos e fábricas de farinha da região. Hoje, comunidades negras rurais subsistem nos municípios de Mostardas, Osório, Rio Pardo, Santa Maria, Santa Vitória do Palmar, Tapes, Tavares e, provavelmente, em outros. Essas comunidades cultivam tradições culturais de origem africana, como o batuque, o cucumbi e o moçambique.

ROBERTO CASEMIRO – Músico nascido na cidade de São Paulo em 1954. Formado em Composição e Regência, destacou-se como professor de Teoria Musical e maestro, sendo o primeiro afrodescendente a dirigir o coro do Teatro Municipal de São Paulo.

ROÇA – Na terminologia dos candomblés, o mesmo que "terreiro".

RODA DOS EXPOSTOS – Instituição assistencial nascida na Europa, trazida para o Brasil no século 18 e outrora existente em cidades como Rio de Janeiro, São Paulo e Salvador. Materializava-se em um cilindro de madeira, girando em torno de um eixo vertical, dentro de uma espécie de armário que se abria para a rua, como uma janela, na parede externa da casa de acolhida. Nesse cilindro, que era a "roda" propriamente dita, eram introduzidos, da rua, os abandonados (expostos) para ser recolhidos do lado de dentro do abrigo. No século 19, na "roda" do Rio de Janeiro, muitas das crianças eram mulatas; e negras ou mestiças eram as escravas ali empregadas como amas de leite. A roda dos expostos teria sido utilizada também por mães escravas como forma de livrar seus filhos dos horrores do cativeiro.

RODA-D'ÁGUA – Engenho produtor de energia, em certas ocasiões foi usado como instrumento para tortura de escravos. Nele, o torturado era mantido preso no aro da roda, para ser intermitentemente mergulhado de cabeça.

RODRIGUES ALVES – Nome abreviado de Francisco de Paula Rodrigues Alves, político brasileiro nascido em Guaratinguetá, SP, em 1848, e falecido no Rio de Janeiro, RJ, em 1919. Presidente da República de 1902 a 1906, ao ser reeleito em 1918, não pôde assumir o cargo por motivo de doença, vindo a falecer no ano seguinte. Era filho da afro-brasileira Isabel Perpétua, conhecida como "Nhá Bela".

ROGÉRIO ANDRADE BARBOSA – Escritor e professor nascido no Rio de Janeiro, RJ, em 1947, filho do também escritor Osmar Barbosa. Pós-graduado em Literatura Infantil pela Universidade Federal do Rio de Janeiro (UFRJ), criou, com base em sua experiência como voluntário das Nações Unidas na Guiné-Bissau, provavelmente a mais vasta obra publicada no Brasil sobre tradições africanas, voltada para o público infantojuvenil. Vários de seus livros, publicados a partir de 1984, foram traduzidos e lançados em países como México, Alemanha, Argentina e Estados Unidos.

ROMÃO DE ABREU – Mestre-carpinteiro nascido em Mariana, MG, e falecido em 1798. Foi autor de obras artísticas nas igrejas do Carmo, da Sé, de São Francisco de Assis e das Mercês, em sua cidade natal.

RONDÔNIA – Estado da federação brasileira, situado na região Norte. Na primeira década do século 20, a construção da estrada de ferro Madeira-Mamoré motivou a ida para a região de milhares de trabalhadores provenientes das Antilhas, hoje conhecidos genericamente como barbadianos e constituindo importante núcleo comunitário. A povoação negra, no entanto, é anterior, como comprova a localização, no município de Costa Marques, da comunidade de Pedras Negras, identificada como remanescente de um antigo quilombo.

ROSA MARIA EGIPCÍACA – Religiosa nascida na Costa da Mina, provavelmente em 1719, e chegada ao Rio de Janeiro, como escrava, aos 6 anos de idade. Vendida para Minas Gerais oito anos depois, trabalhou como meretriz até que, experimentando visões e êxtases, foi tida como objeto de possessão demoníaca, sendo, por isso, açoitada em praça pública. Em 1754, novamente no Rio de Janeiro, ajudou a fundar o Recolhimento de Nossa Senhora do Parto, asilo para mulheres desvalidas, e começou a escrever um relato sobre sua experiência mística. Ainda uma vez alvo de repressão, foi presa e enviada a Lisboa, onde morreu antes de o tribunal da Inquisição concluir o julgamento de seu processo.

ROSÁRIO FUSCO – Escritor nascido em Rio Branco, MG, em 1910, e falecido em Cataguases, no mesmo estado, em 1977. De infância paupérrima, filho de uma lavadeira com um vendedor italiano que jamais conheceu, nem por fotografia, participou, como poeta, do grupo modernista reunido em torno da revista mineira *Verde*. Na década de 1930, no Rio de Janeiro, trocou a poesia pela ficção, destacando-se pelo estilo incomum de sua narrativa, ora comparado ao do checo Franz Kafka ora ao do irlandês James Joyce.

ROUBO DE ESCRAVOS – O Direito Penal brasileiro distingue o furto, simples subtração de coisa alheia móvel, do roubo, subtração mediante violência ou grave ameaça. Durante a época escravista, era prática comum o sequestro de escravos (referido como "roubo", pois o cativo não tinha *status* de pessoa), em geral vendidos para outras províncias.

RUANDA – País localizado no centro-leste da África, oficialmente denominado República Ruandesa. Seus principais grupos étnicos, hutus e tútsis, resistiram bravamente às investidas dos colonizadores europeus. Pela localização do país, é pouco provável que alguns de seus habitantes tenham sido vendidos para o Brasil.

RUBEM VALENTIM – Artista plástico brasileiro (1922-1991) nascido em Salvador, BA. Dedicando-se à pintura a partir de 1947, dois anos depois, no Salão Baiano de Belas-Artes, expôs o que se considera o primeiro quadro abstrato feito na Bahia. Pintor e escultor, participou de diversas versões da Bienal de São Paulo, entre 1955 e 1977, e da Exposição de Arte Contemporânea nas duas oportunidades em que ocorreu o Festival Mundial de Arte Negra, com obras inspiradas na geometria de símbolos dos cultos afro-brasileiros.

RUI DE OLIVEIRA – Ilustrador e artista gráfico nascido na cidade do Rio de Janeiro em 1942. Estudou

Pintura no Museu de Arte Moderna do Rio, Artes Gráficas na Escola de Belas-Artes da Universidade Federal do Rio de Janeiro, Design Gráfico e Ilustração no Instituto Superior Húngaro de Artes Industriais, além de Desenho Animado no Pannónia Filmstudio, em Budapeste. De volta ao Brasil, nos anos 1970, foi diretor de arte da série *Sítio do Pica-Pau Amarelo*, na Rede Globo de Televisão e na TV Educativa. A partir de 1993, destacou-se como ilustrador de livros infantis e desenhista de animação. Em 1996, lançou os primeiros livros com textos e desenhos de sua autoria e teve seu trabalho focalizado numa mostra retrospectiva no Museu Nacional de Belas-Artes. Em 1998, realizou o curta de animação *Amor índio* e fez a direção de arte para o filme *A grande noitada*, dirigido por seu irmão Denoy de Oliveira, falecido no final dos anos 1990. Um dos maiores artistas brasileiros em sua especialidade, sua obra, em marcas publicitárias e logo de eventos, inclusive internacionais, é admirada e premiada mundialmente.

RUI MOREIRA – Bailarino nascido em São Paulo em 1963. Ex-integrante do Balé da Cidade de São Paulo, nos anos 1980 participou de espetáculos na Europa. Na década de 1990, com o prestigioso Grupo Corpo, de Belo Horizonte, brilhou na Bienal de Dança de Lyon e firmou-se como um dos melhores bailarinos brasileiros. Em 1999, já desligado do grupo mineiro, assinou, na França, a coreografia do espetáculo *D'une rive a l'áutre*, no qual dançou ao lado de três outros bailarinos de origem africana. À época deste *Dicionário*, dedicava-se à sua própria companhia, a Seraquê?.

RUTH DE SOUZA – Atriz brasileira nascida na cidade do Rio de Janeiro, em 1921, e radicada em Minas Gerais aos 9 anos de idade. Com carreira iniciada em 1945 no Teatro Experimental do Negro, participou, a partir de 1948, de mais de 25 filmes, 30 telenovelas e 20 peças teatrais, além de seriados e especiais de TV. Primeira atriz negra brasileira a representar no Teatro Municipal do Rio de Janeiro, estudou Teatro e foi assistente de direção nos Estados Unidos. Em 1954, concorreu ao prêmio de melhor atriz coadjuvante no Festival de Veneza, por sua atuação no filme *Sinhá moça*, perdendo por apenas dois pontos para a americana Lilli Palmer. Em 1988, recebeu do governo brasileiro diploma e insígnias como comendadora da Ordem do Rio Branco, por sua contribuição à arte brasileira; e em 1999 foi distinguida, pelo Ministério da Cultura, com o Prêmio Dulcina de Moraes, pelo conjunto de sua obra em teatro.

S

SABINADA – Revolta de cunho separatista ocorrida na Bahia entre 1837 e 1838. Teve participação de significativa parcela da população afro-baiana, já que seu líder, Sabino Vieira, mestiço de negro, chamou para a causa vários "homens de cor", dando-lhes postos e convidando-os a colaborar na defesa da revolução.

SABINO DE CAMPOS – Poeta, romancista e folclorista brasileiro nascido em Amargosa, BA, em 1893. Publicou, entre outras obras, os livros de poemas *Jardim de silêncio* (1919), *Sinfonia bárbara* (1932) e *Catimbó* (1946), romance folclórico enriquecido por um dicionário de expressões e tradições populares nordestinas.

SACI – Mito da tradição brasileira. Personificado na figura de um negrinho de uma perna só, nu, usando um barrete vermelho e dado a traquinagens e estripulias. Embora tido como mito de origem ameríndia, várias de suas características o aproximam de figuras da mítica iorubana: a forma do barrete e as traquinagens remetem a Exu; sua compleição física e a perna única o aproximam de Arôni, duende iorubano das matas, ligado a Ossãim.

SADY CABRAL – Ator e diretor teatral brasileiro nascido em Maceió, AL, em 1906, e falecido em São Paulo em 1985. Estreou no teatro em 1923, ingressando, mais tarde, no rádio. Em 1935, ajudou a fundar o grupo teatral Os Independentes. Fez parte do Teatro Brasileiro de Comédia, da Companhia Maria Della Costa e do Teatro de Arena. Participou de dezenas de filmes e telenovelas, numa longa carreira artística. Foi também inspirado letrista, compondo com Custódio Mesquita canções de sucesso como *O velho realejo*.

SALGADO MARANHÃO – Nome literário de José Salgado Santos, poeta nascido em 1953, em Caxias, MA, e radicado no Rio de Janeiro. Publicado a partir de 1978, em 1996 seu livro *Beijo da fera* foi premiado pela União Brasileira de Escritores (UBE). Três anos depois, seu livro *Mural de ventos* recebeu o Prêmio Jabuti, conferido pela Câmara Brasileira do Livro. Em 2010 teve publicado pela Fundação Biblioteca Nacional o livro *A cor da palavra*, coletânea completa de sua obra poética. Na biobibliografia, é destacado seu trabalho também como letrista de música popular, em parcerias com músicos da grandeza de Elton Medeiros, Moacyr Luz, Xangai etc., gravados por intérpretes como Alcione e Paulinho da Viola.

SALGUEIRO – Comunidade localizada no morro de mesmo nome, no bairro carioca da Tijuca. Formada a partir dos primeiros anos após a abolição da escravatura, recebeu muitas famílias negras oriundas do vale do Paraíba e adjacências, e foi, pelo menos até os anos 1980, forte polo irradiador de tradições culturais de origem africana. Acadêmicos do Salgueiro é a denominação da escola de samba da comunidade, criada em abril de 1953, fruto da fusão de três antigas escolas locais.

SALUSTIANO FERREIRA SOUTO – Médico e político brasileiro nascido em Vila Nova da Rainha, BA, em 1814, e falecido em Salvador, BA, em 1887. Professor da Faculdade de Medicina da Bahia, onde foi catedrático de Química Orgânica e Medicina Legal, deputado geral e provincial entre 1862 e 1879, foi conselheiro do Império. Criador do primeiro Jardim Botânico de Salvador, foi também um dos líderes da comunidade malê baiana e um dos mestres mais queridos por seus correligionários e alunos.

SALVADOR JOSÉ – Professor de Música na cidade do Rio de Janeiro, onde faleceu em 1799. Proprietário de uma escola, fabricante de instrumentos musicais e dono de um acervo de partituras comparável ao do Conservatório de Lisboa, Salvador José de Almeida e Faria foi mestre do célebre padre José Maurício.

SAMBA – Nome genérico de várias antigas danças brasileiras de origem africana e da música que acompanha cada uma dessas danças. Modernamente, o nome "samba" designa a expressão musical multiforme que constitui a espinha dorsal e a corrente principal da música popular brasileira. De incontestável origem banta, o termo foi, outrora, usado também no Prata, nas formas *samba* e *semba*, para designar o folguedo mais comumente conhecido como *candombe*.

SANTA CATARINA – Estado do Sul do Brasil. Por conta de um modo peculiar de ocupação e colonização, é historicamente visto como um estado de escassa população negra. O número de afro-catarinenses, porém, é expressivo, inclusive em algumas comunidades isoladas, nos municípios de Araguari (Itapocu), Tijucas (Valões), Paulo Lopes (Toca e Macaco), Jaraguá do Sul (Quilombo), São Francisco do Sul e mesmo no município da capital, na localidade de Ribeirão da Ilha. Acrescente-se que o maior vulto da história literária de Santa Catarina foi o poeta afro-brasileiro Cruz e Souza.

SANTA CRUZ – Uma das Ilhas Virgens americanas, no mar das Antilhas. Em outubro de 1878, foi palco de importante insurreição de negros emancipados, mas explorados e oprimidos em seu trabalho.

SANTA HELENA – Ilha do Atlântico sul, a cerca de dois mil quilômetros do litoral angolano, com capital em Jamestown. Pertencente ao Reino Unido, a maior parte de sua população descende de africanos.

SANTA IFIGÊNIA – Santa da tradição católica. Representada como negra, protege o lar e a casa.

SANTA JOSEFA – Santa da devoção popular da cidade de Cachoeira do Sul, RS. Conforme a tradição, foi, em vida, uma escrava muito bonita, de nome Maria José, que morreu sob tortura na localidade de Sanga Micaela e a cuja morte se teriam sucedido alguns milagres.

SANTA LÚCIA – País das Antilhas, com capital em Castries. A população é composta quase exclusivamente de pretos e mulatos. Disputada pela França e pela Inglaterra, tornou-se possessão britânica em 1814 e, em 1979, conquistou a independência. Por força dessa disputa, o país desenvolveu uma cultura bilíngue, mas alguns grupos utilizam-se de um falar local, permeado de vocábulos africanos.

SANTA RITA DO BRACUÍ – Comunidade remanescente de quilombo localizada em Angra dos Reis, RJ.

SANTA ROSA [1] – Comunidade negra localizada no município de Itapecuru-Mirim, a 150 quilômetros de São Luís do Maranhão. Constitui-se de 98 famílias descendentes de escravos da antiga fazenda do barão de Santa Rosa, que receberam as terras por doação do proprietário.

SANTA ROSA [2] – Pintor, cenógrafo, ilustrador, professor e crítico de arte nascido em João Pessoa, PB, em 1909, e falecido em Nova Délhi, Índia, em 1956. Radicado desde a década de 1930 no Rio de Janeiro, Tomás Santa Rosa Júnior foi aluno de Cândido Portinari e relacionou-se com o célebre pintor espanhol Pablo Picasso. Destacando-se primeiro como desenhista, ilustrando obras de grandes escritores nacionais contemporâneos, mais tarde projetou e executou cenários para importantes montagens, tanto de peças teatrais quanto de balés. Pintor, participou dos salões nacionais de Belas-Artes (1941) e Arte Moderna (1954). Professor de Arte, lecionou na Fundação Getúlio Vargas, na Escola Nacional de Belas-Artes e no Museu de Arte Moderna. Ativista de movimentos culturais, participou do Teatro Experimental do Negro desde sua fundação. Teve morte súbita na Índia, quando representava o Brasil numa conferência internacional de teatro promovida pela Organização das Nações Unidas para a Educação, a Ciência e a Cultura (Unesco).

SANTA ROSA DOS PRETOS – Comunidade remanescente de quilombo em Itapecuru-Mirim, MA.

SANTANA – Comunidade remanescente de quilombo localizada em Quatis, RJ.

SANTANA GOMES – Nome abreviado de José Pedro de Santana Gomes, músico nascido e falecido na Vila de São Carlos, atual Campinas, SP, onde viveu de 1834 a 1908. Irmão de Carlos Gomes, foi grande violinista, sucessor do pai na regência da banda de sua cidade natal, além de compositor fértil, autor de polcas, valsas, quadrilhas e de duas óperas, *Alda* e *Semira*, esta última inacabada.

SANTO ANTÔNIO DA MOURARIA – Santo negro cultuado no Brasil à época da escravidão. Era padroeiro de uma irmandade de "homens pretos" no Rio de Janeiro.

SANTO ANTÔNIO DE CATEGERÓ – Santo católico negro venerado na Europa com o nome de Santo Antônio de Noto. Nascido na Cirenaica, região da atual Líbia, por volta de 1490, foi vendido como escravo para a Sicília, onde, convertido ao catolicismo, viveu seguidamente como escravo, pastor e eremita, dedicando-se à caridade, até morrer, doente, com cerca de 60 anos, em 1550. Categeró ou Categiró é forma brasileira para Caltagirone, cidade da Sicília. É também conhecido como Santo Antônio Preto.

SANTO ELESBÃO – Santo católico. Chamado Caleb, foi rei da Abissínia. Abdicando do trono, dedicou-se à vida monástica e adotou o nome de Elesbão, vindo a morrer em 563. É festejado em 27 de outubro. No centro da cidade do Rio de Janeiro, na rua da Alfândega, próximo à avenida Passos, localiza-se uma igreja erguida em seu louvor e a Santa Ifigênia. Erguida por escravos em 1754 e abrigando uma irmandade negra, foi importante centro de eventos da comunidade africana desde a época colonial.

SANTOS TITARA – Nome abreviado de Ladislau Espírito-Santo Melo dos Santos Titara, militar, historiador e poeta nascido em Capuame, BA, em 1801, e falecido no Rio de Janeiro em 1861. Combatente da Guerra da Independência, é autor de *Memórias do grande exército aliado, libertador do Sul da América na guerra de 1851 a 1852, contra os tiranos do Prata*, além de obras técnicas e didáticas, sendo considerado um dos maiores escritores militares brasileiros. É autor da letra do *Hino ao 2 de Julho* e de oito volumes de poesias.

SÃO BENEDITO – Santo católico, também mencionado como "São Benedito, o Preto". Nascido em Massina, na região italiana da Sicília, em 1524, era filho dos etíopes Vicente Manasseri e Diana Larcan, ex-escravos de poderosas famílias sicilianas das quais receberam, como era usual, nomes e sobrenomes cristãos. De início pastor de ovelhas, depois lavrador e mais tarde eremita, ingressou no Convento de Palermo, onde, trabalhando como cozinheiro, distinguiu-se por suas virtudes cristãs, chegando, em 1578, apesar de leigo e analfabeto, a superior de sua comunidade religiosa e mestre dos noviços. Faleceu em 1589.

SÃO JOÃO DA BARRA – Município e cidade do norte do estado do Rio de Janeiro, vizinho a Campos dos Goitacazes. O município foi criado no século 17 e sua sede elevada a cidade em 1850, ano da proibição do tráfico negreiro. A partir dessa década, beneficiou-se intensamente do contrabando de escravos, feito principalmente por meio dos portos de Manguinhos e da fazenda do Largo, daí resultando um vultoso movimento de capitais aplicados na própria cidade e um grande surto de progresso. Isso se refletiu, também, no desenvolvimento de toda a região de Campos dos Goitacazes, cidade que, em 1852, entre outros avanços, fabricava o seu primeiro navio a vapor.

SÃO JOÃO DA CHAPADA – Sítio histórico na região de Diamantina, MG, formado, no século 19, a partir de quilombos, como os denominados Caiambolas, Maquemba, Antônio Moange e outros. Lá, o etnógrafo Aires da Mata Machado Filho desenvolveu as pesquisas que culminaram no importante livro *O negro e o garimpo em Minas Gerais*.

SÃO JOSÉ DA SERRA – Comunidade remanescente de quilombo situada em Valença, RJ.

SÃO MATEUS – Município e cidade portuária do estado do Espírito Santo. Sua história está intimamente ligada ao tráfico de escravos, do qual foi referência significativa desde o início do século 18 e até mesmo depois de essa atividade ter-se tornado clandestina. Segundo versão corrente, o último navio negreiro afundado em costas brasileiras estaria submerso a poucos metros do porto.

SÃO PAULO – Estado do Sudeste brasileiro, tendo como capital a cidade de mesmo nome. Sua história econômica, na época colonial, liga-se sobretudo ao ciclo do ouro e ao movimento das bandeiras, eventos que empregaram grande massa de mão de obra escrava. Nos anos próximos à abolição, as cidades paulistas de maior população cativa eram Campinas (13.412 indivíduos), Bananal (8.141), Jundiaí (6.302), Constituição (5.339), Limeira (5.233), Mogi-Mirim (4.864), Rio Claro (4.073), Pindamonhangaba (3.736) e Amparo (3.527). No que toca à resistência escrava, a história registra, na antiga província, a ocorrência dos seguintes quilombos: da Aldeia Pinheiros, do Morro de Araraquara, de Campinas, da Fazenda Monjolinho, de Itapetininga, do Jabaquara, de Jundiaí, de Mogi-Guaçu, de Piracicaba e de Santos. Em 2000, o governo federal identificava, no estado, 33 comunidades remanescentes de quilombos, em especial nos municípios de Eldorado, no Vale do Ribeira, e de Iporanga. A partir do início do século 20, com a expansão da cultura cafeeira, da industrialização e da imigração estrangeira, São Paulo tornou-se o mais desenvolvido estado da federação. Desenvolvimento capitalista gerando exclusão social, a dureza da discriminação fez que em São Paulo os afrodescendentes buscassem a afirmação de sua identidade étnica mais pela participação política do que pelas expressões culturais, como ocorreu, por exemplo, no Rio de Janeiro e na Bahia. Assim, foi no estado e em sua capital que o movimento pela igualdade de direitos, principalmente por meio de uma persistente imprensa negra e da Frente Negra Brasileira, se expandiu para todo o Brasil. Foi em São Paulo, também, que nos anos 1970 se estruturou o Movimento Negro Unificado.

SÃO PEDRO – Comunidade remanescente de quilombo situada no município de Eldorado, SP.

SÃO TOMÉ E PRÍNCIPE – República africana constituída por duas ilhas no golfo da Guiné, a primeira, onde se situa a capital do país, São Tomé. A maioria da população é composta por descendentes de escravos oriundos de Angola, os "angolares". Descoberta pelos portugueses em 1470, a ilha de São Tomé foi inicialmente uma colônia penal e, mais tarde, um importante entreposto escravista. Na primeira metade do século 16, o governador santomense Fernando Melo, arrogando-se o direito de controlar o comércio do Reino do Congo, bloqueou sistematicamente seu contato com a Europa, retendo, como escravos, jovens enviados para estudos em Lisboa pelo manicongo Afonso I, bem como presentes enviados por este ao rei de Portugal. Na Páscoa de 1539, com São Tomé já na condição de centro diocesano, com jurisdição sobre o Congo, brancos santomenses promoveram um atentado contra a vida do rei durante uma missa católica. Esses fatos foram decisivos para a decadência do Reino do Congo e sua submissão a Portugal.

SÃO VICENTE E GRANADINAS – República situada no mar das Antilhas, com capital em Kingstown, independente da Grã-Bretanha desde 1979. Sua população compreende, segundo dados oficiais, 65,5% de negros e 19% de mulatos.

SAPATOS E ESCRAVIDÃO – No Brasil antigo – já que era considerado falta de respeito o escravo permanecer de pés calçados diante de pessoas tidas como superiores –, uma das caracterizações externas da condição escrava eram os pés descalços. Assim, os sapatos eram, para o negro, o símbolo de sua libertação e de seu nivelamento aos brancos. Tanto que, quando um escravo era alforriado, sua primeira preocupação era comprar um par de sapatos. Embora muitas vezes não aguentasse calçá-los, trazia-os sempre consigo e, em casa, os colocava em lugar de destaque, bem à vista. Um escravo de ganho podia, graças aos seus recursos, como mostram fotografias do século 19, andar bem trajado, de chapéu-coco, anel no dedo, relógio de bolso etc. Mas era obrigado a estar descalço, em atestado de sua condição servil. Daí a estratégia de alguns fujões que calçavam sapatos para passar por livres e ludibriar seus perseguidores.

SAPATU – Comunidade remanescente de quilombo localizada no município de Eldorado, SP.

SARACOLÊ – Povo da África Ocidental, também mencionado como soninkê e aparentado aos mandingas.

SATURNINO DE MEIRELES – Nome literário de Saturnino Soares de Meireles Filho, escritor brasileiro nascido e falecido no Rio de Janeiro, onde viveu entre 1878 e 1906. Fundador e diretor da *Rosa-Cruz*, revista do movimento simbolista no Rio, foi, como editor, um dos impulsionadores da carreira literária do poeta Cruz e Souza. Era filho do segundo Soares de Meireles, médico, fundador do Instituto Hahnemanniano do Brasil.

SAVALU – Nome de uma região do antigo Daomé, atual Benin, que se estendeu, no Brasil, aos escravos de lá provenientes.

SEBASTIÃO CIRINO – Instrumentista e compositor nascido em Juiz de Fora, MG, em 1902, e falecido no Rio de Janeiro em 1968. Em 1913, preso por vadiagem, foi mandado para um estabelecimento correcional onde aprendeu a tocar trompete, repetindo curiosamente, no mesmo ano, a trajetória do músico norte-americano Louis Armstrong. Em 1926, depois de integrar várias orquestras, compôs para a revista *Tudo Preto*, encenada pela Companhia Negra de Revistas, o maxixe *Cristo nasceu na Bahia*. Desse ano até 1939, viveu e trabalhou em Paris, onde deu aulas de violão à princesa Maria Tereza de Orléans e Bragança, tendo sido agraciado com a Cruz de Honra de Educação Cívica, no grau de cavaleiro, por participar de espetáculos oficiais de caridade, e com o diploma de membro da Sociedade de Compositores da França. De volta ao Brasil, organizou uma orquestra integrada exclusivamente por músicos negros, contratada pelo Cassino Atlântico, além de trabalhar grafando na pauta melodias para colegas que não sabiam fazê-lo.

SEBASTIÃO DE OLIVEIRA – Entomologista nascido e falecido na cidade do Rio de Janeiro, onde viveu de 1918 a 2005. Pesquisador da Fundação Oswaldo Cruz, foi professor de Zoologia, Parasitologia e Entomologia. Autor de mais de 60 trabalhos nas áreas científica e de divulgação, foi responsável pela descrição de várias espécies novas de insetos. Em sua homenagem, vários espécimes, descritos por outros pesquisadores, receberam o nome *oliveirae*. Membro de diversas sociedades internacionais, foi, nos anos 1990, subsecretário-adjunto de Ciência e Tecnologia do governo do estado do Rio de Janeiro.

SEBASTIÃO GONÇALVES – Músico nascido em Duas Barras, RJ, em 1939. Com estudos inicialmente ministrados por seu pai, Sebastião Santos, professor de Música e mestre de banda, integrou, como trompetista, diversos grupos nos arredores de sua cidade natal. Em 1965, ingressou na banda da Polícia Militar do antigo estado da Guanabara, sendo seu primeiro trompetista durante longos anos. Mais tarde, primeiro colocado no respectivo concurso, foi um dos maestros da banda sinfônica da corporação. Em 1967, ingressou na Orquestra Sinfônica Brasileira, da qual foi o primeiro trompetista por 25 anos. Participou da fundação do Quinteto Brasileiro de Metais, do qual produziu e dirigiu três discos, e da Rio Dixieland Band. Graduado pela Escola de Música da Universidade Federal do Rio de Janeiro (UFRJ) nos cursos de Trompete, Composição e Regência, é autor, ao que consta, do primeiro método completo para trompete escrito na América Latina.

SEBASTIÃO JANUÁRIO – Artista plástico brasileiro nascido em Dores de Guanhães, MG, em 1939. Copeiro de uma família abastada e influente, essa relação lhe propiciou um curso no Instituto de Belas-Artes, onde foi aluno de Oswaldo Teixeira. Com a transferência dessa família para a França, nos anos 1960, acompanhou-a, ainda como serviçal, e aproveitou a oportunidade para aprimorar-se em Paris. Pintor, ilustrador e cenógrafo, expôs seus trabalhos em inúmeras mostras coletivas e individuais no Brasil e no exterior.

SEGREGAÇÃO – Separação física ou geográfica imposta a determinados grupos em virtude de lei, acordo tácito ou costume. Por extensão, o termo passou a ter quase o mesmo significado que discriminação.

SENEGAL – República da África Ocidental, com capital em Dacar. Seu litoral foi alcançado pelos navegadores portugueses ainda no século 15; e os principais grupos étnicos que entram na formação do país são os uolofes, peúles, sereres, mandingas, diolas e tuculeres.

SENEGÂMBIA – Antigo nome, no território africano, da faixa litorânea que compreendia os limites atuais de Senegal, Gâmbia, Guiné-Bissau e parte de Guiné-Conacri.

SENZALA – Alojamento de escravos em engenhos e fazendas brasileiros. Constando, em geral, de um conjunto de toscas habitações sem janelas, à noite trancadas por fora para evitar fugas, as senzalas abrigavam os escravos por sexo, o que, entretanto, não excluía, em alguns casos, a existência de habitações familiares. Essas habitações eram, comumente, construídas e organizadas, pelos próprios moradores, à moda africana: baixas, sem janelas e tendo em seu interior, entre pedras, um fogo permanentemente aceso. Nos casarões assobradados das grandes cidades brasileiras, as senzalas localizavam-se nas lojas, no primeiro piso.

SEPPIR – Sigla da Secretaria Especial de Políticas de Promoção da Igualdade Racial, órgão do Poder Executivo federal, com estatuto de ministério, criado pelo governo Lula em 2003.

SERAQUÊ? – Companhia de dança criada sob a liderança do bailarino Rui Moreira em Belo Horizonte, MG, em 1995. Desenvolvendo projetos artísticos voltados para a comunidade negra, revelou-se como importante espaço de reflexão política na capital mineira.

SERGIPE – Estado do Nordeste brasileiro. Separado de Alagoas pelo rio São Francisco e, até 1823, unido à Bahia, tem sua história e sua cultura bastante relacionadas às desse estado. Até 2000 haviam sido identificadas, em Sergipe, 23 comunidades remanescentes de quilombos, com sugestivos nomes, entre os quais: Assungué, no município de Estância; Bonguê, em Ilha das Flores; Cabeça de Negro e Cambazé, em Pacatuba; Cachimbo, em Buquim; Cafumba, em Capela; Campo do Crioulo e Matembé, em Lagarto; Capunga, em Nossa Senhora das Dores; Caruzá, em Aruá; Crioulas e Poço da Mulata, em Iporanga D'Ajuda; Forras, em Riachão dos Dantas; Gongungi, em Tobias Barreto; Maria Preta, em Frei Paulo; Massombo, em Barra dos Coqueiros; Matamba, em Japoatã; Mocambo, em Porto da Folha; Mocambinho, em Aquidabã; Mutumbo, em Pedrinhas; Negro, em Gararu; Quibonga, em São Cristóvão; e Zanguê, em Itabaiana.

SERRA DA BARRIGA – Conjunto de montanhas no município de União dos Palmares, no estado de Alagoas. Foi o local onde se situou o principal reduto dos quilombos de Palmares, sendo, por isso, sítio histórico tombado como monumento nacional desde 1988.

SERRA DO CAFUXI – Elevação localizada cerca de 180 quilômetros a nordeste da capital de Alagoas, onde se erguia a cidadela de Andalaquituxe, líder de Palmares.

SERRA LEOA – República da África Ocidental, com capital em Freetown. Seus principais grupos étnicos são os mendés e os temnés. Até o século 18, a região onde hoje se situa foi conhecida como um dos grandes centros do comércio escravista. Em 1787, com a dominação britânica, chegava um grande contingente de ex-escravos provenientes das possessões inglesas nas Antilhas. E é nessa população que vai se apoiar a dominação britânica no país.

SERRINHA – Morro no subúrbio de Madureira, na cidade do Rio de Janeiro. Habitado inicialmente por levas de migrantes do vale do Paraíba, tornou-se importante núcleo difusor de cultura negra, sendo a base territorial da escola de samba Império Serrano e do grupo Jongo da Serrinha.

SEVERINO DOS SANTOS VIEIRA – Político brasileiro nascido em Vila do Conde, BA, em 1849, e falecido em 1917. Promotor público em sua terra natal, foi deputado e senador pela Bahia por nove anos, nos primeiros tempos da República. Mais tarde, foi ministro da Viação e governador de seu estado.

SILAS DE OLIVEIRA – Sambista nascido em 1916 na cidade do Rio de Janeiro, onde faleceu em 1972. Compositor da escola de samba Império Serrano, para a qual criou, só ou com parceiros, 16 sambas-enredo, entre os quais o antológico *Heróis da liberdade*. É considerado o autor que mais contribuiu para a consolidação e a estruturação desse gênero de samba.

SILVA ALVARENGA – Nome abreviado de Manuel Inácio da Silva Alvarenga, poeta nascido em Vila Rica, hoje Ouro Preto, MG, em 1749, e falecido no Rio de Janeiro em 1814. De 1773 a 1776, estudou na Universidade de Coimbra, Portugal, onde era protegido do marquês de Pombal. De volta ao Brasil, distinguiu-se como poeta e funcionário público. Escrevia sobre temas brasileiros, mas raramente sobre a África ou questões próprias dos negros.

SILVA MANSO – Pintor nascido provavelmente em Santos, SP, por volta de 1750, e falecido em Campinas, SP, em 1801. Foi, ao lado de frei Jesuíno do Monte Carmelo, um dos dois mais notáveis pintores paulistas do século 18. Suas obras podem ser vistas principalmente na igreja de Nossa Senhora do Carmo e na igreja da Matriz, em Itu, SP.

SILVA PEDROSO – Militar brasileiro nascido em Pernambuco e falecido no Rio de Janeiro. Destacou-

-se na Revolução Pernambucana de 1817, pela qual foi preso e condenado a degredo perpétuo na Índia. Anistiado, regressou a Pernambuco, participando, em 1822, do governo provisório da província e liderando, no ano seguinte, uma insurreição de pretos e pardos em Recife, a qual, segundo Gilberto Freyre, foi um dos mais nítidos movimentos de cunho racial ocorridos no Brasil.

SILVESTRE DE ALMEIDA LOPES – Pintor ativo no Arraial do Tijuco, atual Diamantina, MG, entre 1764 e 1796. Membro da Irmandade dos Pardos de Nossa Senhora do Amparo, é autor das pinturas sobre madeira existentes na capela-mor da igreja do Senhor Bom Jesus de Matosinhos, concluída em 1797, além de trabalhos de decoração na igreja de Nossa Senhora do Amparo e na Matriz de Conceição do Mato Dentro, todas em Minas Gerais. Segundo especialistas, sua pintura encarna o verdadeiro espírito do rococó e o consagra como um dos grandes expoentes do estilo.

SÍLVIO CALDAS – Nome artístico de Sílvio Narciso de Figueiredo Caldas, cantor e compositor brasileiro nascido no Rio de Janeiro, RJ, em 1908, e falecido em Atibaia, SP, em 1998. Com carreira iniciada em 1929, destacou-se como intérprete e autor de obras imortais do cancioneiro popular romântico, como *Chão de estrelas*, *Arranha-céu*, *Faceira*, entre outras.

SIMÃO PIRES SARDINHA – Personagem da história mineira nascido no Arraial do Tijuco, atual Diamantina, MG, em 1751, e falecido em Lisboa, Portugal, em 1808. Sargento-mor das Ordenanças de Minas Novas, foi um dos homens mais influentes de sua província na segunda metade dos Setecentos. Sócio correspondente da Real Academia de Ciências de Lisboa e reconhecido como um dos maiores naturalistas brasileiros do século 18, destacou-se como mineralogista e arqueólogo, tendo sido encarregado, em 1784, do estudo do primeiro achado fóssil na região das Minas. Amigo e protegido do governador Luís da Cunha Menezes, teve seu nome envolvido na Inconfidência Mineira, sendo inocentado mas mantendo, de Portugal, contato com outros envolvidos na conjura, como o médico naturalista José Vieira Couto, a quem enviava livros de conteúdo científico e revolucionário. Era o filho primogênito da célebre Chica da Silva, nascido da união da então escrava com Manuel Pires Sardinha.

SINBA – Sigla da Sociedade de Intercâmbio Brasil-África, entidade do movimento negro fundada no estado do Rio de Janeiro em 1974.

SINHÁ – Tratamento empregado por negros escravos em relação às suas senhoras. Masculino: sinhô.

SINHÔ – Pseudônimo de José Barbosa da Silva, compositor, violonista e pianista brasileiro nascido e falecido na cidade do Rio de Janeiro, onde viveu entre 1888 e 1930. Uma das maiores figuras dos primórdios da música popular brasileira, foi ligado à comunidade baiana responsável pela gestação do primitivo samba em terra carioca. Sua obra, expressa em canções como *Jura*, *Gosto que me enrosco* e inúmeras outras, representa um dos pilares sobre os quais se sustenta o samba urbano.

SOARES DE MEIRELES – Sobrenome pelo qual foram conhecidos dois médicos brasileiros. O primeiro, Joaquim Cândido Soares de Meireles, médico e político nascido em Sabará, MG, em 1777, e falecido em 1868. Doutor pela Faculdade de Medicina de Paris, foi médico da Imperial Câmara, fundador da Imperial Academia de Medicina, instalada no Rio de Janeiro em 1831, e cirurgião-mor da Armada, na Guerra do Paraguai. O segundo, Saturnino Soares de Meireles (1828-1910), nascido e falecido no Rio de Janeiro, foi membro do Conselho do Imperador, professor da cadeira de Física da Escola de Marinha e fundador do Instituto Hahnemanniano do Brasil.

SOARES DIAS – Educador e médico brasileiro nascido em Vassouras, RJ, em 1864, e falecido na cidade do Rio de Janeiro em 1928. Ex-tipógrafo, foi uma das figuras mais expressivas do magistério municipal carioca. Aos 50 anos, decidiu estudar Medicina, tornando-se famoso médico homeopata. Foi também poeta, assinando, com o anagrama Rosaes Sadi, variada publicação em jornais de seu tempo. Mas foi, sobretudo, conhecido pela elegância no trajar, o que lhe valeu o epíteto de "Brummel Negro", em alusão a George Brummel, personagem elegante da corte inglesa entre os séculos 18 e 19.

SOBRENOME – Nome hereditário, de família, que se acrescenta ao principal ou de batismo. Durante a escravidão, o escravo em geral usava o sobrenome da família de que era propriedade, daí a dificuldade, para o afrodescendente, de pesquisar origens genealógicas a partir desse dado inicial. Outra prática da época escravista era, na ocasião do batismo católico, dar, às crianças escravas, sobrenomes que as vinculavam à Igreja, como "de Jesus", "do Sacramento", "dos Reis", "dos Santos", "da Natividade", "do Nascimento" etc.

SOCIEDADE BRASILEIRA CONTRA A ESCRAVIDÃO – Organização abolicionista sediada no Rio de Janeiro e dirigida por André Rebouças. Editou *O Abolicionista*, jornal de grande circulação e repercussão.

SOCIEDADE PROTETORA DOS DESVALIDOS – Associação assistencial e beneficente fundada por negros libertos em Salvador, BA, em 16 de setembro de 1832. Seu primitivo nome era Irmandade de Nossa Senhora da Soledade Amparo dos Desvalidos, e seu principal articulador foi Manuel Victor Serra, membro da comunidade malê baiana. Permanece ativa até os dias atuais.

SOCIEDADES SECRETAS – Tradição na África, onde desempenham importantes funções econômicas e políticas, as sociedades secretas de escravos, criadas no Brasil e nas Américas à época do cativeiro, foram instrumento de coesão e fortalecimento dos grupos. No Brasil, conheceram-se, entre outras, as sociedades Ogboni e Tates Corongos.

SOFONIAS DORNELAS – Nome abreviado de Sofonias Galvão Dornelas Pessoa, maestro, compositor e letrista brasileiro nascido em Recife, PE, em 1870, e falecido no Rio de Janeiro, RJ, em 1941. Escreveu para o teatro musicado e regeu orquestras de companhias de revistas, destacando-se como um dos formatadores da música popular brasileira.

SOLANO TRINDADE – Poeta, ativista político e homem de teatro nascido em Recife, PE, em 1908, e falecido na cidade de São Paulo em 1974. Participou dos históricos congressos afro-brasileiros realizados em 1934 e em 1937 em Recife e em Salvador. Criador da Frente Negra de Pernambuco e do Centro de Cultura Afro-Brasileira, estruturou, em Pelotas, RS, um grupo de arte popular já existente, transformando-o, em 1943, no Teatro Popular Brasileiro. No Rio de Janeiro, participou da fundação da Orquestra Afro-Brasileira e do Teatro Experimental do Negro. Ao mesmo tempo, destacou-se como grande nome da poesia de temática e vivência negras no Brasil. Além disso, fundou em Embu, SP, um importante centro de arte popular. Deixou publicadas três coletâneas de poemas.

SOMÁLIA – Nome popular da República Democrática Somaliana, país localizado no chamado "chifre da África", no nordeste do continente. Referido em antigos textos egípcios e no Antigo Testamento como país exportador de mirra e incenso, sofreu forte influência árabe a partir do século 8. Do século 10 ao 19, seu grupo étnico principal, o dos somális, expandiu-se pelo Quênia e pela Etiópia, constituindo importantes contingentes populacionais naqueles dois países.

SONRAI – Grupo étnico da África Ocidental localizado principalmente na curva do rio Níger, na República do Mali, e ao longo do curso desse rio, até a República do Níger. O Império Sonrai (*Songhai*) ou Songai, cujo apogeu deu-se entre os séculos 15 e 16, foi o último dos grandes Estados negros da chamada "Idade Média africana". Em muitas fontes é referido como o "Império Sonrai de Gao", em alusão à cidade-Estado que foi sua capital.

SOTHO – Grupo étnico africano, também mencionado como bassuto ou soto, localizado no sul do continente, na região outrora conhecida como Batusolândia.

SOUZA CARNEIRO – Nome abreviado de Antônio Joaquim de Souza Carneiro, escritor nascido na Bahia no século 19. Romancista e etnógrafo, pai de Nelson e Edison Carneiro, foi professor da Escola Politécnica e autor, entre outras obras, de *Furundungo* (1935) e *Os mitos africanos no Brasil* (1937).

SOUZABONE – Instrumento musical desenvolvido pelo músico carioca Raul de Souza (1934-). Trata-se de um trombone com som amplificado, afinado na clave de fá e implementado com uma válvula cromática.

SUAÍLE – Forma aportuguesada para *swahili*, língua banta, fortemente permeada de elementos árabes e até mesmo ingleses, que se constitui no idioma comum de boa parte das populações da costa oriental africana.

SUBDESENVOLVIMENTO AFRICANO – Subdesenvolvimento é o estado econômico de uma região, de um país ou mesmo de um continente caracterizado pelo baixo padrão de vida de sua população. Os povos subdesenvolvidos constituem o que se conhece por Terceiro Mundo. No continente africano, o único país fora dessa classificação é a África do Sul, ainda que apresente um quadro de extrema pobreza da população negra. As causas desse subdesenvolvimento são, portanto, de cunho político-econômico, e jamais relacionadas a questões etnorraciais. Historicamente, o fosso que se estabeleceu entre o processo de desenvolvimento tecnológico do continente africano e o europeu, mais tarde aprofundado pela Revolução Industrial, foi o intercâmbio desigual entre os continentes a partir do final do século 15. Os europeus colocavam no mercado africano produtos manufaturados, como armas de fogo, tecidos, bebidas, fumo etc., e em pagamento recebiam ouro, marfim e, sobretudo, trabalhadores escravos, com preferência para homens e, depois, mulheres entre 16 e 30 anos. Comercializando armas de fogo, os europeus estimulavam as guerras para captura de mais escravos, as quais demandavam cada vez mais armas, em um trágico círculo vicioso, que provocou despovoamento e inevitável subdesenvolvimento do continente africano. Ver *TRÁFICO NEGREIRO*, em suas diferentes acepções.

SUDÃO [1] – Vocábulo derivado do termo árabe *sudan*, "negros", pela expressão "Bilad es Sudan", "país dos negros", que outrora designou a região do continente africano, ao sul do Saara, que se estende do Nilo superior, a leste, até o Atlântico. A essa extensão de terras, que os nativos chamavam Takrur, os europeus denominavam simplesmente "Negrícia". E, nesse Sudão (ou Negrícia), uma parte constituía a Senegâmbia, e outra, mais abaixo, era genericamente chamada Guiné. Mais recentemente, a atual República do Mali chamou-se Sudão Francês, em oposição ao Sudão Anglo-Egípcio, hoje República do Sudão.

SUDÃO [2] – República situada no centro-leste da África, com capital em Cartum, antigo Sudão Anglo-Egípcio. Sua história liga-se à da Núbia e à do Reino de Cuxe, no contexto do Egito faraônico.

SUELI CARNEIRO – Advogada, militante negra e líder feminista nascida em São Paulo em 1950. Cofundadora e dirigente do Geledés, Instituto da Mulher Negra, integrou a comissão executiva do Conselho Estadual dos Direitos da Mulher e foi coordenadora do Conselho Nacional dos Direitos da Mulher. Em 1982, atuou como delegada do Terceiro Congresso de Cultura Negra nas Américas. Em 1998, recebeu o Prêmio dos Direitos do Homem, da República da França, ao lado de personalidades internacionais, como o Dalai Lama, Rigoberta Menchú e Adolfo Pérez Esquivel, agraciados com o Prêmio Nobel da Paz. Em 2003, assumiu cadeira no Conselho de Desenvolvimento Econômico e Social, criado pelo governo Lula. Em 2009, foi homenageada com a biografia homônima escrita por Rosane da Silva Borges e publicada pela Selo Negro Edições.

SURINAME – República localizada no nordeste da América do Sul, com capital em Paramaribo. Antiga colônia holandesa, importou trabalhadores africanos a partir de 1815 e manteve a escravidão negra até 1863. O país, cuja população compreende 10% de negros, além de mestiços de várias origens, abriga o ambiente típico das comunidades *maroons* das Américas. Em 1992, essas comunidades, politicamente organizadas e somando cerca de 60 mil indivíduos, subdividiam-se, lá, em seis grupos, entre os quais o dos djukas e o dos saramacas. A conquista de sua liberdade deu-se ainda no século 18, depois de sangrentas guerrilhas.

T

TABACO – Planta da família das solanáceas; o mesmo que fumo. O nome designa também o preparado feito das folhas da planta, usado na fabricação de charutos, na mistura para cachimbo e cigarros, rapé etc. Durante muito tempo, o tabaco do Brasil, cultivado sobretudo no Recôncavo Baiano, nas cidades de Maragogipe, Cachoeira, Muritiba e Cruz das Almas, foi considerado produto essencial ao tráfico de escravos, constituindo-se na moeda preferencial para a compra de cativos africanos. E a cidade de Salvador, por isso, tornou-se, na última fase do tráfico, a maior praça brasileira desse comércio. Muitíssimo apreciado pelos europeus, o tabaco do Brasil era tão importante para a compra de negros cativos quanto estes eram importantes para a economia colonial brasileira.

TABOM – Denominação dos retornados brasileiros e seus descendentes na atual República de Gana, antiga Costa do Ouro. Anualmente, em Acra, participam do Festival Ga com canções que, combinando o ga, o inglês e o português, contam episódios do seu retorno. Os tambores soam num ritmo identificado como "brasileiro", completamente diferente da batida dos outros grupos participantes do festival.

TAÍS ARAÚJO – Nome artístico de Taís Bianca Gama de Araújo, atriz brasileira nascida no Rio de Janeiro, RJ, em 1978. Tornou-se nacionalmente conhecida em 1996 ao tornar-se, com *Xica da Silva*, na então Rede Manchete de Televisão, a primeira atriz afro-brasileira a viver um papel-título em telenovela. Logo após, foi contratada para o elenco de teledramaturgia da Rede Globo, na qual, em 2004, também de forma pioneira, protagonizou uma personagem principal em telenovela da emissora carioca.

TAMBÉM SOMOS IRMÃOS – Filme brasileiro de 1949, dirigido por José Carlos Burle, a partir de argumento de Alinor Azevedo, o qual consiste em que, rompido o desnível social, com o negro saindo do "seu lugar", o questionamento racial inevitavelmente aparece. Assim, o enredo conta a história de dois irmãos negros adotados por família branca, cada um reagindo diferentemente ao paternalismo: um deles, vivido pelo ator Grande Otelo, revolta-se e cai na marginalidade; o outro, interpretado por Aguinaldo Camargo, aceita-o, torna-se bacharel e reivindica o amor da filha da família, por quem se apaixonara, sendo por fim repelido.

TAMBOR DE CRIOULA – Dança afro-maranhense. Bailado ao som de três tambores (grande, meião e crivador) e outros instrumentos de percussão, o elemento característico do tambor de crioula é a punga, umbigada. Geralmente, a dança é realizada em louvor a São Benedito, mas pode ser apresentada em qualquer festejo, público ou particular, e até mesmo nas festas juninas e no carnaval.

TAMINA – Ração diária de alimentos distribuída aos escravos; fornecimento periódico de roupas a esses escravos; vaso com que se media a ração que lhes era destinada; porção de água outrora permitida a cada pessoa retirar das fontes públicas; recipiente usado nos terreiros para oferecer alimentos e bebidas aos orixás.

TANGA – Peça do vestuário de alguns escravos recém-chegados às Américas; espécie de calção primitivo.

TANGANICA – Antigo território da África Oriental inglesa, hoje integrante da República Unida da Tanzânia.

TANZÂNIA – República da África Oriental, com capital em Dodoma. Sua população compreende indivíduos dos sucumas, chagas, macondes, haias e massais.

TAPAS – Povo oeste-africano; o mesmo que nupês.

TARIMBA – Cama rude, desconfortável, outrora usada para repouso de negros escravos.

TEATRO EXPERIMENTAL DO NEGRO (TEN) – Entidade do movimento negro brasileiro fundada no Rio de Janeiro, em 1944, sob a liderança de Abdias Nascimento. Mais do que um grupo teatral, foi, por seu trabalho nos palcos, na imprensa e nos congressos que promoveu, entidade pioneira na denúncia da visão alienada por intermédio da qual a antropologia nacional focalizava o povo negro, sempre à luz do pitoresco ou do puramente histórico, como elemento estático e mumificado. No campo meramente artístico, com a colaboração de artistas como Santa Rosa, encenou textos importantes da dramaturgia nacional e mundial, de autores como Eugene O' Neill, Albert Camus, Lúcio Cardoso e de seu fundador, Abdias Nascimento.

TEATRO NEGRO – No Brasil, a arte teatral produzida por autores e/ou atores negros, mediante repertório que reflita a identidade negra desses criadores e/ou intérpretes, ainda é feita de iniciativas descontínuas e, de certa forma, isoladas. Assim foi, por exemplo, o importante trabalho do Teatro Experimental do Negro (TEN) na década de 1950, além de outras poucas. Em 1990, foi criado, na Bahia, o Bando de Teatro Olodum, com forte atuação à época deste *Dicionário*. No gênero "teatro de revista", que reúne diálogos falados, canto, dança, humor e até mesmo números circenses, destacaram-se a Companhia Negra de Revistas, a Companhia Mulata de Revistas, a encenação de *Oh, que delícia de negras* (1989) e as trajetórias de personalidades como De Chocolat e Grande Otelo, entre outros.

TEIXEIRA E SOUSA – Nome abreviado de Antônio Gonçalves Teixeira e Sousa, escritor nascido em Cabo Frio, RJ, em 1812, filho de pai português e de mãe negra, e falecido em 1861 no Rio de Janeiro, RJ. Foi carpinteiro e chegou, com grandes dificuldades, a ser professor primário e, no final da vida, escrivão de justiça. É autor de *O filho do pescador*, romance de 1843, credenciado como o primeiro romance da literatura brasileira, além de mais cinco romances, três coletâneas de poemas e dois textos teatrais. Anterior, aliás, a William Wells Brown, pioneiro escritor americano, Teixeira e Sousa é, provavelmente, em termos cronológicos, o primeiro romancista afrodescendente nas Américas.

TEIXEIRA NUNES – Militar brasileiro ativo no século 19. Foi o comandante do esquadrão de lanceiros negros que se destacou na Guerra dos Farrapos (1835-1845), sendo, entretanto, ao que consta, atraiçoado e dizimado, ao final do conflito, no combate de Porongos.

TELEVISÃO BRASILEIRA E NEGROS – A televisão brasileira é, até o início do século 21, um dos grandes responsáveis pela difusão da imagem desfavorável e estereotipada dos descendentes de africanos no país. Ao difundir padrões estéticos que parecem reproduzir os anseios da velha estratégia do branqueamento, segundo o filósofo Muniz Sodré, ela costuma usar o negro como álibi, "como vacina": por meio da utilização estratégica dos serviços de alguns profissionais, sobretudo na área jornalística e ocasionalmente em telenovelas, a TV se "vacinaria" contra a acusação de que estereotipa e menospreza os negros. Sobre o tratamento dado a atores e personagens negros na teledramaturgia, o cineasta e escritor Joel Zito Araújo produziu *A negação do Brasil: o negro na telenovela brasileira*, documentário e livro lançados em 2000.

TEODORO SAMPAIO – Engenheiro, geógrafo e historiador brasileiro nascido em Santo Amaro, BA, em 1855, e falecido na cidade do Rio de Janeiro em 1937. Filho de escrava com senhor de engenho, estudou em São Paulo e na capital federal. Em 1877, com 22 anos, forma-se na recém-criada Escola Politécnica Fluminense, fazendo-se sócio do Instituto Politécnico Brasileiro, ao mesmo tempo que retorna a Salvador para comprar a alforria da mãe escrava. Tomada essa providência, radica-se em São Paulo e inicia a carreira profissional de engenheiro civil. Em 1904, volta à Bahia, onde, a serviço da municipalidade de Salvador, realiza grandes obras de engenharia, entre elas a reconstrução do velho prédio da Faculdade de Medicina, no terreiro de Jesus. Anos depois, com o nome já também consolidado como geógrafo e historiador, elege-se deputado federal e ingressa como sócio no Instituto Histórico e Geográfico Brasileiro. Dono de vasta produção intelectual, é autor dos livros *O tupi na geografia nacional* (1901), *Atlas dos Estados Unidos do Brasil* (1908) e *A posse do Brasil Meridional*, entre outros.

TERCEIRO MUNDO – Expressão usada no sistema de classificação da Organização das Nações Unidas (ONU) para distinguir os países subdesenvolvidos (pertencentes ao Terceiro Mundo) dos desenvolvidos (que integram o Primeiro Mundo). Inclui o continente africano, exceto a África do Sul, e toda a América Latina. A classificação surgiu após o processo de descolonização da África e da Ásia nas décadas de 1950 e 1960. A experiência histórica dos países que constituem o Terceiro Mundo tem, quase sempre, como pano de fundo comum a escravidão e o colonialismo.

TERESA RAINHA – Personagem do populário pernambucano nascida por volta de 1790 e falecida após 1817. Dizia-se rainha em Cabinda, tendo sido vendida como escrava por um delito de amor. Recusava-se a trabalhar e recebia vassalagem de seus companheiros de cativeiro. Mais tarde, abrandadas a altivez e a rebeldia, rendeu-se ao trabalho, no qual teve um braço mutilado.

TERRAS DE PRETOS – O mesmo que quilombos contemporâneos.

TERREIRO – Designação genérica do espaço físico onde se sediam as comunidades religiosas afro-brasileiras. Outrora, no Rio de Janeiro, o termo designava também o que hoje se conhece como "quadra" de escola de samba. As regras de comportamento nesses locais, como a participação exclusivamente feminina nas rodas de dança, obedeciam aos mesmos padrões daquelas estabelecidas nas casas de culto mais antigas ou tradicionais.

THEBAS – Nome pelo qual foi conhecido Joaquim Pinto de Oliveira, mestre-pedreiro nascido em 1733, escravo, depois alforriado, originário de Santos, SP, e ativo em São Paulo até o início do século 19. Artista proeminente, que se desenvolveu ainda na condição de escravo, conquistou a alforria graças ao próprio talento. Entre 1746 e 1808, além de outras realizações, construiu a torre da antiga Sé de São Paulo, a fachada e a porta de pedra do Mosteiro de São Bento, tendo sido chamado a participar de julgamentos e peritagens de obras de engenharia e a examinar candidatos à profissão. Enfrentando e resolvendo sérios problemas de engenharia numa cidade sem engenheiros, seu nome passou a ser sinônimo de homem inteligente, empreendedor e capaz de resolver qualquer questão complicada. Em abono, veja-se, nos dicionários: "Tebas, adj. Diz-se de indivíduo hábil, adestrado".

TIA ALICE DA MANGUEIRA – Nome pelo qual se fez conhecida Alice de Jesus Gomes Coelho, educadora informal nascida no Rio de Janeiro em 1928. Em 1986, viabilizou o projeto conhecido como "Vamos tirar as crianças da rua correndo", que resultou na Vila Olímpica da Mangueira, vitoriosa iniciativa de educação esportiva em benefício de adolescentes e crianças carentes. Atleta veterana, em 1996 ainda participava de competições internacionais, na modalidade de arremesso de peso.

TIA ANA – Líder escrava no Ceará. Em 1835, na serra do Ibiapaba, comandou uma sublevação de escravos na fazenda de propriedade de Francisco Antônio de Carvalho, conhecido como Marinheiro Chico. O episódio resultou na morte de Carvalho e na fuga de diversos escravos para Pernambuco.

TIA CIATA – Nome pelo qual foi conhecida Hilária Batista de Almeida, personagem do samba carioca nascida em Santo Amaro da Purificação, BA, em cerca de 1854, e falecida na cidade do Rio de Janeiro em 1924. Atuando, desde a década de 1870, como uma das lideranças da chamada "Pequena África" carioca, foi mãe-pequena do terreiro de João Alabá. Sua casa na rua Visconde de Itaúna, na Cidade Nova, é tradicionalmente considerada um dos berços do samba carioca. O nome com que passou à história, Ciata, é variante de Aycha, antropônimo feminino de origem árabe corrente na antiga Guiné portuguesa e um dos vestígios da existência de uma comunidade muçulmana na "Pequena África".

TIA EVA – Personagem popular de Mato Grosso do Sul nascida em Mineiros, GO, e falecida em 1926. Parteira e benzedeira afamada, segundo a tradição, em retribuição por uma graça alcançada, teria erguido, em 1912, a pequena igreja de São Benedito, em Campo Grande, templo que deu origem ao bairro de São Benedito, hoje tombada como patrimônio histórico estadual.

TIAS BAIANAS – Denominação pela qual foram conhecidas as líderes, em geral ialorixás, da comunidade baiana estabelecida no centro da cidade do Rio de Janeiro, a partir da segunda metade do século 19, no espaço mais tarde referido como "Pequena África". Famosas entre elas foram, além da arquetípica Tia Ciata, as "tias" Sadata, em cuja casa foi fundado o rancho Rei de Ouros; Bebiana, moradora no Largo de São Domingos, numa casa que os ranchos de reis visitavam obrigatoriamente para saudar a lapinha onde ficava o presépio; Presciliana, mãe de João da Baiana; Amélia, mãe de Donga; Gracinda; e Tia Fé, do morro de Mangueira. A última dessas matriarcas, dona Carmem Teixeira da Conceição, a Tia Carmem do Xibuca (1879-1988), faleceu centenária e ainda morando nas imediações da Praça Onze.

TIMÓTEO DA COSTA – Sobrenome pelo qual foram conhecidos os pintores afro-brasileiros João (1879-1932) e Artur (1882-1922), nascidos e falecidos no Rio de Janeiro. Artistas renomados, estão ambos entre os maiores pintores acadêmicos do Brasil. Suas obras podem ser vistas principalmente no Museu Nacional de Belas-Artes, no Rio de Janeiro, e na Pinacoteca do Estado de São Paulo.

TIO – Tratamento reverente que, na América hispânica e no Brasil, se dava aos negros velhos. No Rio de Janeiro, o uso desse tratamento para pessoas mais velhas, corrente entre a população negra, foi, a partir dos anos 1980, reabilitado na linguagem popular geral.

TIPOIA – Rede para transportar pessoas; espécie de palanquim, meio de transporte de tração humana usado na época escravista.

TIRIRICA – Forma rudimentar da capoeira, jogada ao rés do chão, outrora praticada na cidade de São Paulo e no interior de Minas Gerais. O nome deriva de "tiririca", capim rasteiro.

TITO LÍVIO DE CASTRO – Médico e escritor científico (1864-1890) nascido no Rio de Janeiro, RJ. Menor abandonado, foi criado pelo português Manuel da Costa Pais. Escreveu *A mulher e a sociogenia* (1887), alentado estudo antropológico, e *As alucinações e ilusões*, na área da Psiquiatria, ambos publicados postumamente. Sílvio Romero, em sua *História da literatura brasileira*, dedica todo um capítulo à análise de sua obra.

TOBIAS BARRETO – Filósofo, crítico, jurisconsulto e poeta brasileiro nascido na vila de Campos, SE, em 1839, e falecido em Recife, PE, em 1889. Precursor de Castro Alves na poesia brasileira de escola condoreira, profundo conhecedor da filosofia e do direito difundidos a partir da Alemanha, foi um dos grandes vultos da inteligência brasileira no século 19. Entretanto, segundo contemporâneos, era pobre, compositor de canções populares e violonista nas rodas boêmias do Recife.

TOCANTINS – Estado da região Norte do Brasil. Criado em 1988 pelo desmembramento da parte noroeste de Goiás, em 2000 o governo federal tinha identificada, como comunidade remanescente de quilombo, em seu território, a de Lagoa da Pedra, no município de Arraias.

TOGO – País da África Ocidental, com capital em Lomé, oficialmente denominado República Togolesa. Sua população inclui, principalmente, indivíduos dos euês ou ewés, cabiês, uatis, cotocolis, lambas etc. A história do Togo integra-se, também, na dos países limítrofes, Benin, Burkina e Gana, de onde emigraram algumas das etnias que compõem sua população.

TOMAZ AROLDO DA MOTA SANTOS – Cientista e docente universitário nascido em 1944 e atuante em Belo Horizonte, MG. Doutor em Farmácia e Bioquímica e pós-graduado em Imunologia pelo Instituto Pasteur, de Paris, em 1995 era, como reitor da Universidade Federal de Minas Gerais, o único negro a dirigir uma universidade federal no Brasil. Dono de inúmeras premiações e de vasta obra científica publicada, foi também vice-presidente da Associação Nacional dos Dirigentes de Instituições Federais de Ensino Superior e integrante do conselho curador da Fundação Cultural Palmares do Ministério da Cultura.

TORRES HOMEM – Sobrenome comum a dois ilustres brasileiros afrodescendentes do século 19, Francisco de Sales Torres Homem (1812-1876) e João Vicente Torres Homem (1837-1887), ambos nascidos e falecidos na cidade do Rio de Janeiro. O primeiro foi político e escritor. Um dos mais eloquentes oradores e mais perfeitos estilistas românticos, abandonou os estudos de Medicina para seguir carreira jornalística e política. Entre 1853 e 1876, foi deputado geral em dois mandatos, chefe de uma das diretorias do Tesouro Nacional, ministro da Fazenda, diretor do Banco do Brasil, senador do Império e encarregado de negócios em Paris. Faleceu na posse do título de visconde de Inhomirim. O segundo, médico, da Imperial Câmara e professor da Faculdade de Medicina, legou à posteridade vasta obra técnico-científica, incluindo um pioneiro *O abuso do tabaco como causa da angina do peito*, de 1863. Faleceu na posse do título de barão de Torres Homem.

TORTURA – A tortura física foi um recurso comumente empregado pelos proprietários de escravos na imposição violenta de seu domínio sobre os cativos. Muitos instrumentos eram utilizados, por conta da imaginação dos algozes, para infligir maus-tratos físicos e intimidar a massa escrava. Uma famosa gravura de Jean-Baptiste Debret mostra um escravo sendo supliciado, no Rio de Janeiro, pelo método hoje conhecido como "pau de arara". Em 1741, um alvará de 13 de março estabelecia que todo quilombola aprisionado, antes de ser restituído ao proprietário, deveria receber na espádua a marca "F", de "fujão", feita com ferro em brasa. Em 1886, em Paraíba do Sul, RJ, a condenação à pena de 300 golpes de açoite aos escravos Laurindo, Tadeu, Alfredo e Benedito, com a consequente morte dos dois últimos, resultou na aprovação, em outubro, da lei que proibia o açoitamento de escravos. Ao longo deste *Dicionário* estão descritos vários instrumentos empregados em suplícios infligidos aos escravos no Brasil.

TRÁFICO NEGREIRO [1] – Nome genérico dado ao comércio internacional de escravos africanos incrementado a partir do descobrimento da América e só legalmente proibido na segunda metade do século 19. O vocábulo "tráfico" conota comércio ilegal e clandestino. O tráfico de escravos através do Saara, entre a África Ocidental e o mar Mediterrâneo, remonta à Antiguidade; e o movimento através do oceano Índico, entre a costa oriental africana e a Ásia, vem, também, de tempos remotos. No litoral do Atlântico, essa atividade inicia-se com os portugueses e em direção à Europa a partir de meados do século 15. A partir daí, durante cerca de quatro séculos, a África abaixo do Saara sofreu o impacto do tráfico de escravos através do oceano Atlântico, rumo às Américas; primeiro, a partir, principalmente, da alta Guiné e, depois, da Costa da Mina, de Angola e da Contracosta. Esse impacto atingiu populações litorâneas e dos sertões; e, na costa, sobretudo as áreas hoje pertencentes às Repúblicas de Senegal, Gâmbia, Serra Leoa, Libéria, Gana, Togo, Benin, Nigéria, Camarões, Guiné Equatorial, Gabão, Congo-Brazzaville e Angola. De toda essa vasta região, então, foi que veio a maior parte dos escravos africanos para o Brasil e as Américas. O tráfico atlântico trouxe da África para o Novo Mundo milhões de indivíduos e matou outros tantos milhões nas guerras que incentivou e na resistência que teve de enfrentar. Esse holocausto não tem precedentes nem comparação, e suas consequências se fazem até hoje sentir em todo mundo, pois, além de comprometer de modo decisivo o desenvolvimento do continente africano, o escravismo engendrou outro monstro não menos terrível, que é o racismo que até hoje vitima as populações negras. Tanto o tráfico europeu de escravos, pelo vulto econômico que adquiriu, quanto o tráfico árabe contaram, a partir de certo momento, com a efetiva colaboração de africanos de vários segmentos sociais, desde monarcas a simples transportadores. Havia mercados de aldeias que dispensavam os traficantes estrangeiros das perigosas incursões continente adentro. E a evidência de que a resistência negra não era o que mais preocupava os europeus está no fato de que as fortificações por eles construídas no litoral africano nunca assestavam suas baterias para dentro do território, e sim para o mar, de onde poderiam chegar possíveis invasores. Mas a participação africana no tráfico de escravos não diminui a responsabilidade dos europeus. Foram eles que corromperam soberanos e súditos, tornando esse tipo de comércio humano altamente rentável e tentador. E se não houvesse procura é evidente que não haveria a abjeta oferta da mercadoria humana.

TRÁFICO NEGREIRO [2]: Tráfico triangular – Expressão que designa uma modalidade específica do tráfico de escravos, vigente especialmente no século 18. Nela, o mesmo navio saía da Europa com armas, roupas, bebidas e outras mercadorias para desembarcá-las na África Ocidental. Lá, recebia um carregamento de escravos e o transportava para as Américas, de onde, completando a triangulação, levava produtos coloniais como açúcar, algodão etc. para abastecer a Europa. Mas, a rigor, a denominação pode estender-se a todo o comércio de escravos através do Atlântico, o qual configurava sempre um triplo jogo comercial entre a Europa, a África e as Américas ou o Caribe.

TRÁFICO NEGREIRO [3]: Estatísticas – Durante a vigência do tráfico negreiro, avalia-se que cerca de dez milhões de negros africanos foram exportados através do Saara e do oceano Índico. Outros tantos teriam sido trazidos para as Américas. Desses últimos, cerca de 31% teriam vindo para o Brasil, 23% para as Antilhas Britânicas, 22% para o Caribe francês, 9% para a América espanhola, 8% para as Antilhas Holandesas, 6% para a América do Norte e 1% para as Antilhas Dinamarquesas. Mas, juntando-se a esse contingente de emigrados à força os que morreram nas lutas de resistência, além dos exterminados por epidemias e fome (resultantes de destruição de colheitas e armazéns e do rompimento do equilíbrio ecológico), tem-se uma cifra muito maior de vítimas do tráfico negreiro.

TRÁFICO NEGREIRO [4]: Armas de fogo – Durante a vigência do tráfico atlântico, na África, a venda de escravos foi fundamental à obtenção, pelos detentores do poder, das armas de fogo com que defendiam seus territórios e atacavam inimigos e adversários ocasionais. Essas armas, fabricadas em especial na Inglaterra, uma vez destinadas especificamente ao mercado africano, ou eram de má qualidade, para durar pouco, ou eram já obsoletas. Com o tempo, e manifestas as intenções imperialistas europeias, o fornecimento legal de armas aos africanos vai sendo cada vez mais dificultado, até a supressão absoluta, na mesma proporção em que se começa a reprimir o tráfico negreiro.

TRÁFICO NEGREIRO [5]: Efeitos e consequências – O tráfico produziu efeitos devastadores, decisivos no processo de empobrecimento e desestruturação social do continente africano. Esses efeitos foram, principalmente: extermínio da população ativa (dava-se preferência, pela ordem, a homens e depois mulheres entre 16 e 30 anos); miséria, fome e destruição, com aldeias inteiras queimadas e pessoas mortas; maior incremento das guerras civis e entre nações, já frequentes mas, com o tráfico, tornadas mais sanguinárias pela introdução das armas de fogo. Ademais, as guerras, outrora motivadas, em geral, por ambições expansionistas ou por defesa, eram agora movidas por simples ganância. E todo esse quadro levou, paulatinamente, ao abandono de atividades profissionais como manufatura, fundição, artesanato etc.; à ruptura do desenvolvimento agrícola e industrial, por prejudicial aos interesses coloniais; e ao sufocamento do desenvolvimento das instituições, sobretudo no terreno jurídico, como no caso do povo axânti, que se notabilizara por criar legislações exemplares.

TRÁFICO NEGREIRO [6]: Tráfico interprovincial – No Brasil, com a proibição da importação de escravos africanos, em 1850 intensificou-se o tráfico entre as diversas províncias, às vezes exercido por mascates que se deslocavam pelos sertões com sua mercadoria humana. Resolviam-se, assim, as dificuldades regionais de mão de obra, principalmente nas lavouras de café do Sudeste, na mesma medida em que se agravava a situação em outras regiões. Essa situação durou até 1885, quando a Lei dos Sexagenários, regulamentando a questão do domicílio dos escravos, estabeleceu que estes só poderiam ser transferidos de província se estivessem acompanhando seus senhores. Nos Estados Unidos, entre 1830 e 1850, durante a expansão da cultura do algodão, os estados da Virgínia e Carolina do Norte foram fornecedores de mão de obra escrava para o Alabama, Louisiana, Mississippi e Texas.

TRANCINHAS DE NAGÔ – Espécie de penteado usado por mulheres negras na Bahia antiga, o qual, por ser de difícil feitura, era em geral executado por especialistas africanos. Consistia num emaranhado de tranças finas, artisticamente dispostas. A partir dos anos 1970, com os movimentos de afirmação da identidade negra, o penteado foi reabilitado como moda nas grandes cidades brasileiras.

TRANQUILINO BASTOS – Regente e compositor brasileiro nascido em Cachoeira, BA, em 1850. Um dos maiores e mais completos artistas de seu tempo, deixou para a posteridade 295 dobrados e obras de vários outros gêneros, totalizando mais de 500 composições. Aguerrido abolicionista, na noite de 13 de maio de 1888 exibiu-se com a Lyra Ceciliana, de sua criação, pelas ruas de sua cidade, tendo merecido o epíteto de "Maestro da Abolição".

TRIBO – Grupo de indivíduos de mesma etnia, cultura e língua que tem história e especificidades comuns mas nenhum ou mínimo poder centralizado. Alguns modernos historiadores chamam a atenção para o uso indiscriminado do termo em relação aos povos africanos. Por exemplo, o povo ibo, da Nigéria, com seus 17 milhões de componentes, é repetidamente classificado como "tribo", enquanto grupos étnicos europeus, muito menores, são dignificados como "nacionalidades".

TRINIDAD E TOBAGO – País no mar das Antilhas, com capital em Port of Spain. As duas ilhas que compõem o território foram colonizadas a partir do século 19 e data dessa época a introdução de escravos africanos na região. Os negros representam cerca de 43% da população.

TRIO MARTINS – Grupo musical infantil formado pelos irmãos Alfredo e Roberto, violinistas, e Marta, violoncelista, nascidos, respectivamente, em 1914, 1918 e 1915, filhos do também violoncelista Alfredo Martins. Músicos de concerto na década de 1920, participaram de espetáculos da Companhia Negra de Revistas, interpretando peças como *Moto perpetuo*, de Ries, e *Thaïs*, de Massenet.

TRONCO – Instrumento para tortura de escravos. Constava de uma tábua de madeira aberta em duas metades, com buracos maiores para a cabeça e menores para os pés e as mãos. Abertas as duas metades, enfiavam-se a cabeça, as mãos e os pés nos buracos respectivos, encaixando-se novamente as metades da tábua que, por fim, eram presas com cadeado.

TUCULERES – Grupo étnico do Senegal, provavelmente resultante da mestiçagem de fulânis com uolofes e sereres. São também mencionados como tucolores. Entretanto, a tradução francesa de seu nome como toucouleurs, como por vezes ocorre, é errônea, já que deriva do árabe ou berbere *Tekrou* ou *Tekrur*.

TÚLIO TEODORO DE CAMPOS – Escritor nascido em Franca, SP, em 1868, e falecido por volta de 1915. Promotor público e jornalista, escreveu e publicou biografias e ensaios críticos. Foi também colaborador da revista do Instituto Histórico e Geográfico de São Paulo e de *A Federação*, quinzenário da Federação dos Homens de Cor, fundado na capital paulista em 1911.

TUMBEIRO – O mesmo que navio negreiro. A denominação alude às condições em que eram transportados os africanos escravizados para as Américas. Resulta do substantivo "tumbeiro", transportador de cadáveres, indivíduo que conduzia mortos à tumba ou sepultura.

U

UGANDA – República da África Centro-Oriental, na região dos Grandes Lagos. Sua capital é Campala e os principais grupos étnicos que compõem a população do país são gandas, tesos, sogas, niancoles, acholis, nioros, ruandas etc.

UMARIZAL – Comunidade remanescente de quilombo localizada no município de Oeiras do Pará, na região do rio Tocantins.

UMBANDA – Religião brasileira de base africana resultante da assimilação de diversos elementos, a partir de cultos bantos aos ancestrais e da religião dos orixás jeje-iorubanos. Segundo alguns de seus teóricos, é sincrética com o hinduísmo, dele aceitando as leis de carma, evolução e reencarnação; com o cristianismo, dele seguindo principalmente as normas de fraternidade e caridade, além de receber influências da religiosidade ameríndia.

UNEGRO – Sigla da entidade União dos Negros pela Igualdade fundada em Salvador, BA, em 1988. Dissidente do Movimento Negro Unificado (MNU), ganhou força e espaço a partir de 1994.

UNESCO – Sigla de United Nations Educational Scientific and Cultural Organization (Organização das Nações Unidas para a Educação, a Ciência e a Cultura), órgão das Nações Unidas constituído em 16 de novembro de 1945, com sede em Paris, cuja finalidade é promover o desenvolvimento da educação, da ciência e da cultura em todo o mundo. Entre 1951 e 1952, patrocinou um amplo estudo sobre as relações raciais no Brasil, com a participação de cientistas sociais brasileiros, franceses e americanos.

UNIÃO DOS HOMENS DE COR – Entidade do movimento negro criada na cidade do Rio de Janeiro em 1948.

UNIDADES MILITARES ÉTNICAS – Durante a época escravista, as autoridades coloniais na América Latina organizaram unidades militares compostas por negros, livres e escravos. Essas unidades tinham por objetivo não só engrossar os Exércitos coloniais, como também atuar como elemento de controle das massas nas quais seus componentes eram recrutados. No Brasil, importantes unidades dessa natureza foram o Batalhão dos Libertos do Imperador e os Zuavos Baianos.

UOLOFE – Forma portuguesa para *wollof*, grupo étnico do oeste africano localizado nos atuais territórios de Gâmbia, Mali e Senegal. No Brasil, os uolofes foram também conhecidos como jalofos.

URUGUAI – República da América do Sul em que, segundo as estatísticas, 10% da população é formada por negros e mestiços, presença que se evidencia em alguns traços da cultura nacional. O Uruguai, antigo objeto de disputa entre espanhóis e portugueses, chamou-se inicialmente Banda Oriental e fez parte do Vice-Reinado do Prata de 1776 a 1828, quando teve reconhecida sua independência e adotou a denominação atual, República Oriental do Uruguai.

V

VAI – Indivíduo dos vais, povo localizado nos atuais territórios de Serra Leoa e Libéria. O povo é também citado como vay, vehie, vei, vu, gallina ou galinha.

VALE DO PARAÍBA – Região no Sudeste brasileiro. Sediou, no século 19, a maior área de produção de café no país, concentrando, por conseguinte, grandes contingentes de população negra. Seu nome se deve ao rio Paraíba do Sul, formado pelos rios Paraibuna e Paraitinga, que nascem nas serras do Mar e da Bocaina. Atravessando várias cidades do estado de São Paulo, o Paraíba do Sul deságua no litoral do Rio de Janeiro, próximo a Campos dos Goitacazes.

VALONGO – Sítio histórico na cidade do Rio de Janeiro onde se localizaram os armazéns de compra e venda de escravos, depois que essas atividades foram transferidas da rua Direita, atual Primeiro de Março, no fim do século 18. A escolha do local, à beira-mar e dotado de cais próprio, obedeceu a razões estéticas e sanitárias, em virtude do aspecto deprimente e pouco higiênico que o nefando comércio causava ao centro da cidade. O sítio, por onde ainda à época deste *Dicionário* se estende um logradouro chamado "Escadaria do Valongo", correspondia à parte da atual rua Sacadura Cabral, nas proximidades do início da rua Camerino.

VASQUES – Nome pelo qual se tornou célebre Francisco Correia Vasques, ator e comediógrafo nascido e falecido na cidade do Rio de Janeiro, onde viveu de 1839 a 1892. O maior ator cômico de sua época e um dos maiores artistas da cena brasileira em todos os tempos, escreveu cerca de 50 textos teatrais, boa parte deles expressa em comédias de costumes, nas quais se delineiam os traços de um teatro brasileiro em processo de independência em relação à cultura europeia, publicados ou encenados a partir de 1859. Amigo íntimo de José do Patrocínio, dedicou-se entusiasticamente à causa abolicionista e, por ela, improvisava rápidas cenas em cafés, nas ruas, onde houvesse concentração popular, para, despertada a atenção do público, fazer pequenos discursos de proselitismo.

VATAPÁ – Iguaria da culinária afro-baiana, espécie de pirão feito com peixe, camarões etc.

VELHA GUARDA DA PORTELA – Grupo vocal-instrumental organizado em 1970 e integrado por veteranos sambistas da Portela, antiga escola de samba carioca. Criado a partir da intenção do compositor Paulinho da Viola de reunir em disco o belíssimo repertório da escola, o grupo conheceu o sucesso, gravando dois LPs e atuando em *shows*, inclusive fora do país, mantendo-se ativo, embora reduzido e modificado pelo falecimento de vários de seus componentes, até a época desta edição.

VENÂNCIO JOSÉ DO ESPÍRITO SANTO – Pintor brasileiro atuante em Minas Gerais, nascido por volta de 1800 e falecido em 1878. É autor da pintura do forro da nave da Matriz de Nossa Senhora do Pilar, em São João del Rei.

VENEZUELA – República da América do Sul, com capital em Caracas. Situada na zona de influência cultural do Caribe, em 1810 sua população afrodescendente somava quase metade da população geral. Em fins do século 20, as estatísticas populacionais informavam 8% de negros e 65% de mestiços de várias origens.

VERÍSSIMO DE FREITAS – Pintor brasileiro radicado em Salvador, BA, onde ainda trabalhava em 1819. Aluno de José Joaquim da Rocha, foi pintor mural e de cavalete, deixando obras que podem ser admiradas no Mosteiro de São Bento e na igreja do Convento da Lapa, na capital baiana.

VIOLÊNCIA POLICIAL – A truculência policial contra negros tem evidentes raízes na escravidão. Partindo quase sempre do princípio de que o indivíduo negro e pobre é, em princípio, um suspeito, ela generaliza e erra, pois o perfil do delinquente brasileiro, segundo o Censo Penitenciário (dados publicados na edição de junho de 1997 da revista *Raça Brasil*), é de maioria branca e jovem, nascida principalmente no Sul e no Sudeste. Em 1995, havia mais de 140 mil presos em todo o país e, desses, 134 mil eram homens, entre eles 43% de negros e mestiços. Conforme outra estatística, em São Paulo, maior cidade brasileira, em 1990, entre os presos em flagrante, 58% eram negros e 46% brancos. Desses brancos, 27% respondiam a processo em liberdade, enquanto, dos negros, só 15,5% gozavam desse benefício. Além disso, no âmbito da Justiça, e por influência policial, 68,8% dos réus negros eram condenados, o que ocorria com os brancos em proporção menor, na base de 59,4%.

VIRAMUNDO – Instrumento para tortura de escravos. Constava de uma chapa de ferro de dimensões menores que o tronco, mas com os mesmos mecanismos e finalidade.

VIRGÍNIA DO AMARAL – Líder católica brasileira nascida em Itapira, SP, em 1909, e falecida em 1995. Auxiliar de enfermagem e pertencente à Juventude Operária Católica, realizou importante trabalho assistencial em Vila Leopoldina, subúrbio da capital paulista. Sua biografia é contada no livro *Virgínia do Amaral*, de Inez Mariza Sanchez, publicado em 1996.

VIRIATO CORREIA – Nome literário de Manuel Viriato Correia Baima Filho, escritor nascido em Pirapemas, MA, em 1884, e falecido no Rio de Janeiro, em 1967. Cronista histórico admirável, de sua bibliografia constam títulos como *Terra de Santa Cruz* (1921) e *História da liberdade no Brasil* (1962), além de peças teatrais e obras em outros gêneros. Foi deputado estadual e federal pelo Maranhão e membro da Academia Brasileira de Letras (ABL).

VIRIATO FIGUEIRA DA SILVA – Flautista e compositor nascido em Macaé, RJ, em 1851, e falecido no Rio de Janeiro, RJ em 1883. Exímio instrumentista, amigo inseparável do grande flautista Callado, foi um dos pioneiros do choro, estilo musical tipicamente carioca.

VISCONDE DE JEQUITINHONHA – Político, jurisconsulto, diplomata e jornalista nascido em Salvador, BA, em 1794, e falecido no Rio de Janeiro em 1870. Filho de um comandante português e de uma mulher negra, foi uma das maiores figuras do Império brasileiro. Batizado como Francisco Gomes Brandão, trocou seu nome, por espírito de nativismo, pelo de Francisco Gê Acaiaba de Montezuma, com que se tornou conhecido. Formado em Direito em Coimbra, Portugal, depois de se ter graduado em Cirurgia na Bahia, foi um dos fundadores da Ordem dos Advogados do Brasil. Homem de Estado, foi deputado à Assembleia Constituinte, conselheiro do Império e presidente do Banco do Brasil, entre outros cargos.

VISCONDE DE MARANGUAPE – Título de nobreza de Caetano Maria Lopes Gama, político e magistrado nascido em Recife, PE, em 1795, e falecido no Rio de Janeiro, em 1864. Várias vezes deputado, senador e ministro do Império, exerceu diversos cargos importantes na esfera judiciária, tendo encerrado sua vida pública como ministro do Supremo Tribunal de Justiça.

VISSUNGO – Tipo de canto de trabalho dos negros benguelas de Minas Gerais.

VITORIANO DOS ANJOS – Escultor brasileiro nascido na Bahia, em 1765, e falecido em Campinas, SP, em 1871. Executou talhas em jacarandá para as igrejas da Conceição da Praia e de São Francisco da Penitência, em Salvador. Nos últimos anos de vida, trabalhou em Campinas, nas talhas do altar-mor da igreja matriz, em cujo cemitério foi enterrado.

VODU – Religião de origem africana difundida a partir do Haiti. Superficialmente definido, por boa parte dos dicionários, como um conjunto de superstições e práticas de feitiçaria, o vodu é nada menos que uma síntese complexa de religiões tradicionais africanas com influências do catolicismo.

VOLUNTÁRIOS DA PÁTRIA – Denominação dos corpos militares especiais criados no Brasil por d. Pedro II, em 1865, durante a Guerra do Paraguai. Eram formados em grande parte por escravos alistados em troca de alforria, que rumavam para o campo de batalha sem nenhum treinamento bélico. A historiografia conservadora mitifica esses corpos, mostrando-os como unidades sem diferenças étnicas ou sociais, constituídas de heróis dispostos a morrer pela nacionalidade brasileira. Mas, na segunda metade do século 20, alguns historiadores combatem o mito, mostrando os soldados negros em luta, no Paraguai, por uma pátria que os oprimia e contra um inimigo que não era exatamente seu, apenas para se libertarem da escravidão.

VOVÓ TERESA – Nome pelo qual se tornou conhecida Conceição de Maria Matias de Souza, líder comunitária nascida em Campos, RJ, em 1929. Ex-empregada de famílias abastadas no Rio de Janeiro, por volta de 1959, na cidade natal, criou, com o marido, João de Deus de Souza, o que mais tarde seria a Fundação Vovó Teresa, importante obra assistencial.

W

WALTEL BRANCO – Músico brasileiro nascido em Paranaguá, PR, em 1929. Diplomado em Violoncelo e Violão pela antiga Escola Nacional de Música, é citado na enciclopédia *Delta-Larousse* como discípulo do mestre espanhol Andrés Segóvia. Vivendo e trabalhando boa parte de sua carreira nos Estados Unidos e na Europa, destacou-se como guitarrista de jazz, compositor de trilhas cinematográficas e arranjador de grande reputação.

WALTER FIRMO – Fotógrafo nascido no Rio de Janeiro, RJ, em 1937. Com carreira profissional iniciada em 1957, é vencedor do Prêmio Esso de Reportagem, de sete prêmios internacionais Nikkon e do Prêmio Icatu de Artes, versão 1999. Ex-diretor do Instituto Nacional de Fotografia, desde 1968 seu trabalho é voltado, principalmente, para a dignificação do povo afro-brasileiro. Um dos mais importantes profissionais brasileiros em sua especialidade, é mencionado no verbete "Fotografia" da *Enciclopédia Britânica* desde a edição de 1971.

X

XANGÔ – Grande e poderoso orixá iorubano, senhor do raio e do trovão. Seu nome, difundido por todas as Américas, serve como denominação genérica para os cultos de origem iorubana em Pernambuco.

XAVIER CARNEIRO – Pintor (1765-1840), filho de escrava nascido em Mariana, MG. Suas obras encontram-se principalmente nas abóbadas e altares das igrejas mineiras de Nossa Senhora do Rosário, em Itabirito; Nossa Senhora do Pilar, em Ouro Preto; e na Ordem Terceira do Carmo, em sua cidade natal.

XEQUERÉ – Instrumento musical da tradição iorubana no Brasil e em Cuba. É um chocalho feito com uma cabaça coberta com rede frouxa de fios de algodão enfiados com búzios.

XONA – Grupo étnico africano localizado no Zimbábue e no centro de Moçambique. No século 17, constituiu um poderoso Estado, que se celebrizou na resistência aos invasores portugueses.

Y

YKENGA – Pseudônimo de Bonifácio Rodrigues de Mattos, cartunista brasileiro nascido na cidade do Rio de Janeiro em 1952. Destacando-se pela crítica ferina ao racismo antinegro, em 1996, depois de publicar cartuns em vários jornais cariocas, lançou a revista de humor *Casa Grande e Sem Sala*, onde se destacava o "Super Negão", visão caricatural do negro brasileiro em sua luta por aceitação e igualdade.

Z

ZACIMBA GABA – Líder quilombola de São Mateus, ES, nascida em cerca de 1675 e falecida em 1710. Africana da região de Cabinda, era tida como princesa em sua terra natal. Envenenou o senhor que a oprimia, liderou uma fuga de escravos e formou o primeiro quilombo do vale do Cricaré. Em 1710, no auge de sua luta contra a escravidão, foi emboscada e morta.

ZAÍRA DE OLIVEIRA – Cantora lírica brasileira nascida e falecida no Rio de Janeiro, onde viveu de 1891 a 1952. Em 1921, conquistou medalha de ouro no concurso do Instituto Nacional de Música, atual Escola de Música da Universidade Federal do Rio de Janeiro (UFRJ), perante uma banca de sete professores. Mais tarde, destaca-se na interpretação de árias da *Tosca,* de Puccini; do *Schiavo*, de Carlos Gomes; e da *Berceuse*, de Alberto Nepomuceno. Tida pelo diplomata e crítico Paschoal Carlos Magno como "a Marian Anderson brasileira", foi coordenadora dos orfeões escolares criados pelo maestro Heitor Villa-Lobos nas décadas de 1930-1940. Casada com o violonista e compositor Donga, autor do *Pelo telefone*, dedicou-se também ao repertório popular.

ZAMBEZE – Rio africano. Nasce no noroeste da Zâmbia, corre para o sudeste e serve de fronteira entre Zâmbia e Zimbábue, desaguando no canal de Moçambique.

ZÂMBI – Divindade suprema dos cultos de origem banta e da umbanda.

ZÂMBIA – República localizada no centro-sul da África, com capital em Lusaka. A partir de 1891, sob o controle administrativo da Companhia Britânica da África do Sul, o país foi chamado Rodésia do Norte.

ZÉ LIMEIRA – Cantador nordestino (1886-1954) nascido em Teixeira, PB. Conhecido como "O poeta do absurdo", notabilizou-se pelos versos irreverentes e aparentemente sem sentido que entoava em sua originalidade surrealista.

ZÉ LOPES – Nome artístico de José Lopes da Silva Filho, mamulengueiro nascido em 1951 em Glória do Goitá, PE. Um dos mais importantes artistas em sua especialidade, criou o *Mamulengo Teatro do Riso*, espetáculo de fantoches com o qual se apresentou em 1977 na Bienal Internacional de Marionetes de Évora, em Portugal, e no Teatro de Títeres, em Segóvia, na Espanha. Em 1998 exibiu seu trabalho no Rio de Janeiro, no Museu do Folclore Edison Carneiro.

ZÉ MENEZES – Nome artístico de José Menezes de França, músico nascido em 1921 em Jardim, CE, e radicado no Rio de Janeiro. Instrumentista, compositor e arranjador, com carreira profissional precocemente iniciada na década de 1930, na capital cearense, transferiu-se para o Rio na década seguinte, logo granjeando fama como um dos maiores executantes de instrumentos de cordas dedilhadas no país. Virtuose como solista e acompanhante de violão, cavaquinho, violão tenor, bandolim etc., tem vários registros-solo em LP e CD.

ZECA PATROCÍNIO – Nome pelo qual foi também conhecido José Carlos do Patrocínio Filho, personagem da vida boêmia e intelectual brasileira nascido no Rio de Janeiro, RJ, em 1885, e falecido em 1929. Filho do abolicionista José do Patrocínio, e por isso também chamado Patrocínio Filho, foi jornalista, poeta, cineasta e homem de teatro. Em 1910, com o "filme-revista" *Paz e amor*, exibido no Cine Rio Branco com grande sucesso de público e de crítica, torna-se autor do primeiro *script* feito por um autor nacional diretamente para o cinema. Depois disso, realiza *Logo cedo*, outro filme, escreve espetáculos teatrais do gênero revista e publica três livros. Dominando os idiomas francês e alemão, viveu entre o Brasil e a Europa, primeiro em estudos, depois em cargos consulares na França e na Bélgica. Em 1916, na Inglaterra, acusado de espionagem pró-Alemanha, é salvo de execução por interferência de altas autoridades brasileiras, permanecendo, entretanto, preso até 1919. Faleceu em Paris, durante o nono período de permanência na capital francesa, comissariado pelo Ministério da Viação, e seu corpo foi trasladado para o Brasil a expensas do governo de Washington Luís.

ZEZÉ MOTTA – Nome artístico de Maria José Motta de Oliveira, atriz e cantora brasileira nascida em Campos, RJ, em 1944. Com carreira profissional iniciada em 1966, no elenco da peça *Roda viva*, atuou, com destaque, em telenovelas, importantes montagens teatrais e produções cinematográficas. Tornou-se popularmente conhecida, entretanto, a partir do filme *Xica da Silva*, de 1976, no qual viveu a personagem principal. Em 1979, paralelamente, deu início à carreira discográfica como intérprete de música popular. Integrante do elenco de teledramaturgia da Rede Globo de Televisão, distinguiu-se também como idealizadora e fundadora do Centro Brasileiro de Informação e Documentação do Artista Negro (Cidan), em 1984.

ZIMBÁBUE – República do sudeste africano, com capital em Harare. Os principais grupos étnicos que compõem sua população são os xonas e os ndebeles.

ZIZINHO – Apelido de Thomaz Soares da Silva, jogador de futebol nascido em São Gonçalo, RJ, em 1921, e falecido em Niterói, RJ, em 2002. Estreando em 1939 no Clube de Regatas do Flamengo, pelo qual foi várias vezes campeão, integrou a seleção nacional na Copa do Mundo de 1950. Atuou também no Bangu carioca, no São Paulo e no Audax Italiano, no Chile, onde encerrou a carreira em 1962. Meia-armador de excepcionais recursos técnicos, considerado o mais completo jogador brasileiro antes de Pelé, foi um dos maiores craques do futebol mundial em todos os tempos.

ZÓZIMO BULBUL – Nome artístico de Jorge da Silva, ator e diretor cinematográfico nascido e falecido no Rio de Janeiro, RJ (1937-2013). No cinema, roteirizou, dirigiu e interpretou *Alma no olho* (1976); escreveu e dirigiu Aniceto do Império – em *Dia de alforria* (1981); trabalhou como ator, entre outras produções, em *Em compasso de espera* (1973), no qual viveu o personagem principal, um poeta negro às voltas com problemas existenciais motivados pelo racismo; *Sagarana, o duelo* (1973); *Pureza proibida* (1974) e *A deusa negra* (1979). Na década de 1960, na extinta TV Excelsior, formou par romântico com a atriz Leila Diniz na novela *Vidas em conflito*, tornando-se o primeiro protagonista negro na televisão brasileira. No teatro, nos anos 1970, personificou o *Orfeu da Conceição* em duas remontagens no Rio de Janeiro, respectivamente no palco do Renascença Clube e no Teatro Tereza Rachel. Em 1988 realizou, com apoio do Ministério da Cultura, o elogiado documentário *Abolição*, produzido no âmbito das comemorações e reflexões sobre o centenário do fim da escravidão no Brasil. Em 2002, concluindo o documentário *Pequena África*, tinha sua trajetória celebrada numa exposição patrocinada pela prefeitura da cidade do Rio de Janeiro. Quando de seu falecimento era curador do Centro Afro-Carioca de Cinema, fundado por sua iniciativa no bairro da Lapa em 2007.

ZUAVOS BAIANOS – Unidade de voluntários do Exército brasileiro formada em 1865 para lutar na Guerra do Paraguai e integrada somente por negros, de oficiais a praças. Sua criação foi inspirada em unidades de mesmo nome ("Zuavos da Louisiana", "Zuavos de Nova York" etc.) que, por sua vez, devem sua denominação à unidade do Exército francês integrada por membros do grupo étnico dos zuavos, da Argélia. Os Zuavos Baianos distinguiram-se, no ano de sua formação, no cerco e rendição de Uruguaiana. Seu uniforme, copiado do modelo francês, constava de calça, cinta e barrete vermelhos, jaqueta azul e colete verde com galões amarelos.

ZULULÂNDIA – Região nordeste da província de KwaZulu-Natal, na África do Sul. Anexada pelos ingleses em 1877, teve, em 1894, dois terços de suas terras confiscados pelos colonizadores e pelos nativos confinados em reservas.

ZULUS – Povo da África Austral. Erguido graças às conquistas de Tchaka, o Império Zulu foi, no século 19, um dos mais poderosos reinos africanos.

ZUMBI – Ente imaginário com forma humana ou de animal quadrúpede, que, segundo a crença popular, vagueia a horas mortas; fantasma.

ZUMBI DOS PALMARES – Nome pelo qual foi conhecido o grande líder da comunidade de quilombos de Palmares, nascido provavelmente na capitania de Pernambuco em 1655, onde viveu sua epopeia e faleceu, em 1695, com prováveis 40 anos. Segundo algumas versões, teria nascido em Palmares, foi levado para o meio urbano, onde recebeu educação formal, e retornou para tornar-se o protomártir da libertação dos negros brasileiros.

ZUNDU – Líder do quilombo do Campo Grande, em Minas Gerais. Resistiu bravamente à violenta expedição de Bartolomeu Bueno, morrendo em combate em 1757.

ZUNGU – Cortiço, caloji, habitação de negros pobres. O nome designou também cada um dos estabelecimentos comerciais do Rio de Janeiro colonial, com oferta de música, refeições e pousada, mantidos em geral por negros minas libertos.